中国农民田间学校

北 京 模 式

主　　编：吴建繁　　王德海　　朱　岩
副主编：魏荣贵　　张丽红
编　　者：吴建繁　　王德海　　朱　岩　　魏荣贵　　张丽红
　　　　　潘卫凤　　谷培云　　王凤山　　贾淑芬　　赵　迪
　　　　　肖长坤　　张　涛　　张晓晟　　王铭堂　　王大山
　　　　　张　猛　　吴文强　　曾剑波　　朱法江　　柯南雁
　　　　　齐艳花　　赵万全　　哈雪姣　　张红英　　武　山
　　　　　牛曼丽　　朱晓静　　吕　建　　池美娜　　张卫东
　　　　　王书娟

中国农业出版社

图书在版编目（CIP）数据

中国农民田间学校．北京模式／吴建繁，王德海，朱岩主编．—北京：中国农业出版社，2017.10（2019.5重印）
ISBN 978-7-109-19585-1

Ⅰ.①中… Ⅱ.①吴… ②王… ③朱… Ⅲ.①农业技术－农民业余学校－研究－北京市 Ⅳ.①S-40

中国版本图书馆 CIP 数据核字（2014）第 211307 号

中国农业出版社出版
（北京市朝阳区麦子店街 18 号楼）
（邮政编码 100125）
责任编辑 闫保荣 潘洪洋

中国农业出版社印刷厂印刷 新华书店北京发行所发行
2017 年 10 月第 1 版 2019 年 5 月北京第 2 次印刷

开本：700mm×1000mm 1/16 印张：18
字数：300 千字
定价：40.00 元
（凡本版图书出现印刷、装订错误，请向出版社发行部调换）

前言

　　农民田间学校最早于 1989 年在亚洲的印度尼西亚开办，是联合国粮农组织支持的以国际项目推动的一套以 IPM（有害生物综合治理）为主要内容的在田间培训农民的新方法，随着近年来国际农业的发展，农民田间学校已成为许多发达和发展中国家开展农业推广和农民培训的主要手段。2005 年，在北京市农业局领导下，北京市畜牧兽医总站、北京市农业技术推广站、北京市植物保护站等单位与中国农业大学、中国农业科学院、北京市农林科学院等多家农业科研教学单位紧密合作，组织京郊区县种植、养殖系统的农业技术推广部门，在政府支持和推动下，结合京郊都市型现代农业生产实际，将农民田间学校在引进原有 IPM 模式的基础上，做了适应性改革和创新，形成了农民田间学校北京模式，加快提高了农技人员和农民的综合素质，促进了科技成果的转化，推动了优势主导产业的发展，得到了北京市政府的肯定和广大农民的认可，为我国农业推广改革提供了全新的思路，为解决多年困扰农业科技服务与农民生产需求无缝对接的"最后一公里"问题找到了一条切实可行的途径。

　　农民田间学校北京模式是中国引入国际上农民田间学校模式后，结合中国和北京农技推广和农民培训的实际情况加以探索、改革、创新、完善、发展而形成的一套农技推广和农民培训的新方法。农民田间学校北京模式保留了国际上农民田间学校以农民为中心的参与式推广和培训的核心价值理念，同时在此基础上将原来农民自发的一种相对松散的组织形式和成人学习方式进行规范化改造、创新和完善，成为在政府推动下整合资源，多方合作、上下互动开展参与式农技推广及农民培训的平台。因此，农民田间学校北京模式的基本内涵可以概括为：以农民为中心，以需求为导向、以实践为手段，政府推动下的多方合作、上下互动的参与式农技推广与农民培训。

北京模式具体包括管理模式（组织管理、体系管理、任务管理）、运行模式（规范程序、制定标准指南、联合培养）、开办模式（推广机构、农广校、合作组织、涉农企业、专业协会、村民委员会、村民互助小组、种养殖大户等均可开办）、评估模式（农民评估、辅导员评估、各级政府评估、网络评估、中介评估）等4个模块。

农民田间学校北京模式主要特征概括为政府推动、合作互动、需求导向、方法创新、效果评估等5个方面。

①政府推动。与国际上支持的、非政府组织启动和农民自发动力来源不同，农民田间学校北京模式自始至终为政府推动，出台文件，制定规范。政府推动行为符合中国农业现实国情，实践证明有利于集成项目，聚焦农村，促进发展。

②合作互动。政府推动下的多部门横向合作和自下而上与自上而下的纵向互动，使以农民田间学校为平台，在京产学研、农科教、政推企多部门的资源整合及相互合作成为可能且高效。

③需求导向。以往的农技推广和农民培训大多数是自上而下的安排，北京农民田间学校坚持自下而上的需求导向，花更多时间在农民技术需求和产业发展需求的调研和分析上。重视产业发展需求可确保区域产业发展获得有效的科技支撑；重视农民技术需求能够确保培训内容的针对性和技术推广的有效性。

④方法创新。方法创新具体体现在辅导员队伍能力建设和农民学员能力建设上。通过两套规范即辅导员参与式推广方法培训规范和农民田间学校开办规范的实施，实现辅导员和农民学员的能力提升。

⑤效果评估。与国际上农民田间学校不同，农民田间学校北京模式实行管理创新，即重视过程管理和效果评估。具体体现在除票箱测试（BBT）外，增加了过程督查、外部和内部评估。内部评估是辅导员和学员对推广培训效果的评估；外部评估是科研院所和大专院校的独立评估，独立评估包括样本村和非学员的对照样本。

2013 年 8 月，为表彰北京农民田间学校为农业技术推广和农民培训创新作出的贡献，北京农民田间学校以"农民田间学校北京模式的建立与发展"为题，获得了农业部颁发的全国农牧渔业丰收奖。2015 年，农民田间学校北京模式又以"北京农民田间学校培训模式"被农业部推荐为新型职业农民培育模式之一。

从国际视角看，北京模式的深层意义在于它是中国第一个靠政府推动开办农民田间学校成功的范例，这一开创性的尝试证明了在政府推动下成功开办农民田间学校的可行性。不仅如此，北京模式的成功也有力地推动了全国农民田间学校的建设与发展。北京农民田间学校的成功开展在全国起到了良好的示范带动作用，并引起了国内外的广泛关注。"北京模式"的成功推广标志着中国农民田间学校从引进向本土化转化的新阶段；农民田间学校已经逐渐被融入到现有的农技推广和农民培训的体系当中。

如果将北京模式进行总结的话，可以这样说：从某种意义上，"北京模式"的特点可以概括为：一是农业推广供给侧改革的尝试。农民田间学校是对传统政府技术推广供给侧的一种改革，使原来由政府主导的自上而下的组织推广，转为自下而上的需求导向的推广；由过去依靠农技推广人员进行技术推广，转变为发现和培养农民专家进行技术自然扩散和农民主动传播，由推广人员传播自身知识和技术转变为充分挖掘和吸纳农民自身的乡土知识和实践经验，从传统单向线性的推广方式转变为双向互动式的推广方式，农民从简单技术接受方变为农技推广的核心和主体。二是农民培训理念和方法的变革。农民田间学校从农民需求出发，以问题解决为导向，鼓励农民采用亲身观察、小组讨论的参与式培训及互动式学习的方式分享自己的实际经验，力求学习者从做中学、从经验中学的培训理念和方法从根本上改变了过去传统思维定式所遵循的填鸭式灌输为主的学生上课方式，后发展为"一点两线、全程分段"培训，即以产业发展为立足点，以生产技能和经营管理水平提升为两条主线，分段集中培训、实训实习、参观考察和生产实践相结合，按照不少于一个产业周期全程进行培育①。三是管理制度的创新。北京模式所营造的良好制度环境及开拓现有制度体系的灵活性保障了田间学校的顺利开展，依据现实条件开展的制度设计保证了在中国特定社会环境内推行参与式策略的可行性；依托既有政府的行政体系，建立市、区（县）、乡镇和村四级联动推进机制，探索实现农民学习与产业技术支撑相结合的机制，通过制度保证，政策激励等方式，调动辅导员的积极性和创造性；通过一套制度化的管理办法和实施细则，落实了四级工作责任，调动了多元主体（农业企业、科研院所、职业院校、合作社、协会等）的资源共享与相互协作，建立了特有的科技项目与田间学校建设相结合的机制，依靠政府的力量从多方面保证了农民田间学校的工作有序、高效推进。四是推广培训工作者价值实现途径的探索。"参与式"本身在调动农民参与热情的同时，给予信息和技术供给方（传播学中的传者）更大的才能发挥空间，这些信息和技术供给方既有顶层制度设计者，也有基层推广人员，他们在开展真正意义上的推广培训活动的同时，自己也获得了更多发展空间，使其在工作范畴内的自我价值得到最大限度的实现。五是新型职业农民自身发展动力和发展潜力的发掘。农民田间学校取得的良好效果说明在中国农村发展中实现赋权的可能性，各级行政组织机构对这种新的推广方式的认可和农民对这种新的培训方式的欢迎，可视为向着新型职业农民培育和中国农业和农村可持续发展目标新征程迈进的标记站和出发点。

---

① 《农业部办公厅 财政部办公厅关于做好2016年新型职业农民培育工作的通知》，2016年5月30日。

目录

第一章
北京农民田间学校建设背景与发展历程

一、北京农民田间学校的建设背景

（一）新型农民培养与推广体系改革

1. 中央重视培养新型农民

人是生产力中最活跃、最革命的因素，是生产过程的主体。社会生产力的发展实质上是具有较高素质的劳动者和先进科学技术完美结合的结果。培养和造就"有文化、懂技术、会经营"的高素质的新型农民，关乎社会主义新农村建设的成败。据农业部统计显示，2004 年，在我国 4.9 亿农村劳动力中，高中以上文化程度仅占 13%，小学以下文化程度占 36.7%，接受过系统农业职业技术教育的不足 5%，相对偏低的农民素质已经成为解决"三农"问题的瓶颈。农民的科学文化水平制约了先进技术和装备在农业生产中的应用，制约了农村良好的社会风气的形成，也制约了自我发展能力的提高。为此，国务院办公厅下发的《2003—2010 年全国农民工培训规划》对培训工作做出了具体部署。2004 年中央农村工作会议、中央人才工作会议和《中共中央、国务院关于促进农民增加收入若干政策的意见》（中发〔2004〕1 号）提出了明确要求。为贯彻落实党中央、国务院的要求和部署，加强农村劳动力转移培训工作。农业部、财政部、劳动和社会保障部、教育部、科技部、建设部从 2004 年起，共同组织实施农村劳动力转移培训阳光工程（简称为"阳光工程"）。2006 年中央 1 号文件《关于推进社会主义新农村建设的若干意见》（2005 年 12 月 30 日）指出，要大规模开展农村劳动力技能培训。提高农民整体素质，培养造就有文化、懂技术、会经营的新型农民，是建设社会主义新农村的迫切需要。继续支持新型农民科技培训，提高农民务农技能，促进科学种田。2007 年《中共中央、国务院关于积极发展现代农业扎实推进社会主义新农村建设的若干意见》中指出，建设现代农业，最终要靠有文化、懂技术、会经营的新型农民。必须发挥农村的人力资源优势，大幅度增加人力资源开发投入，全面提高农村劳动者素质，为推进新农村建设提供强大的人才智力支持。意见明确要求一要加大投入的力度，中央和省级财政都要加大，二要采取多种有效的形式和针对性更强的形式对农民加强培训，三要发展农村专业合作组织，在农民中培养现代农业的经营者，提高为农村公共服务的能力。只有培育千千万万的高素质的新型农民，才能把农村巨大的人口压力转化为人力资源优势，才能充分发挥广大农民的主体性和创造潜力，最终真正实现"生产发展、生活宽裕、乡风文明、村容整洁、管理民主"的社会主义新农村。

2. 中央力促基层农技推广体系改革

在我国，基层农业技术推广体系是设立在县乡两级为农民提供种植业、畜牧业、渔业、林业、农业机械、水利等科研成果和实用技术服务的组织，是实施科教兴农战略的重要载体。长期以来，基层农业技术推广体系在先进适用农业新技术和新品种推广、动植物疫病防治、农田科学节水灌溉与平衡施肥、提高农民素质等方面发挥了重要作用。面对新形势、新任务，基层农业技术推广体系体制不顺、机制不活、队伍不稳、保障不足等问题亟须解决。2006年9月国务院颁发了《关于深化改革加强基层农业技术推广体系建设的意见》（国发〔2006〕30号），就深化改革，加强基层农业技术推广体系建设提出了改革基层农业技术推广体系的指导思想、基本原则和总体目标，要"明确公益性职能、合理设置机构、理顺管理体制、科学核定编制、创新人事管理制度、放活经营性服务、培育多元化服务组织，保证供给履行公益性职能所需资金，完善改革的配套措施、妥善分流和安置富余人员"。

自2006年以来连续8年，中共中央每年发布关于促进农业和农村发展的1号文件，强调要提高农业科技创新和推广能力。加快农业技术推广体系改革和建设，按照强化公益性职能、放活经营性服务的要求，加大农业技术推广体系的改革力度。对公益性技术推广工作，各级财政要在经费上予以保证。加强农业公共服务能力建设，创新管理体制，提高人员素质，探索农业技术推广的新机制和新办法。抓紧建设乡镇或区域性农技推广等公共服务机构，扩大基层农技推广体系改革与建设示范县范围。推进现代农业产业技术体系建设。发挥农业院校在农业技术推广中的作用。鼓励各类农科教机构和社会力量参与多元化的农技推广服务，调动各方面力量参与农业技术推广，形成多元化农技推广网络。

2009 年《农业部关于加快推进乡镇或区域性农业技术推广机构改革与建设的意见》也强调要加强机构建设、队伍建设、条件建设，创新运行机制，充分发挥公益性推广机构主导作用。全国开展农技推广示范县项目建设。2009 年、2010 年，根据中央 1 号文件精神，农业部办公厅、财政部办公厅两年连续联合印发的《基层农技推广体系改革与建设示范县项目实施指导意见》，2009 年全国 770 个县实施农技推广改革与示范县项目，财政部投资 7 亿资金，每个示范县 100 万元；2010 年全国 800 个县实施农技推广改革与示范县项目，财政部投资 8 亿资金，每个示范县 100 万元。示范县项目宗旨是推动基层农技推广体系改革与建设，完善制度，强化公益性农技推广服务工作，支撑示范县主导产业发展。

2012 年中央《关于加快推进农业科技创新持续增强农产品供给保障能力的若干意见》指出，要全面实行人员聘用制度，严格上岗条件，落实岗位责任，推行县主管部门、乡镇政府、农民三方考评办法。对扎根乡村、服务农民、艰苦奉献的农技推广人员，要切实提高待遇水平，落实工资倾斜和绩效工资政策，实现在岗人员工资收入与基层事业单位人员工资收入平均水平相衔接。进一步完善乡镇农业公共服务机构管理体制，加强对农技推广工作的管理和指导。切实改善基层农技推广工作条件，按种养规模和服务绩效安排推广工作经费。基层农业技术推广体系改革与建设示范县项目基本覆盖农业县（市、区、场）、农业技术推广机构条件建设项目覆盖全部乡镇。改进基层农技推广服务手段，充分利用广播电视、报刊、互联网、手机等媒体和现代信息技术，为农民提供高效便捷、简明直观、双向互动的服务。示范县项目宗旨是推动基层农技推广体系改革与建设，完善制度，强化公益性农技推广服务工作，支撑示范县主导产业发展。

（二）科技入户工程

2004 年农业部出台《关于推进农业科技入户工作的意见》（农科教发〔2004〕8 号），《全国农业科技入户示范工程管理办法（试行）》（农办科〔2005〕40 号）以及《2005 年全国农业科技入户示范工程试点行动方案》（农办科〔2004〕51 号），组织制定《农业科技入户示范工程规划（2005—2010 年）》。2005 年，农业部以项目形式启动科技入户示范工程的试点工作。明确提出以主导品种、主推技术和主体培训为内容，以水稻、小麦、玉米、大豆、生猪和奶牛为重点，在全国 100 个县 1 000 个乡镇，选择和培育 10 万个科技示范户，每个示范户辐射带动周边 20 个左右农户，大力推广 50 个主导品种和 20 项主推技术，先进实用技术入户率和到位率达到 90% 以上，示范户农产品产量和收入比上年提高 10% 以上。引导农民发展新型农业技术服务组织，探索不同地区农业科技入户的有效途径和模式。农业部、省、县分别设立科技入户工程专家组，由首席专家负责。示范户的技术指导工作实行技术指导单位负责制，每名技术指导员负责 20 个左右示范户的技术指导与服务，实行技术指导员包户责任制，在农业生产关键环节入户指导累计到户工作时间 100 天左右。按照政府给补助、专家开"处方"、农民出收据、财政一支笔的办法，把一些主推品种、新型农药肥料、新式农机具等优惠、优先提供给示范户。调动农民学科技、用科技、依靠科技致富的积极性和主动性。要工作措施到村，上下联动抓户，实现科技人员直接到户，良种良法直接到田，技术要领直接到人。培育和造就一大批思想观念新、生产技能好、既懂经营又善管理、辐射能力强的农业科技示范户，发挥科技示范户的带动作用，拓宽科技下乡的渠道；构建政府组织推动，市场机制牵动，科研、教学、推广机构带动，农业企业和技术服务组织拉动，专家、技术人员、示范户和农户互动的新型农业科技网络。农业部将安排专项资金确定重点项目，推进农业科技入户工程建设。省级农业行政主管部门要根据农业部的总体规划和部署，结合本地实际，制订相应的实施方案。

2009 年、2010 年，根据中央 1 号文件精神，农业部办公厅、财政部办公厅两年连续联合印发的《基层农技推广体系改革与建设示范县项目实施指导意见》，围绕示范县的主导产业，加强示范县主导品种和主推技术的筛选与推广，每个示范县的主导品种和主推技术入户率和到位率达到 95% 以上；加大农业科技示范户的培育力度，每个示范县培育农业科技示范户不少于 1 000 个；加强农业科技示范基地建设，每个示范县建设示范基地不少于 10 个；加强农技人员知识更新培训，每个示范县每年集中培训农技人员 100 名左右。通过项目实施，推进示范县构建职能明确、机构完善、队伍精干、保障有力、运转高效的基层农技推广体系，建立竞争上岗制度、农技推广责任制度、绩效考评制度、知识更新制度等基层农技人员管理机制，完善"专家-农技人员-科技示范户"的农业科技成果转化应用快速通道，建立县、乡、村农业科技试验示范网络，带动全国基层农技推广体系的改革与建设。

二、北京技术转移模式

自 2005 年北京市委、市政府提出北京市发展都市型现代农业以来，北京市农业局重点围绕农业的四种功能着力开发与拓展，即开发生产功能，发展籽种农业；开发生态功能，发展循环农业；开发生活功能，发展观光休闲农业；开发示范功能，发展科技农业，促进一、二、三产融合发展。但是，由于北京农业生产资源禀赋不足，农业生产成本高，劳动力文化程度低、年龄偏大，多元化、社会化农业服务不足，农业科技成果转移通道不畅，制约了京郊都市型现代农业的发展。为了促进社会主义新农村建设和都市型现代农业发展需要的农村人力资源开发，培养一批有文化、懂技术、会经营的新型农民，加快科技要素资源进村入户、促进科技成果快速转化为生产力，经过多年实践，北京郊区已形成了各种形式新颖、效益突出、带动力强的农业技术转移模式。从多元化社会会力量参与技术转移方面，总结提出六种模式，从采取的不同方式方法上，总结提出五种方式。

（一）六种技术转移模式

（1）政府定向委托培训模式，该模式的主要特点是政府下达、定向委托相关推广服务机构、合同管理、评估兑现。如"农村劳动力转移""农业科技入户""农村实用人才培训""跨世纪青年农民培训"等工程，科技服务港、远程信息服务、科技协调员等。以科技示范户为核心，以培训农村实用技术为手段，连接周边农户形成技术、信息传播网络，使农业科技信息传递、成果转化、项目落实到村、到户，从而带动周边农户增收致富。该模式的主要特点是突出政府的公益性，培养科技示范户、提升农民科技素质。

（2）镇办农业综合服务中心模式，由地方镇政府出资兴办、以服务乡镇农业产业发展为重点、以该镇农户为服务对象，开展生产技术指导与培训、农产品加工与销售、灾情预报、农业保险、农业经纪、农产品检验检测等多层次、综合性的服务。如大兴区安定镇农业科技综合服务中心，重点为安定镇产业及农民提供信息化服务，通过 4 个电子触摸屏为农户提供种养技术信息，还有电话语音系统、移动农网短信等服务；定期举办科技下乡，培训农业实用技术以及病虫害综合防治等技术；销售服务，主要以销售农资、农产品为主，通过综合服务，加快技术在当地快速转移。

（3）院区联动服务模式，按照"需求定项目、项目建平台、平台促发展"的思路，精心构筑"政府搭台、专家唱戏、农民受益"的科技成果转化平台，产、学、研、推相结合，发挥科技的支撑和引领作用。如大兴区与中国农业科学院、北京市农林科学院等科研院所，从2003年开始实施院区科技合作，每3年为一周期，推出了一批有突破性的主导品种和主推技术，解决了大兴区农业产业发展关键技术问题，提高了农业综合生产能力，促进了农业增效，农民增收，实现了院区互促互利双赢的目的。

（4）农村远程教育培训模式，北京市科委2002年支持北京市农林科学院启动了"农村远程教育及信息服务工程"，由市农科院农村远程信息服务中心（即农业科技信息研究所）具体实施，目前，利用卫星双向接收发射系统和智能化远程教育接收系统，在北京农村地区共建设远程接收站点436个，覆盖了京郊所有乡镇及部分重点村、涉农龙头企业，并按照一般农民、核心农民、农村干部等不同对象，建立起初级技术培训、重点农民培训、农村干部培训三个层次相结合的社会主义新农村科技教育培训体系，传播农业新技术，实现了大范围、远距离、方便及时的农科培训。

（5）专业合作组织带动模式，是以专业性合作经济组织（含农民专业技术协会）、合作社等为主体，通过合作制或股份合作制等利益联结机制，带动农户从事专业生产，是生产、加工、销售、培训等一体化经营的服务模式。如昌平兴寿麦庄草莓种植专业合作社，主要为社员提供草莓种植与销售、农资供应、新技术和新产品推广与技术培训、信息咨询等方面服务。该合作社已发展社员150余户，拥有草莓温室大棚166栋，建成了占地50亩*的现代化草莓种苗繁育基地，累计培训人员达1 500多人次，为农民提供优质农资和实用技术。

（6）龙头企业带动模式，以农业科技型企业为龙头，通过合同契约、股份合作制等多种利益联结机制，带动农户从事专业生产，集"研发、培训、管理、加工、销售"于一体的全程服务模式。科技型龙头企业有技术研发和转移能力、市场开拓和生产加工能力，能够有效地指导农民标准化生产，减少交易成本，更多地让利于农民。如首农集团作为国有大型独资企业，经过多年发展，探索出了一条以质量创品牌、以企业带农户的发展模式。北京顺鑫农业股份有限公司，借助多元化的融资渠道，围绕大农业发展理念，不断

---

* 亩为非法定计量单位，1亩=1/15公顷。——编者注

加大涉农投入，引领农业规模化养殖场绿色、安全养殖，积极推动农业产业化发展，收到了良好的成效。北京盛斯通科技有限公司，采用"技术培训＋种球供应＋生产辅导＋产品销售"的"百合服务模式"，促进了昌平区百合花产业发展，同时带动了4个镇农民的增收致富。

（二）五种技术转移方式

1. "普及式"

"普及式"培训增强了农民的科技意识，在广大农村营造了学科技、用科技的良好氛围。"普及式"培训是我们长期以来坚持开展的一种传统农民培训，对于增强农民的科技意识，营造良好的科技氛围起到了很好的促进作用。主要实现途径有组织送科技下乡、实施农业科技重大推广项目、开通农业技术服务热线。

2. "入户式"

"入户式"培训提升了农民的新技术应用能力，带动了农户的专业化生产。北京市于2005年启动的农业科技入户工程，通过政府推动、市场引导、项目带动，逐步建立起科技人员直接到户、良种良法直接到田（场）、技术要领直接到人的科技成果快速转化长效机制。两年来，对于解决农业技术推广的"最后一公里"问题，带动一产农户的专业化生产，提升农户的新技术应用能力、自我发展能力和示范带动能力起到了积极的推动作用。

3. "领办（对接）式"

"领办（对接）式"培训促进了京郊农村实用人才队伍的壮大，带动了农民精英的成长。积极开发培养生产能手、经营人才、能工巧匠等类别的农村实用人才，组织引导科研院所专家、专业技术人员、企业或协会管理人员等社会人力资源与农户"一对一"结成对子，为农户在生产、技术、品种、管理理念等方面提供全方位的咨询、指导，在一定时间范围内，将具有一定基础、有积极性的农村劳动者培养成为农村实用人才。2006年在全市26个试点乡镇探索试行，发动领办专家226人，共签订培养协议1 576份。

4. "三单式"

"三单式"培训促进了农村劳动力非农就业，拓宽了农民增收渠道。农村劳动力转移培训以"企业下订单，基地下菜单，政府管买单"的"三单式"方式，对提升农民的非农从业技能、促进农民增收、维护农民的根本利益、保障农村的社会稳定、促进郊区的经济发展，起到了重要作用。截至目前，全市建立农村劳动力培训基地 95 家，在 86％的行政村建立了就业服务组织（3 397 个），2006 年共完成农村劳动力转移培训 18.8 万人次，8.3 万人实现转移就业。

5. "提升式"

"提升式"培训优化了乡镇企业人才结构，促进了在岗农民稳定就业。"十五"期间实施了"5211"乡镇企业教育培训工程（即：到 2005 年，全市乡镇企业具有大专以上学历的人员新增 1 万人，中专以上学历的人员新增 4 万人（合计 5 万人）；全市乡镇企业新增各类专业技术人员 2 万人）。共完成大中专以上学历教育 18 119 人，专业技术人员职称培训和继续教育 18 531 人，企业管理人员培训 25 824 人，职工全员培训 243 911 人。"5211"教育培训工程的开展，进一步提高乡镇企业的职工素质，改善了人才结构，有力地促进了乡镇企业的可持续发展。

此外，北京长期以来开展的"绿色证书"培训，近年来开展的跨世纪青年农民培训、农村合作经济组织带头人培训、农村基层管理者培训、农民自主创业培养等类别的培训也同样对提升农民综合素质和从业技能，促进农村产业发展和农民增收致富起到了很好的推动作用。

三、调研发现的问题

为了进一步了解当前政府支农惠农的科技政策是否有效地支撑了农业产业发展，解决了农民生产中的实际问题，北京市农业局于 2006 年对 24 个村800 多户农民开展了参与式评估调研，通过采用半结构性访谈、社区资源图、机构关系图、季节历、打分排序、优劣势分析（SWOT 分析）、问题树和目标树等工具，听取农民对存在主要问题的看法、想法和建议，从而进一步明确农业部门提供服务的重点和关键点，有针对性地凝聚科技、信息、市场、资金、管理等资源，加快农民发展生产瓶颈问题的解决，促进公共财政和科技资源有针对性地向农村基层倾斜。通过调研发现的具体问题如下：

（一）培训的问题

1. 培训者培训能力不强

培训者能力不强表现在以下三个方面：

（1）培训者知识面窄，偏理论，少实践。目前农民培训的主体一般是国有农技推广机构和在京中央和地方农业大专院校、科研机构等，但培训人员的综合素质不能满足农户当前需求，表现在：一是培训内容脱离生产实际，讲不明白，农户根本无法接受，使培训得不到应有的效果，并对技术培训部门产生负面影响，也在一定程度上影响了推广部门在基层的信誉度，对农技推广造成阻碍。二是培训者的知识面窄，搞作物栽培的只懂栽培，植保的只懂植保，肥料的只懂肥料，畜牧的只懂畜牧，更不要说经营管理知识了，而在农户的具体生产中，需要的是综合知识和技术，比如在作物种植当中，就需要既懂栽培，又懂植保、肥料、品种、农药等方面的知识，种植好一种作物，他需要的是多方面知识的综合。三是缺乏对技术培训人员的知识更新培训。由于基层农技人员长期缺乏培训，跟不上生产科技发展的步伐，他们自己就不知道正在推广的新技术措施和动态，所以很大程度上影响了他们的培训效果。所以要做好农户的培训，必须首先对技术人员进行知识更新培训，提高综合服务的技能和水平。大兴北蒲洲营村村民说，技术人员不了解当地的实际情况，技术人员的技术水平只是理论上的，并没有太多的实践经验。现在的科技站已经改为了盈利部门，科技站的技术人员也没有蔬菜专业的，因此农民没有积极性，不想去找技术人员，技术人员也不下乡，当技术上出现问题后，他们不知道找谁，只靠自己的经验来应付。

（2）培训技巧缺乏。在以往的培训中培训者的培训方法运用不当，不是针对文化程度偏低的成年农民的学习习惯，采用针对性的培训方法，而是一味地采用传统"灌输式""填鸭式"培训方法，使培训流于形式或者收效甚微。主要表现在：一是启发式、参与式沟通技巧缺乏。老师站在讲台上一讲就是三四个小时，全部是灌输式，农民很难吸收消化。所以需要培训者在培训过程中运用提问、询问等技巧，调动他们参与、互动，启发他们互相交流，使农民学会发现问题、分析问题与解决问题。二是分享知识经验技巧缺乏。农民有自己的几十年的种植经验，每个人又都各有所长，所以他们本身就是一本很好的教材，培训者在引导学员交流的同时，要运用自己的理论知识，并引导农民进行综合分析，把他们的好经验进行提炼升华，去掉错误的，得出实用而又科学的一套做法，使他们每个人都共享个别农户好的经验与做法。三是缺乏引导农民通过实践学习。农民是成人，文化水平比较低，不容易接受新事物，他们的现状决定了他们保守的一面，固守老经验，不愿意改变老习惯，或者怕冒险，所以他们只相信通过自己和身边人做实践、做试验展示得出的结果。看不到确切的示范试验结果，他们很难相信或接受新技术或措施，害怕有风险。如延庆沈家营镇沈家营村村民说，玉米仍是种植规模最大的品种，农户没有引进新品种的需求，虽然有一部分农户有引进新品种的想法，但因缺乏相应的技术，缺乏抗风险的能力都不敢冒险。同时，大兴庞各庄镇东梨园村农民反映，存在的问题是田间技术指导和技术培训不到位两个方面。

而农业局在"科技入户"项目中引进新型的农民培训模式——农民田间学校探索过程中，采用了针对农户需求的培训方法和手段，使他们通过实际操作学习，培训的效果有了很大的改善。如在开办过农民田间学校的延庆区永宁镇前平房村村民说，农民田间学校培训很好，辅导员非常尽职尽责，通过田间学校农民学会了鉴别害虫和病害，知道何时打药最好，示范推广了杀虫灯和糖醋盆，原来全村只有 3 户用，通过田间学校培训，39 个农户家家都采用了糖醋盆，因为糖醋盆杀虫效果好，花钱少，比杀虫灯效果好，最重要的是盆里的性诱剂能把虫子吸引去，少打农药，有的都不打农药了。

（3）培训内容针对性不强。接受过相关培训的农民说，以往的培训往往针对某些问题的大课堂形式的培训，这种培训往往是对个别农民有用，相当一部分人没有种这种作物或没饲养这种牲畜，他不会感兴趣。

目前实施的培训大部分是靠政府项目带动，专门的培训很少，项目的实施是自上而下的，培训基本上也是以自上而下的方式进行的，不是农民需要培训就能得到培训，不是需要什么内容的培训，就能得到针对性的培训，所以，这种培训形式不是真正从农民的需要出发，往往得不到预期的效果。如大兴长子营镇北蒲洲营村村民说，主要是技术人员不了解当地的实际情况，技术人员的技术水平只是理论上的，并没有太多的实践经验。培训只是形式化，培训的技术在现实生产中根本用不上，有些问题还与他们的生产过程互相矛盾。

2. 培训机构缺乏培训需求目标导向机制

培训机构缺乏培训需求目标导向机制的具体表现如下：

（1）科研、教育机构以科研项目为重点，缺乏培训需求目标导向。在京中央大专院校、科研机构在基层进行培训，多是与市属科研或农技推广单位联合实施的项目需要，而不是农民培训需求导向。由于教学与科研单位是以追求文章的产出和科研项目为目标，偏重于基础和机理研究，结合生产实际问题研究较少，缺乏需求培训目标导向，培训的内容理论多、实践少，专业基础知识多，综合应用技术少，与农业生产结合不紧密，导致研究成果与生产实际脱节，很难达到应有的培训效果。在国外，许多大学参与到科技成果的推广过程中，形成了"农业教育＋科研＋推广"三位一体的技术研发、培训和推广体系。很多国家不仅仅农技推广部门进行技术推广和农民培训，大学和科研机构都是培训的主体，因为通过培训他们了解了基层需求，帮助他们规划科研方向，在研究成果给农户带来效益的同时，也实现了科研目标与效益。

（2）公益性推广机构将农民培训工作边缘化、兼职化、项目化。公益性农业技术推广机构是农民培训的中坚力量，历史上对农民培训与技术指导起着重要作用，而且当时是单位的主要工作和任务。随着政府职能职责内容的增加与人员的减少，政府赋予这些推广机构过多的农产品质量安全、农业执法、检疫与测报、示范推广等公益性监督与管理任务，并成为推广机构的主要职责与任务。技术人员 80% 的时间和精力用于完成上级下达的各项试验示范推广与技术研究等项目（有经费）、各类监督检查与执法等管理工作（有考核），没有时间、也没有技术人员去专职做农民培训，逐渐使农民培训工作边缘化、兼职化、项目化。乡镇政府体制改革后大部分已将农技站改为农业服务中心，与镇农办合署办公，工作职能与职责重点已经不是农民培训与技术推广，而是围绕乡镇政府重点或急需的中心工作而工作，如镇农业主导与特色产业调整与发展、农业产值与农民收入提高、食品安全监督检查、维护地区稳定与安全、植树绿化美化、上级部署的各项工作等，用于技术指导与培训农民的时间和精力仅占 5%～10%，甚至遇到有应急任务，则无人顾及此项工作。农民很希望能够就近得到乡镇科技站的技术指导和服务，甚至村里都能够配上技术员。由于村里缺乏技术指导，这在一定程度上阻碍了农户对新技术的获取。大兴庞各庄镇东梨园村村民说，在技术指导方面，村里没有技术人员，镇里的技术人员也很少，生产上缺乏技术人员指导。在近几年乡镇的并乡建镇、精简机构中，农技推广人员或转行、或下岗，一线的农技服务网络已经解体，许多技术推广人员要么执法检查、要么按照上面部署试验、要么经营创收，根本无暇顾及针对农民需求的新品种、新技术的推广培训。尽管调查中发现进村开展农民技术培训与指导的仍然以公益性农技推广机构为多，但远不能满足他们实际的需求，而农户对他们的期望值最高，希望各级推广机构发挥更大的作用。

（3）远程教育很难发挥作用。网络系统在市、区（县）、乡镇间是畅通的，村里尽管也配了电脑，但由于电缆基础设施正在建设与完善，尚未做到村村畅通,即使个别村里能上网,村民也不会用,或者仅仅个别人会用,所以在目前情况下,远程教育在村级农民的培训中很难发挥作用。

(4)北京农业广播电视学校是专职培训机构,但以教育为主,缺少推广职能。北京农业广播电视学校是农业成人专科学校,承担过绿色证书培训、跨世纪青年农民培训、农村劳动力转移培训等新型实用技术培训。但由于该校归口教育系统,以成人学历教育证书获取为主要教学内容,教师按照课时要求规范上课,很难进村根据农民生产实际需求开展培训。目前,在全市仅有 14 所分校,无论从师资配备还是培训内容上都不能满足广大农户的季节性、多元化的培训需求。

(5)非政府的社会性培训力量参与不足。从调研的村进行培训的机构数量统计中可以清楚地看出在农民培训中社会力量参与不足。在调查的 24 个村中,有 1 个村靠村委会请专家讲课,即大兴榆垡镇西黄垡村村委常年组织专家培训,但村民反映专家费高,不愿意请了。有 2 个村是协会请专家讲课,其中延庆柳沟村村民俗协会每个月都要给妇女进行培训,包括厨艺、服务接待等。有 2 个村是农资企业进行的培训,农民反映他们的培训往往是以追求利润为主,只讲和他们产品有关的知识,与农民生产问题结合不紧密,如大兴紫各庄村近年有过的一些肥料、农药或种子经销商组织的以销售自己的产品为直接目标的产品应用培训,企业经常通过送产品吸引农民参加企业产品销售的培训。农民反映这些农资销售企业的技术人员只能解决与他们销售的产品有关的问题,根本解决不了一家一户农民生产中存在的问题。

3. 培训机会不均等,培训渠道不畅通

培训机会不均等,培训渠道不畅通表现如下:

(1)领导关注和交通便利的村,培训机会多,偏远的村,就很少有培训。通过对抽样村的调研,发现不同村进行培训的次数差异很大,往往是培训多的村相对来说次数就更多,农民素质相应的就要高一些,收入水平整体也偏高。在调研的过程中也发现,培训实施地点的选择受项目实施单位意识影响比较强,一方面要么是领导关注的地点,要么是村干部比较配合的村。如延庆区康庄镇小丰营村,近几年,每年都有不少的项目在那里实施,包括农业部的示范项目,北京市农林科学院的项目,市农业局推广站、植保站的项目,还有不少延庆区的扶持项目,所以农民从项目的实施和培训中得到了很大的利益,农民的种植水平、素质和生活质量有了很大提高,生产问题已经不多,但同时有了其他的需求,在座谈中他们甚至有了希望学习英语等知识的愿望。同时，相当一部分村就由于比较偏远，交通不方便，几乎没有培训，即使有也很少，有些村甚至 10 多年没有过培训。如同时延庆康庄镇距小丰营不到 2 公里的东关坊村，在去年举办农民田间学校以前，根本连一次培训机会都没有，也没有政府的农业技术试验示范项目在那里实施，农民的种植水平就差很多，种植技术上存在很多突出的问题，农民的思想意识也比较落后。

（2）项目多的村，或示范户，获得培训机会多。培训资源分布也很不均，主要是项目的实施地点分布不均，而项目的实施能对周边起到很大的影响带动作用。农技推广部门选点时往往选择的是交通便利，比较容易协调和得到基层支持的地点，而这些地点相应会得到愈来愈多的项目的关注，因为领导支持，村民也很容易配合，取得效果相应比较显著。相反，从来没有项目实施的村则一直是得不到关注，农民生产生活中的问题没有途径去解决，也不知道去哪里解决。甚至同时在项目实施地的农民，他们享受到政府资源的机会也不一样。如大兴庞各庄镇东梨园村 2005 年虽然开展了科技入户活动，但技术人员一般只针对示范户入户指导，大部分瓜农不能得到及时的技术服务。去年镇里针对科技入户活动组织了一些科技培训活动，但由于场地有限，村里的名额就非常少，一般只有示范户才能参加，并不是人人都能接受培训，能参加培训的农户不多，而村里没有组织这样的培训活动。

培训资源分布不均（项目）和培训机会分布不均直接导致了培训的相对集中和培训的相对匮乏，使部分真正更需要培训的地方得不到培训，从而拉开了村与村之间各方面发展水平的差距。

（3）农民的培训渠道不畅通。农户反映最大的一个问题是培训少，有问题不知道找谁解决。大兴长子营镇北蒲洲营村干部们说，有些主管领导对农民培训工作不重视，没有人来给他们进行蔬菜种植等相关技术的培训。到场 16 名妇女中，只有 2 名参加过西红柿等栽培培训，大部分妇女认为她们接受培训机会较少；男农民进一步反映，他们普遍得不到田间地头的技术指导，主要是农民需求的技术培训少。农村的培训比较少，或者没有，并不完全是由农技推广部门造成的，原因是多方面的：①乡镇农技推广站改革后名称都改为"农业服务中心"了，与乡镇农办混合办公，人员混合使用，而且人员少，事务杂而多，没有专职从事技术推广与培训的人员。因此，农民培训需求的反应基层渠道就不畅通。②市和各区县的农技推广单位以承担各类试验示范项目为主，也没有专职进行农民培训的人员，下乡次数有限，项目实施村偏多，没有项目的村就少，也很难顾忌所有产业村农民的培训需求。③农民本身缺乏培训意识，农民生产中有问题，不知道可以通过向外界相关部门寻求帮助解决，有问题就听天由命，任其自由发展，说明他们不是不需要相关培训，而是还没有接受培训的意识，更需要通过培训提高他们的意识和技能。如大兴紫各庄村生产技术整体水平很低，农民在日常生产中无法得到相关技术支持与指导，生产中所有问题只能靠自己寻找解决的方法。一般性问题都是靠乡亲之间的互相交流解决，解决不了的最多去找找农资供应商店，商店为了卖自己的农资会提供一些与销售产品相关的对策，如果还不能解决，就只能听之任之、束手无策了。

4. 培训效果缺乏监督考核

政府每年投入了大量的经费用于农民的培训，但农民培训到底给农民带来了什么？收到的效果到底有多大？这是个值得思考的问题。目前，我们开展的以项目为核心的培训普遍缺乏完善的过程监督与效果的科学评估机制。

（1）培训过程考核缺乏量化指标。通过本次调研，农民反映出的很多问题看，尽管北京培训机构、培训资源具有得天独厚的优势，但在基层的培训比较缺乏，不同单位实施培训的情况也不一样。但普遍存在的一个问题是培训没有系统性，缺乏计划，培训完了就算完了，对培训过程没有监督考核。培训过程中，培训的内容、培训方法和手段、培训技巧等是决定培训效果的重要因素，而项目管理机构往往忽略了对这方面的考核和监督，或者有考核但没有人去实施，或者是缺乏明确的考核指标和量化的参数。

（2）培训效果考核流于形式。项目实施一般都有效果评估方法和指标，但目前效果的评估一般都由项目实施单位来做，由项目管理单位审查考核，有些时候使考核流于形式，使效果不能落到实处。因此，项目效果的评估亟须一整套的评估方法，来评估是否达到预期的效果，项目实施效果不能由实施单位说了算，必须通过培训的受体——农民切身的提高来评估，包括他的意识的提高，生产技能的提高，素质的提高，收入的增加，影响环境的投入品减少等方面。

通过问题分析发现：一是以政府为主导的公益性培训深受农民欢迎，多元化的农民培训模式中，政府主导型作用依然显著。二是培训者的能力不强，知识面窄，偏理论，少实践，缺乏培训技巧，培训内容针对性不强等问题依然很突出。三是在各种优惠政策的吸引、指导和鼓励下，农业龙头企业、农民专业合作组织逐渐开展一些农民培训，但有很大的局限性，农民合作组织吸引力和凝聚力不强，社会化服务的质量与数量还满足不了农民对品种、技术与市场服务的迫切需求。四是培训机会不均等，农民的培训需求渠道不畅通，培训供给不足和供求错位的问题日益凸显。五是培训过程和效果缺乏监督考核与评估。

（二）农民的问题

1. 农民缺乏生产上的实用技术

（1）缺乏新品种、新技术。调查发现，许多农民都已经意识到种植的作物品种或养殖的牲畜品种严重退化或者不能适应当前的需要，缺乏更新，很大程度上影响到生产收入，希望应用优良新品种。但同时对应用新品种也产生了许多顾虑：一是市场上新品种很多，大家对新品种了解太少，无法保证正确选择应用；二是当前生产技术较低，无法保证新品种有配套的田间管理，新品种优势难以发挥；三是担心新品种产出后不好销售。如以养殖为主的大兴薛营村农户提出希望政府加大品种改良补贴力度，需求良种精液补贴到户，通过改良提高单产，引进高性能个体，快速提高群体水平。而他们一家一户不敢尝试种植新的品种，还担心采用新品种影响到他们的销售。如大兴长子营镇北蒲洲营村新品种引进慢，得不到新的种植技术，产量无法提高，特别是不知道新品种的信息，对新品种也存在着疑虑。大兴庞各庄镇东梨园村农户说，他们村在西瓜生产上虽然有一定的主栽品种，但新品种数量少，更新慢，不能紧跟市场的变化。他们"听别人介绍的新品种都挺好的，不是不相信，但是就怕种了以后，市场不认，小贩不收，就全完了"。目前当地的主栽西瓜品种有大西瓜以京欣1号为主，小型西瓜以新秀、京秀和红玉为主，小凤、小兰也有少量的种植。如果改种植小型西瓜，肯定会比种植普通大西瓜收入高，但是需要有技术人员来指导栽培管理技术。

（2）缺乏科学育苗技术。对劳动量大和技术难度高的作物种苗农户希望能从市场上购买，或者是提供给他们机械化的育苗技术；对新引进的蔬菜需要育苗技术的培训。通过调研发现即使是农民一直在种的蔬菜还是没有完全掌握科学育苗的方法，农民有时自己育苗时存在安全隐患。延庆前平房村农民在农民田间学校活动时，到小丰营村观看学习后说，和小丰营比我们缺乏技术，小丰营种菜不分苗，我们分苗挖苗费工、费力、费钱。大兴榆垡镇西黄垡村村民反映他们煤炉加热育苗，存在安全隐患，每年都有煤气中毒死人的事，因此渴望学习到机械化的育苗技术。农户对苗子质量有很大的担心，担心苗子质量不好，会影响收入，所以农民还是要自己掌握科学的育苗技术最有保证。大兴庞各庄镇赵村村民种植甘薯种苗主要从集市上购买，质量没保证。但镇科技站出售优质甘薯种苗，村民反映价格高，难以承受。

（3）缺乏科学施药技术。农民在防治作物病虫害时，在农药的使用上存在很多的问题，不会识别真假农药，遇到病虫害等问题发生时不知道怎么选择农药，不了解农药的特性和特点，不掌握科学配比方法和最佳使用时期，对生产造成较大的损失，增加了农产品生产安全隐患。如大兴庞各庄镇赵村村民说，他们没人指导，农药使用方法不对，假农药不管用；病虫害发生后，才打药防治，由于错过了最佳防治时期，难以控制；也有的急于控制病虫害，加大用药量和用药次数，结果导致发生药害，适得其反。农药的使用过程中普遍存在着盲目用药的问题，农药使用常识来自亲戚朋友间的交流或农药商店的咨询，没有植保技术人员的指导。打药时机和用药量不合理，影响了防治效果。如大兴紫各庄村村里没有技术员，生产中遇到的问题不知找谁解决。比如种小麦，麦穗有一股腥味，不知道是什么病（腥黑穗病），不知道打什么药；菜青虫每周都要打药，药效差，虫子泡在药里也不死；萝卜黑心不知什么病。

（4）缺乏土传病害综合防治技术。近年来，土传病害成为北京市蔬菜生产上的令人头疼的问题，并有逐年加重的趋势，由于病原在土壤内存活传播，所以很难根除，防治起来有很大难度，往往造成特定的作物在某一地区不能种植，农户迫切需要相关综合防治技术，控制土传病害的发生、危害和传播。如大兴庞各庄镇赵村重茬病种，西瓜和甘薯都需要倒茬，因此一般种2年甘薯、然后种3年西瓜。由于连年种植，甘薯茎线虫病、黑斑病发生较重，发病轻的可减产10％左右，严重地块可造成绝收，缺少安全有效的防治方法。大兴白庙村大棚二茬蔬菜病虫多而且严重，主要是根结线虫病等，严重影响了蔬菜的质量和产量，缺乏对病虫害的防治技术。

（5）缺乏测土施肥技术。在化肥的使用上，也存在乱用、滥用的情况，农民不知道该什么时候该施什么肥料，他们反映需要测土配方施肥，并对需要施用什么肥料和肥料用量方面进行针对性培训。比如庞各庄镇东梨园村的瓜农反映：在施肥方面存在不合理的问题，村里好多年没有进行测土配方施肥，上次测土时间可能是在1974年人民公社时搞的，现在瓜农不知道地里缺什么肥，需要施什么肥。

（6）缺乏不同茬口栽培技术。农民在作物栽培上，已经不仅仅局限于种好某种作物了，在十分重视提高农产品质量的今天，栽培管理技术显得更加重要。通过科学的栽培管理，可以减少病虫害的发生，减少农药用量；可以提高产品的质量和产量；可以控制产品上市的时间，得到更好的收益。所以，作物的栽培管理技术日益受到关注，农户也开始对这方面的技术有了更多的需求，特别是像草莓、樱桃等高附加值，比较难管理的作物的栽培管理技术。如大兴庞各庄镇东梨园村西瓜进行提早栽培，采收期提前，销路好，卖价高，收入也高。在市场经济条件下，会种并不等同于能种好，更不等同于种植效益高。由于瓜种的种植习惯，茬口安排集中，造成季节性过剩，增产不增收的现象非常普遍。就本市西瓜生产而言，主要有早熟、正季和秋延3种种植模式，正季栽培最适宜西瓜生长，病虫害少，管理比较容易，但常出现供大于求。而瓜农对非正季的栽培技术没有掌握，生产中出现的问题比较多，周年栽培技术有待提高。种植中需要推广黑色或银黑色双色宽幅地膜覆盖，逐步代替透明膜窄幅地膜覆盖，不仅具有增温保墒效果，而且有防草、避蚜作用，膜下温度又比较稳定，有利于无公害栽培。

（7）缺乏科学饲养管理技术。农民在养殖中缺乏饲养管理技术，当前，农民主要存在以下需求：一是需要饲养管理技术指导。农民的饲养、管理技术靠自己摸索，没有人指导，造成重兽医轻畜牧。农民只看到猪只有病就要花钱、死了要赔钱，看不到猪长得慢、长不好、体况差、多费料、易生病、少赚钱。小区由村民自行设计无污水处理设施和防疫消毒设施，也不符合现代化饲养模式和防疫卫生标准。二是需要隔离防疫方面的技术培训。小区门口和养殖户之间没有消毒设施，卖饲料的及其他外来人员自由出入，养殖户之间没有隔离防疫意识，相互观摩、串访、帮忙。三是需要饲料配比和喂养技术。农民不会配饲料，饲喂营养不合理，一户奶牛养殖户说："粗料是棒秸，精料一半是棒子，再掺点豆饼什么的，大小牛一块堆儿喂。"没有实行阶段饲养工艺、全进全出饲养制度和使用科学饲料配方，生长发育、生产繁殖没有得到更大的发挥。

（8）缺乏科学的防疫技术。近年来，动物疫病带来的风险愈来愈大，引起广大消费者，甚至是社会的恐慌，所以做好动物疫病的控制是一项重要工作，农户普遍提出需要疫病防治技术。需要加强动物防疫方面的基本知识和技术培训，多数养殖户对动物防疫工作的重要性认识不足，缺乏基本的疫病防治知识和消毒技术，免费发给的消毒药物不会使用，有的甚至将两种不同类型的消毒药物混合错误使用，根本达不到消毒的目的。大兴佟营村干部组反映疫病风险大，需要畜牧兽医部门为村里培训防疫员和兽医，加强对养殖户的技术技能培训。大兴辛安庄村羊经常发生羊痘、疥癣、寄生虫病，缺乏看病的技术人才和养殖的技术。

2. 农民小生产与大市场的矛盾突出

由于农民分散种植经营的模式，在一定程度上束缚了农业产业化发展和规模化经营，这直接导致农民在农业投入品购买方面没有能力，也不会去寻找合适的购买渠道，往往是从就近的商店购买，这就决定了农民不可能有更多的选择，包括购买产品的品种，价格的高低，产品的好坏等。如大兴庞各庄镇赵村：假农药问题是农民反映比较集中的问题，村民生产中使用的农药主要是从个体经营户处购买，为了降低生产成本，一般选择价格较低的农药，因此经常买到假农药。使用假农药后，不能有效控制病虫害的发生，病虫害反而更重了，导致甘薯秧子疯长，产品外观差，价格降低。这样完全形成了卖方市场，什么都是商店说了算，甚至需要依赖他们进行技术指导，因为如果他们单家单户去寻找购买渠道，加上路费、人工将增加更多的投入。

同样，分散经营模式阻碍了农产品品牌意识的形成，尽管相当一部分村的农民也有了品牌意识，但要真正地走向市场，需要农户之间相互约束、监督机制的形成，需要农户经营素质的提高，自主寻找销售渠道。大兴庞各庄镇东梨园村有些瓜农很想把西瓜产品打进超市，但没有中介组织，单个农户的产业化程度低，产品是很难进超市的。目前，他们的产品很多是直接在田间地头卖掉的，价格也基本是买方说了算，农民很少有讨价还价的余地，其实真正算一笔账，在农民种植过程中并不赚钱，而中间的流通销售环节却有不小的利润，直接导致农民这一弱势群体的创造利润的损失。大兴庞各庄镇该村生产的西瓜主要有两个销售渠道：一是小贩到地头收购，这种销售方式很被动，有时瓜熟了却不见小贩来，只能到市场上拉小贩来收购。有时小贩来了又把收购价格压得很低。二是农户雇车拉到魏善庄和新发地市场去批发。瓜农反映本来该村的瓜农都到沙窝市场去卖瓜，但由于当地地痞欺行霸市，大家都很少到市场上去卖瓜。近年来，每年西瓜节前后，有些商贩来收购当地的西瓜，外地商贩一来，价格往往就好点，外地商贩不来，价格就得低好几毛钱。但这些外地瓜贩不是经常来，他们一般都在当地西瓜成熟时来，收购的都是最好的瓜，真正好的庞各庄西瓜能卖到北京市里的不多。由于整个农业的市场环境、发育程度和流通秩序等方面不够完善，以及瓜农经营规模普遍偏小，农户小生产与大市场的矛盾越来越突出。农民在市场交易中始终处于被动和从属的不平等地位，在产品的销售上没能掌握主动权，许多瓜农应得到的利益被流通环节盘剥，这些问题不仅影响了农民收入的提高，也制约了农民投入能力。

3. 农民缺乏带动力强的组织

调研的 24 个村中，9 村有针对不同产业的农民协会，5 个村有农民经济合作组织，10 村没有合作组织，合作组织的运行方式基本上都是村支部＋协会的形式。组织产生的方式不同，主要是村领导个别人的意愿，并不是农民团结协作意识达到了一定程度后的产物，从整体上看，大部分的合作组织完全是空架子，根本不起作用。延庆前平房村蔬菜协会的会员说，协会成立后什么事都没办。只发会员证，什么作用也没起。协会没有帮农民销菜，可能他们也没有销售渠道。调查中大部分被调查者反映协会基本没有发挥作用，对协会作用进行打分结果为 3.15 分（总分 10 分）。协会领导层反映缺乏运行经费、缺少必要的办公条件、缺少蔬菜销售信息等问题制约着协会各项工作的开展，协会无法发挥应有的作用。仅个别村的农民合作组织为会员做些简单的事情，但合作组织的能力有限，尽管有一套规章制度，但缺乏工作的思路，缺乏开拓创新意识，市场信息意识差，不能真正起到应有的作用，有些协会由于缺乏运行的长效机制，农民都不愿为协会作贡献，因为缺乏资金而瓦解。由于缺乏协作意识，缺乏责任意识，都不愿作贡献，使得大部分村的协会在生产资料采购和产品销售等单个农户无法完成的事情上根本发挥不了作用，也进一步说明了他们并没有从思想意识上认识到团结协作的重要性，没有真正做到作为会员的责任，当然也享受不到会员应有的权利。如大兴紫各庄村原来的协会为大家提供生产品种选择、解决生产中的技术问题、组织相关技术培训以及联系市场等服务，当时协会运转非常好，在农民中的影响力也非常强，为推动该村番茄产业的发展发挥了重要作用。但是随着时间的推移，诸如政策、管理、利益分配等问题最终一步一步瓦解了这个组织。现在的农民回忆起当时的情景，脸上流露出的惋惜与向往足以说明当时协会发挥的作用。大家非常希望现在能有这样一个组织，为菜农提供品种、技术、市场以及培训服务，带领大家共同致富。现在他们村蔬菜产业完全是一家一户的传统生产、经营模式，各家各户根据自己的意愿和掌握的信息安排生产，独立购置种子、肥料、农药等各类农资，产品销售也是自寻市场。这种各自为营的小规模生产经营活动无法适应现代市场的发展趋势，农民组织化程度低，无法实现规模经营与统一管理，必然导致产业衰落。

这一现实更加说明需要加强农民的素质培训，提高协作意识，增强权利和义务观念，开阔眼界，拓展思维，大家尽力共同把农民合作组织办好，在合作组织中能够实现大家受益。因此，要在农村围绕主导产业重点在以下两方面做好工作：①培养农民合作组织带头人。培养专门的村级经营管理人才，能够掌握农资来源和产品销售渠道，帮助集体采购和销售，同时，带给农户新的农业信息和技术，和当地社区农民一起实现农产品销售、加工，甚至其他非农产业的发展，真正实现社区的自我持续发展。②培养农民经济利益共同体的意识。农资的采购，产品的销售要通过集体（农民合作组织）来实现，既能在业投入品和产出品的价格上和经销商讨价还价，也能和厂家直接联系，保证产品质量，同时也减少一家一户购买附加的交通等费用。建设农村新社区，培养农民的协作意识、责任和权利意识，最终使合作组织真正成为农民各方面活动的共同体。

四、北京农民田间学校的发展历程

2005年以来，北京在强大的政策、技术和资金的支持下，实践探索了多种途径、多种方法、多种模式提高基层农技人员推广能力、示范户辐射带动能力以及科技成果进村入户的转化能力，收到了一定的效果。但是如何调动农民主体，激发他们学习热情和主动参与科技示范依然没有破题，当示范户没有了物化补助，他们示范推广的参与性和主动性就会受到较大的影响，当组织农民培训如果没有物质和现金的补助，培训则对农民的吸引力就会大打折扣，当技术人员或专家不能及时到村开展技术指导与咨询，农民生产遇到问题就会很盲目，农民对技术人员盲目依赖。如何改变这一现状，让农民积极、主动参与技术示范和推广，分享现代科技给农民带来的成果。突破点是寻找一种适于当地农民需求、能够调动农民主体的方法，使技术人员思路与农民想法紧密结合，使推广的技术和产品与农民需求紧密结合，使上级安排的田间试验示范与农民生产问题紧密结合，将技术成果转化与农民增收紧密结合，有效发挥科技指导生产、引领产业升级的作用。这是都市型现代农业发展面临的新课题。针对这一现实问题和制约因素，北京市农业局探索实践农民田间学校新模式，组织北京市植物保护站、市畜牧兽医总站与市农业技术推广站等单位与中国农业大学、中国农业科学院、北京市农林科学院等多家农业科研教学单位紧密合作，在政府支持和推动下，组织郊区县种植、养殖系统的农业技术推广部门探索实践农民田间学校、规范创新农民田间学校和提升发展农民田间学校。

（一）探索实践阶段

2005—2006 年开始引进农民田间学校并开始探索实践。

1. 引进与实践

2005 年，北京市农业局为解决过去农业技术推广与培训效率低、效果差，科学知识与技术进村入户渠道不畅等方面问题，开始引进并探索实践农民田间学校，并作为 2005 年科技入户项目启动实施。2005 年 6 月 1 日，北京市第一所农民田间学校开学典礼暨辅导员培训班在延庆县举行。农业部科教司寇建平处长、农业部全国农业技术推广服务中心夏敬源主任、北京市农委科教处王海龙副处长、北京市妇联杨秀珍副主任、北京市农业局李继扬巡视员和吴建繁处长、延庆县徐凤翔副县长等参加启动仪式。市、区县农业技术推广单位的领导和技术人员及农民学员约 150 人参加了开学典礼。联合国粮农组织（FAO）亚洲区蔬菜 IPM 项目官员 Elske 女士会上介绍了国际上农民田间学校建设的成功经验。农业部全国农业技术推广服务中心夏敬源主任介绍了全国农民田间学校模式与经验，特别强调：农民田间学校是公益性事业，领导重视是前提，立项支持是基础，农民参与是根本，培训到位是关键，质量监控是保障。同时高度评价了北京农民田间学校以项目为依托，全面调动各部门积极支持和参与的做法，并希望北京能充分发挥地域科技优势，探索新模式，创造新方法。新华社北京分社、农民日报、北京日报、京郊日报、CCTV‐7、北京市电视台、北京电台等 11 家新闻媒体的记者也参加了会议，并做了相应报道。在全国农技推广服务中心指导和支持下，由北京市植物保护站举办了首个农民田间学校辅导员培训班（TOT）同时启动，有 9 个区县的 26 名植保站技术指导员参加，并在延庆县、房山区、昌平区同时开办了以 IPM（有害生物综合治理）为主要内容的 5 所农民田间学校（FFS），有 126 名农民学员参加。在作物生产全过程中，每 1～2 周由技术辅导员到村开展技术培训，改变了过去传统自上而下、"灌输式"培训方式，结合农民生产实际问题，采用参与式、启发式、互动式培训方法，结合田间试验示范实际操作，使农民动手、动脑、动口，既解决了农民生产技术问题，又调动了农民的学习积极性，这种全新的推广培训模式，深受当地农民学员的欢迎。为调动各行业、各专业领域实践探索农民田间学校，北京市农业局组织了局属推广单位观摩了延庆农民田间学校培训现场，并要求各单位结合本行业实际，开展农民田间学校本土化的探索。

2. 参与式需求调研

2005 年 7 月至 2006 年底，北京市政府提出新农村建设主体是农民，要把党的政策与农民生产、生活实际需求紧密结合，提高各项工作的针对性、有效性。为提高北京市农业技术推广和培训工作的针对性和有效性，北京市农业局率先引入国际上先进的参与式农村评估（PRA）调研方法，与中国农业大学合作，深入京郊农村，开展农业"生产发展"农民需求调研。在北京市农业局领导下，北京市植物保护站、北京市畜牧兽医总站、北京市农业技术推广站、北京市水产技术推广站等单位联合组织了市、区县、乡镇等三级技术与管理人员，依托中国农业大学的技术支撑，在 2005 年 7 月 15 至 16 日对北京市大兴区黄村镇薄村开展农村社区发展基线调查，并形成调研报告。2006 年 2 月至 6 月，市农业局组织局属有关单位和部门、大兴和延庆两区县及镇村等领导和技术人员，在中国农业大学人文与发展学院王德海教授的指导下，形成由大学教授、行政技术管理人员、市区县推广技术人员和大学在读的研究生和本科生等 50 多人构成的调研团队，到京郊平原大兴区 14 个村和山区延庆县 10 个村，开展了前所未有的多部门、多专业的联合调研。涉及种植、畜牧、农机、旅游等 4 个行业，10 多个专业领域，调查和访谈农民共 806 名，其中参加座谈的农民 713 名，入户访谈农民 93 户。市、区县、镇村有 100 多人参与调研前期、中期和后期的组织、落实、协调、调研、座谈、回访、讨论及编辑等。经过方案制订、方法培训、实地调研、回访补充、报告编写、反馈修改等阶段，完成了 24 个村的村级报告、两个区县级报告（大兴和延庆）和《北京市农业生产发展农民需求调研报告》。调研发现的农民关于技术、组织化程度、科技培训及新品种等 7 个方面问题与需求引起市政府领导的关注与批示。

3. 探索本土化模式

根据农民生产问题与需求，北京市植物保护站、北京市畜牧兽医总站、北京市农业技术推广站、北京市水产技术推广站、北京市土肥站与中国农业大学合作，培训技术辅导员，结合村主导产业发展开办农民田间学校，实践探索多行业、多专业、多途径农民田间学校本土化模式。2006 年 8 月 2 日，昌平区举办了北京市第一所畜牧农民田间学校，由北京盛世富民清真食品有限责任公司举行了开学典礼，学员是来自兴寿镇、百善镇、长陵镇和阳坊等四个镇的 25 名肉羊养殖大户。2006 年 10 月 4 日，中加粮农合作组织官员一行 20 余人，参观考察了昌平区肉羊农民田间学校活动日情况，现场观摩了学员做羊脑包虫手术的整个活动日过程，他们对农民学员在非常简陋的野外条件下实行羊的开颅手术，并取得手术成功的技术，表示十分震惊，对昌平区开办的农民田间学校给予了高度的评价。

2006 年 11 月 8 日，北京市人民政府牛有成副市长在北京市农委、科委、财政局、农业局领导以及昌平区委书记陪同下，调研观摩了昌平区兴寿镇麦庄村有机草莓农民田间学校和肉羊农民田间学校，召开了农民田间学校调研座谈会，在会上牛有成副市长充分肯定了农民田间学校这种参与式互动式的科技推广与农民培训新模式，并指出"第一，农民田间学校及农业科技入户工作做得很实，深受农民欢迎，适应新形势下提升农民素质和发展都市型现代农业的需要。第二，新农村建设的难点在于调动主体，调动主体关键是了解农民、培训农民、引导农民。农民田间学校生动直观的组织形式在引导、培育、调动农民主体上取得了破题性成果。第三，要不断总结经验，加强部门合力，不但要集成整合政府各部门的政策、资金、技术等资源，还要积极探索整合社会资源，共同推动农民田间学校向前深入发展"。

在北京市农业局科教处的积极组织和推动下，各级领导的重视下，北京农民田间学校的实践与探索范围迅速扩大，由植保 IPM 农民田间学校，扩展到畜牧、推广、土肥等多行业、多专业。据统计，2006 年农民田间学校由 5 所增加到 29 所，由蔬菜产业扩大到食用菌、西甜瓜、粮经、草莓、肉羊、奶牛、猪、禽等 9 个产业，由在 3 个区县试点办学发展到 9 个区县开展示范。农民田间学校的引入与实践的成功也受到农业部科教司的关注，刘艳副司长、朱岩处长分别到延庆和大兴农民田间学校现场观摩，并对这种参与式推广与培训方法给予了充分肯定。

（二）规范创新阶段

2007—2008 年是规范创新农民田间学校新阶段。农民田间学校引入实践的成功，使一直萦绕在推广人员头脑里的"为什么农民往往不按技术人员要求去做？"这个问题有了答案，那就是推广人员在推广技术过程中，注重技术和产品的推介，缺乏对满足农民需求的意识和适合的推广培训方法。为加快农民田间学校的示范推广，有必要出台文件、规范管理，创新机制。因此，2007—2008 年，在北京农民田间学校的建设和发展历程中处于规范创新阶段，主要标志如下：

1. 出台文件

2007 年 8 月，北京市政府出台《北京市人民政府贯彻国务院关于深化改革加强基层农业技术推广体系建设意见的实施意见》（京政发〔2007〕22号），明确提出通过政府购买服务的方式，建设以科技入户、农民田间学校等为载体的村级基层服务组织（点），重点培养当地留得住的"土专家"、村级农业技术辅导员（推广员）。鼓励基层技术人员深入农村，并将进村入户推广技术、发展农民田间学校、培养科技示范户，技术指导员与辅导员的业绩与晋升晋级、职务评聘、公费培训和继续教育挂钩。探索建立农业技术辅导员和推广员的职业资格准入制。这是农民田间学校引进中国以来，首次将"发展农民田间学校"写入地方政府文件，并提出要探索辅导员职业资格准入。为规范辅导员培养和发展农民田间学校提供了政策支撑。2008 年 2 月将发展田间学校作为培养新型农民重要措施，写入北京市委、市政府关于促进"三农"发展的 1 号文件，并将在农村开办农民田间学校列入"新农村建设折子工程 108 号"。这也是首次将农民田间学校的内容写入地方政府的 1号文件。2008 年 3 月，四个委办局联合发布《北京市农业局、北京市农村工作委员会、北京市科学技术委员会和北京市财政局关于加快京郊农民田间学校建设实施意见》（京农发〔2008〕45 号）（以下简称《实施意见》），明确提出农民田间学校建设与发展对创新基层农技推广运行机制，引导科技要素向农村聚集，全面提升农民综合素质，加快培养有文化、懂技术、会经营的新型农民具有重要意义。《实施意见》详细规定了农民田间学校建设基本原则、目标和任务以及组织实施与管理。这是中国地方政府首个多部门联合发文整合政府的政策、资金、技术等资源，聚焦农民田间学校建设与发展。以上两个政府文件的出台，为北京市农民田间学校规范建设提供了重要的政策支撑。

2. 大力推进

北京市农业局为了推进和规范北京市农民田间学校建设与发展，2008年 4 月 28 日，组织召开了主题为"推进北京市农民田间学校建设"的全市大会。这次大会，是北京以政府为主导大力推进农民田间学校建设发展的标志性会议。会议突出特征：①凝聚资源，全力推动。会议凝聚了各级政府、科研院校及推广资源，邀请了农业部科教司巡视员王衍亮、农业部全国农业技术推广服务中心主任夏敬源、中国农科院科技局副局长袁龙江、北京市农委副主任高华、北京市科委副主任杨伟光、北京市农林科学院院长李云伏、北京农学院院长王有年、北京农职院副院长杜保德、北京市财政局农财处处长高鹿等领导参加。北京市农业局局长、书记赵根武、副局长及副书记刘亚清和主管科技副局长尹幼奇等参加了会议。赵根武局长作了关于"以农民为中心，推进农民田间学校建设，促进新农村和谐发展"报告。②纵向联合，上下互动。首先是各级政府资源互动，农业部相关部门、北京市、区县农业局、农委、科委、财政等管理部门领导参加会议；其次是行业管理部门纵向互动，市、区县农业、畜牧、水产、农机等行业管理部门参加会议；最后是科研、教学、推广、企业、协会等部门资源互动，中国农大、中国农科院、北京市农林科学院、北京农学院、北京农职院、农广校以及市区县推广机构、企业、协会等单位参加。大会参会人员达到400多人。③典型引路，经验共享。会上北京市农业局科教处处长吴建繁介绍了"北京市农民田间学校的实践和发展"，大兴区农委副主任汪学才介绍"办好农民田间学校，创新农技推广方式"的经验。农民田间学校辅导员代表，延庆县植保站高级农艺师谷培云介绍了如何"转变角色，做好农民田间学校辅导员"。顺义区大孙各庄镇绿奥蔬菜合作社社长杜守贵介绍了如何"引入农民田间学校，促进合作社健康发展"。通州区潞县镇北堤寺村养猪大户赵万全代表农民辅导员介绍了"我办农民田间学校"体会。这些单位和个人的典型经验汇编成册，印发了《北京市农民田间学校典型经验汇编》《北京市农民田间学校建设管理规范汇编》《北京市农民田间实践与探索画册》等供各部门学习参考。④表彰先进，扩大影响。会上对25名农民田间学校优秀辅导员和21名优秀农民学员的代表进行了授牌表彰和奖励，并以北京市农业局局发文形式下发，鼓励和激励更多的技术人员深入农村、深入基层开展技术推广和培养新型农民。同时，人民日报海外版、农民日报、北京日报、北京电视台、北京电台、CCTV-7等主流新闻媒体的记者参加了会议并进行了宣传报道。全国农技推广服务中心主任夏敬源对北京农民田间学校给予"五最"的高度评价，认为北京农民田间学校发展最快、覆盖范围最广、涉及领域最宽、国内外影响最大、实施效果最好。这次会议的召开将各级政府公共资源、科研推广技术资源凝聚集成在农民田间学校建设与发展的大平台上，加快了以区县为实施主体的全市农民田间学校建设，激活了基层农技推广队伍。

3. 规范管理

规范管理农民田间学校建设与发展，是确保北京市农民田间学校高质量建设、高效率运行、使政府的公共资源发挥出最大效益的关键。市农业局制定了《农民田间学校管理办法》《北京市农民田间学校建设与管理实施方案》（以下简称《实施方案》）和《农民田间学校建设与管理任务书》（以下简称《任务书》）。《实施方案》中明确提出，中国农业大学、中国农科院、市农林科学院、北京农学院、市农职院等单位有丰富的科技资源，可为农民田间学校建设提供有效的技术支撑。农民田间学校，可作为科研、试验、示范基地，是实现科研成果与农民需求对接的有效载体。为了让各级基层一把手领导和主管领导统一思想，提高认识，将农民田间学校建设工作放在重要位置，2008 年 6 月 30 日，北京市农业局组织召开了有 12 个郊区县农委，种植、畜牧、水产等"农业服务中心"及所属相关推广机构的主管领导和主管科长参加的 120 人会议。该会议再一次强调区县政府是农民田间学校实施主体，明确提出各区县农业行政管理部门——农委是牵头管理部门，种植、畜牧、水产等"农业服务中心"是具体组织实施部门，各区县农业推广机构包括推广、植保、土肥、畜牧、水产、蔬菜、果树等部门是技术实施单位，也就是农民田间学校开办的主力仍然是政府公益性推广机构，开办单位也可依托科研教学单位、协会、企业、合作组织和科技示范大户等开办农民田间学校。通过这次会议，构建了上下互动的立体化组织与实施网络。促进了规范管理，统一由四个委办局联合授牌农民田间学校，统一注册标识，统一辅导员培养和发证，统一农民田间学校管理网络，统一管理实施方案。

2008 年 10 月 21 日，为进一步规范农民田间学校建设标准，提高办学质量。北京市农业局又组织召开各市、区县农委、中心（局）及所属相关单位和市局所属相关单位的主管领导和主管科长 120 多人参加的会议。编印和下发了《农民需求调研指南》和《农民田间学校建设指南》，会上通报了各区县 2008 年田间学校建设进展，部署了 2009 年预算计划，分析了存在的问题，提出了近期工作重点是"三抓""两快""六化"，即抓督导、抓典型、抓总结；加快资金落实到位和加快预算编制；加大力度落实"六化"，即需求调研规范化、学校质量建设标准化、辅导员工作专职化、基层人才培养乡土化、效果考核指标化、信息反馈网络化。

为了加强农民田间学校过程管理和效果的监督考核，北京市农业局制定并下发了《京郊农民田间学校建设工作督导检查工作方案》，要求各区县主管部门根据签订的《任务书》和《实施方案》的建设标准和内容，对每所学校的建设指标，重点内容进行自查和年度总结。为使督导更加科学、高效、务实，市农业局组织市推广、植保、土肥、畜牧、水产等单位技术负责人与区县负责人形成 5 个督导小组，于 2008 年 11 月 24 日至 12 月 27 日之间，分别对各区县进行督导。各小组在督导期间邀请市农委、市财政局、市农业局相关处室负责人参加督导。采取"四结合"方式督导，一是定量与定性考核评估相结合，编制督导考核表 5 套；二是网络统计与现场查阅文档结合，查阅了 303 所学校档案；三是总结汇报与现场观摩考评结合，实地观摩考评了 13 所农民田间学校；四是管理人员考评与农民评估结合，399 名农民学员打分平均为 9.6 分（满分为 10 分）。农业部科教司推广处处长朱岩、北京市农业局纪检书记金兴利应邀参加了房山区长沟镇坟庄村生猪田间学校现场督导检查。

4. 机制创新

在政府相关政策的支持下，规范文件的指导下，极大地调动了市、区县各行业推广机构、科研教学单位的积极性和创造性，极大地促进了各级农业推广单位与科研教学单位的紧密结合，极大地激发了各级技术人员和科研人员深入农村基层创新培养、创新合作的热情。参与单位在不断地实践总结、建设发展农民田间学校过程中，在引进原有 IPM 模式的基础上做了适应性改革和创新，以农民田间学校为平台，构建了以农民为中心，以需求为导向，合作式推广，参与式培训的农业推广培训新机制。全市推进农民田间学校建设呈现出以下特征：①集中、联合启动。养殖行业房山区畜牧水产 20 所学校、延庆县畜牧 16 所学校、顺义区畜牧 14 所学校同时集中、联合启动开学典礼仪式；种植行业，大兴区 10 所和顺义区 8 所西甜瓜农民田间学校、密云县 8 所蔬菜和粮经农民田间学校同时集中、联合启动开学典礼仪式。②增强了培训实用性和可操作性，农民培训与室内植物生态试验、教具模型、室外活体实操试验和田间试验相结合，注重了多专业、综合性培训，如密云栽培、土肥、节水为一体。③加快了辅导员资培养，市畜牧兽医总站、市农业技术推广站、市植保站与中国农业大学联合培训技术辅导员 23 期，获得辅导员证书的技术人员 699 人，基本掌握了参与式培训工具应用技巧和适应农民需求的培训方法，掌握了规范化开办农民田间学校的基本程序，他们转变角色、带着激情和热情，定期到村培训，他们就像一块有着巨大吸力的磁铁吸引着农民，激发农民自愿学习，主动讨论，分享经验，实实在在解决生产问题，并与当地农民建立了长期稳定的关系。

据统计到 2008 年底，全市农民田间学校的数量从 28 所增加到 344 所，覆盖了所有郊区县和主要主导产业，发现培养乡土专家 932 名，科技示范户 3 126 名。

（三）提升发展阶段

2009—2013 年是提升发展农民田间学校，拓展参与式农技推广新途径阶段。随着农民田间学校进村开办的数量增加，已逐渐成为政府、推广、教育、科研、企业和农民之间联系的桥梁和纽带，在农业技术推广与成果转化中起着举足轻重的作用。但由于农科教各部门体制的原因，科研与生产之间、科研与推广之间，产业上下游之间的科技创新与成果转化等依然受到较大的制约，影响整体效益发挥，迫切需要拓展参与式农技推广新途径和新机制。在国家现代农业产业技术体系建设政策的指导下，2009 年 4 月，北京市农业局和市财政局联合发布了《现代农业产业技术体系北京市创新团队建设实施方案（试行）》（京农发〔2009〕44 号）。在不打破现有管理体制的前提下，优化整合现有在京科研力量和科技资源，以产品为单元，以产业为主线，率先成立了生猪、果类蔬菜、观赏鱼等 3 个现代农业产业技术创新团队。按照遗传育种、栽培与养殖、动植物疫病防控、动植物营养调控、产后处理与加工流通、设施设备和产业经济等环节，构建了产业技术研发中心（功能研究室）、综合试验站和农民田间学校工作站三个层级的体系框架，形成了上下互动、联合协作、利益共享的有效联动工作机制。在全国首次将农民田间学校作为现代农业产业技术体系科技成果有效落地的重要载体和平台，是农民身边看得见、用得着的先进技术和产品的示范田。在创新团队的技术支持下，为农民田间学校建设与发展在更大范围、更宽领域、更高层次上提供了强有力的技术支撑。据统计，到 2012 年，农民田间学校工作站达到 228 个，涉及生猪、奶牛、禽、蔬菜、食用菌、水产等 8 个产业，在 937 个村常年开办农民田间学校。

第二章
北京农民田间学校的组织管理

在国际上，农民田间学校是非政府组织开展的农民参与式培训和学习方式。而在北京，农民田间学校的发展则完全是由政府推动的。在中国，政府有着丰富的公共资源和强大的公共权力，可凝聚和整合各种社会力量，具有组织有序、指挥决策、运转管理的能力。政府公共权力必须维护公共利益，给公众带来福祉，促进社会良性互动、健康和谐的发展。北京农民田间学校建设与发展成功运作的关键，就是充分利用了政府的公共权力，有效地整合了公共资源，在明确规定了建设与发展农民田间学校的目标、范围、方式、内容等条件下，建立了高效的上下互动的两级组织与管理网络、上下互动的三级组织与实施网络、上下互动的三级技术支持网络，为了确保政府推动下的农民田间学校建设与发展实现最大限度的公共利益，使农民满意，引入了相应的责任机制，制定了考核指标，建立了内部和外部监督与评估机制，尤其是通过公示、网评、自评、农民与中介机构评估等加强社会舆论监督，有效地促进政府公共权力在阳光下运行。这种组织管理方式，有力地推进了农民田间学校建设与发展，履行了各级政府公共权力为民服务职责，在基层干部、农技人员、农民心目中树立了良好形象，对于落实以人为本的科学发展观、促进社会发展与和谐进步等方面都具有重要意义。

一、目标与任务

国外以及中国其他地区举办农民田间学校大多是针对某一项具体技术，开展短期的农民培训，如植保病虫害综合防治技术（IPM）的推广。而北京市政府的农业行政主管部门则将其作为公益性农业技术与服务进村入户的重要载体，创新推广机制、推动科技重心下移、培养新型职业农民的有效平台，激发农民和调动农民主体参与新农村建设的有效模式。通过围绕一村一品开办农民田间学校，与现代产业技术体系相衔接，与在京科技资源有效对接，加快科技成果与科技知识向农村聚集转化，推动政府提出的提高农民整体科技素质，培养造就有文化、懂技术、会经营的新型农民，加快北京都市型现代农业的发展目标实现。

在中国，政府要推动某项工作如农民田间学校建设与发展，首先要提出明确的建设目标与原则、主要任务与指标、经费筹措与管理，各相关行政管理部门如市农委、市农业局、市科委、市财政等通过充分讨论与沟通，达成一致共识并形成文件下发，这是各级相关政府与各部门行动的重要依据，如果缺少有力度的政策文件支持，各部门将各行其是，力量分散，很难整合资源步调一致地创新性工作。北京市联合四个委办局（北京市农委、北京市农业局、北京市科委、北京市财政局）下发的《关于加快京郊农民田间学校建设实施意见》（京农发〔2008〕45 号）（以下简称《实施意见》）和北京市农业局、北京市财政局联合下发的《现代农业产业技术体系北京市创新团队建设实施方案（试行）》（京农发〔2009〕44 号）（以下简称《实施方案》）两个重要文件，明确提出了农民田间学校建设和创新团队建设目标与任务，为凝聚共识、统一目标，统一行动提供了政策依据。

（一）确定目标与任务

1. 建设目标

《实施意见》提出的农民田间学校建设目标是，按照优势主导产业和特色产业发展要求，结合高产创建、无公害安全生产、标准化生产，开展一村一品的农民田间学校建设。采取整村推进的方式，连续支持三年（2008—2010 年），探索建立长效运行机制，并努力将农民田间学校逐步建设成为农村科技成果转化站、提升农民素质的培训站、现代科技与市场对接的信息站以及乡风文明的辐射站。帮助农民树立人与人、人与社会、人与自然合作互助、共同发展、和谐相处的意识，培养农民科学思想和科学精神，提高科学素质和健康文明的生活能力，造就一支有文化、懂技术、会经营的新型农民队伍。

农民田间学校农民培训目标，以农业生产为主业的职业农民为培训对象，以农民生产需求为引领，重视培育过程和效果，提高农民自主生产、科学决策和自主创新能力，增强农民的生产自信心、全过程生态意识、标准化生产意识和协作意识，显著提高农民的综合素质。

2. 主要任务

《实施意见》和《农民田间学校建设与管理任务书》明确提出农民田间学校建设具体 6 项任务和量化考核指标。

（1）学校建设任务。围绕京郊优势主导产业和特色产业发展、围绕首都菜篮子供给能力提高，三年内（2008—2010 年）新建农民田间学校 500 所、续建 800 所，突出一村一品一所学校，连续开办三年，整村推进。每所学校要帮助、带动周边村镇建分校 1~2 所以上。培养农民土专家 1.2 万人左右，辐射带动 30 万左右农民采用新技术，农产品检测合格率 100%，农民户均收入增加 15% 以上。

（2）学校人才培养任务。每所学校必须有 1 名经过参与式方法系统培训、具备辅导技能，获得辅导员证书的辅导员，探索建立辅导员进村办校质量考核与年终岗位考核及奖励相结合机制。定期组织辅导员知识更新与技能提升培训。每所农民田间学校培训从事主导产业的农民学员 25~40 名左右，培养 1~2 名农民辅导员（村级推广员），培养 5~10 户科技示范户。每所学校使 50% 学员成为当地科技示范户、农村种养能手、乡土专家，掌握一技之长的实用人才，建立一支扎根农村、乐于奉献的基层推广队伍和不走的乡土专家队伍。

（3）学校培训任务。每所学校结合参与式农民需求调研结果，制订培训计划，根据农民种养殖生产规律，每 1~2 周开展一次农民活动日（特殊农时季节可适当增减），每次活动不少于 3 小时。培训内容突出知识与技能的先进性、实用性、针对性和综合性，根据农民需求和市场需求，制定每节课内容。

（4）学校质量控制任务。每所学校要制定系统的教学大纲和教学方案，建立健全田间学校的运行管理档案。建立一个试验示范田（场），用于农民学员开展新技术、新品种试验操作，现场观察、调查、分析与实践。充分利用村级现有的公共信息栏，宣传推广农业新品种、新技术、新信息等，并定期进行更新。及时完成网络填报工作，畅通农民和专家的有效对接渠道。每所学校开办过程和结束后要进行培训效果考核评估。

（5）学校可持续发展任务。每所学校成立一个长期可运行的技术指导小组（农民田间学校工作站），在农村长年开展科技活动。明确办校"责任人"

与"责任村",实行"承诺制"办学和服务,提高农民技术采用效率,提高政府农技推广投资的回报率。

(6)学校培训效果评估任务。农民生产技术和知识水平提高 25％以上(依据 BBT 成绩测试结果),节约成本,防止肥料和农药、兽药、饲料过量和不科学使用,严格执行休药期,增产增收 10％以上,提高农民自主学习、自主生产、自主决策能力,增强农民安全生产、安全生态、团结协作等意识。

3. 基本原则

《实施意见》为了使各级组织与管理部门统一认识与行动,提出农民田间学校的开办要坚持农民自愿、政府扶持、上下联动、服务产业、科技支撑、管理规范的原则。

(1)坚持以农民为中心。尊重农民意愿,突出以农民为本,按照农民生产实际需求,制订田间学校培训内容,创新培训机制、改进培训方法、采取参与式、启发式、互动式的教学方法,激发农民的学习热情,充分调动农民的积极性和主动性,避免行政命令、脱离实际。

(2)坚持以区县为实施主体。市、区县农业、科技、财政等有关部门联合推动,加快区县农民田间学校发展。充分发挥各部门积极性,多渠道筹措资金,因地制宜,统筹规划。

(3)坚持服务主导产业。紧密围绕都市型现代农业发展目标和提高首都菜篮子供给能力的需求,按照优势主导产业和特色产业发展要求,结合高产创建、无公害安全生产、标准化生产,开展一村一品的农民田间学校建设。

(4)坚持科技推广创新。支持推广机构创新机制,鼓励技术人员深入乡村开办农民田间学校。支持办学与实施各类科技项目如试验研究、示范推广、科技入户、农村实用人才、村级推广员和科技协调员培养等相结合,加快新型农民培养。

(5)坚持多元化办学发展。鼓励和支持各级推广机构、在京农业大专院校、农业科研院所、涉农企业、服务型中介、农村合作组织、农业专业协会、种养殖规模场、科技园区、农村专业生产大户、科技示范户等参与开办农民田间学校,充分发挥事业单位培训农民的公益性职能作用,发挥企业、合作组织等带动农民规模化、标准化生产,产销一体化经营的作用,加快农民增收。

(6)坚持过程规范管理。农民田间学校建设实行合同制管理,明确各方责任，规范开办程序，落实技术环节，强化资金管理，开展效果评估、注重质量监控。

（二）建立技术创新团队

主导产业提升发展和特色产业创新发展需要通过农民田间学校，快速将资源节约型、环境友好型、品质优良型种植与养殖技术培训与传播给农民，需要有一支强大的技术服务创新团队作支撑。通过北京现代农业产业技术体系北京创新团队的构建，将中国农业大学、中国农科院、北京农学院、北京市农林科学院、北京农职院等科研院所、大专院校等部门专家资源以及北京市农业推广机构的专家资源整合到农民田间学校平台。区县、乡镇推广机构、协会、合作社、企业等将技术指导员培养成为农民田间学校辅导员，形成了上下互动的技术支撑工作机制。

1. 技术创新团队建设目标与任务

《实施方案》提出现代农业产业技术体系北京市创新团队（以下简称创新团队）的建设目标是，以推动首都都市型现代农业发展为核心，围绕市场需求，在不打破现有管理体制的前提下，优化整合现有在京科研力量和科技资源，以产品为单元，以产业为主线，建设从产地到餐桌、从生产到消费、从研发到市场各个环节紧密衔接、环环相扣、服务"人文北京、科技北京、绿色北京"的现代农业产业技术体系，更好地发挥科技对首都都市型现代农业的支撑作用，建立促进农业持续发展、农民持续增收的长效机制，提升首都农业整体竞争能力。

创新团队的基本任务是：围绕首都农业产业发展需求，进行区域共性技术和关键技术研究、集成、试验、示范、推广和农民培训；收集、分析农产品产业信息及技术发展动态，为系统开展产业发展规划和产业政策研究提供技术支持，为政府决策提供咨询，为社会和企业提供公共信息服务。

2. 技术创新团队基本构架与职责

《实施方案》规定，创新团队由产业技术研发中心、综合试验站和农民田间学校工作站三个层级构成。选择 10 个有优势、有特色的主要农产品，在每一个农产品中设置一个产业技术研发中心和一个首席专家岗位，每一个产业技术研发中心由若干功能研究室组成，每个功能研究室设一个研究室主任岗位和若干个研究岗位。研发中心的主要职责是：从事产业技术发展需要的基础性工作，开展本区域关键和共性技术攻关与集成，对上衔接国家现代农业产业技术体系，对下指导综合试验站和农民田间学校工作站开展技术示范与推广；收集、监测和分析产业发展动态与信息，开展产业政策的研究与咨询，组织相关技术活动；监管功能研究室和综合试验站以及农民田间学校工作站运行。

根据每一个农产品的区域生态特征、市场特色和产业布局，在主产区设立若干综合试验站，每个综合试验站设一个站长岗位。其主要职责是：承担产业技术研发中心下达的试验、示范、推广与调研任务，组织技术交流和观摩活动，指导本区域技术骨干参与本体系的试验示范与推广；为农民田间学校工作站开展技术服务与参与式培训提供技术支持；调查、收集生产实际问题与技术需求信息并及时反馈技术研发中心和功能研究室；协助上级有关部门监测疫情、灾情等动态变化并上报研发中心。

根据区域产品产业规模和服务农民的数量，在生产相对集中的地区建立若干农民田间学校工作站，每个站建立一所标准化、示范性农民田间学校（图 2-1）。其主要职责是：开展参与式农民需求调研；开展新技术、新品种、新产品参与式培训；发现并培养农村乡土专家和科技示范户；整村推进科技成果转化，辐射带动周边村镇技术进步。

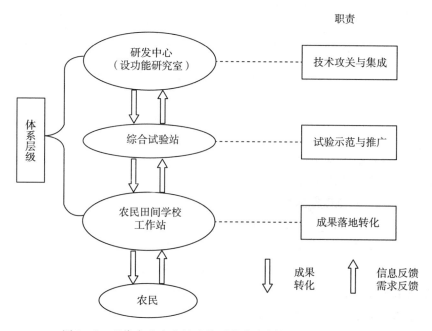

图 2-1　现代农业产业技术体系北京市创新团队运行结构图

北京现代产业技术体系创新团队与国家现代农业技术体系相比较，有两个突出特点，一是国家产业技术体系是两个层级，即研发中心和综合试验站，而北京是三个层级，除研发中心和综合试验站外，增设了接地气的农民田间学校工作站，并明确规定该工作站必须设置在规模化种植村或养殖场，以加快科技成果转化，培训引领和带动其他农民采用新技术，新产品及新工艺；二是北京现代农业产业技术体系创新团队还专门增设了相对独立的推广评估研究室，履行管理职责，负责创新团队的能力建设和推广培训以及团队运行状况的评估。对创新团队支持产业发展形成经济、社会及生态效益，综合试验站和田间学校工作站对农民的培训与示范及辐射举动效果等进行第三方评估，发现体系运行中存在的问题，提高体系运行效率和效果。

自 2009 年以来，北京市创建了 8 个产业技术体系创新团队，聘用岗位专家及合作专家 131 名，聘用区县综合试验站站长 43 名，228 名来自于区县、乡镇、合作社、企业的技术辅导员被聘为农民田间学校工作站站长，9 个区县和乡镇推广机构（含农广校）、合作社及企业的 1 220 名技术指导员聘为辅导员，形成了上下互动的技术支持网络和工作机制。见表 2-1 和表 2-2。

表 2-1　2009—2013 年现代农业产业技术体系
北京创新团队技术人员一览表

团队	功能研究室			试验站	工作站	合计
	岗位专家数	合作专家	小计			
生猪	14		14	6	40	60
家禽	13	5	18	5	26	49
奶牛	14	14	28	8	18	54
果菜	15		15	6	69	90
叶菜	13	8	21	6	30	57
食用菌	7	2	9	5	25	39
观赏鱼	3		3	2	8	13
冷水鱼	8	5	13	5	12	30
推广评估	5	5	10			10
合计	92	39	131	43	228	402

表 2-2 2005—2012 年北京市农民田间学校辅导员人数统计一览表

年限	畜牧	推广	植保	土肥	水产	合计
2005			33			33
2006	39	39	19			97
2007	101	57	29		40	227
2008	58	78	46	64	45	291
2009	135	32	51	32	40	290
2010	33	30	22			85
2011	41	48	27			116
2012	39	42	0			81
合计	446	326	227	96	125	1 220

构建技术支撑体系典型案例

2009 年生猪产业技术体系创新团队的研发中心设在北京市畜牧兽医总站，由云鹏副站长担任岗位首席专家，下设 6 个功能研究室，即遗传改良与繁育技术研究室、疫病控制研究室、营养与饲料研究室、健康养殖与环境控制研究室、产品加工与流通研究室、培训与经济评估研究室，共聘用 14 位来自中国农业大学动物科技学院和食品科学与营养工程学院、中国农科院饲料研究所、中国动物疫病预防控制中心、北京市农林科学院畜牧兽医研究所、北京浩邦猪人工授精服务有限责任公司以及北京市兽医诊断所和畜牧兽医总站的专家。6 个区县综合试验站，即大兴试验站由大兴区动物疫病预防控制中心穆立田任站长；房山试验站由房山区畜牧良种场刘金兰任站长；平谷试验站由平谷区动物疫病预防控制中心张文喜任站长；顺义试验站由北京市中顺景盛养殖有限公司张晓东任站长；通州试验站由区动物疫病预防控制中心刘金霞任站长；鹏程肉品加工技术试验站由北京顺鑫农业股份有限公司鹏程食品分公司副总李文祥任站长。40 个生猪农民田间学校工作站，如通州区生猪农民田间学校工作站有 6 个，其中，有 2/3 设在村合作社并由社长担任站长，1/3 由区、镇技术辅导员担任站长，分别在漷县镇北堤寺村，由北京万全恒瑞牧业有限公司及万全生猪合作社社长、辅导员赵万全担任；在永乐店镇大羊村由北京金城众和生猪养殖专业合作社社长、辅导员张红英担任；在张家湾镇垡头村由北京万事兴源养殖专业合作社社长、辅导员王利忠担任；在张家湾上店村由北京张家湾立士兴合作社养猪场辅导员徐国立担任；在西集镇尹家河村由通州区动物疾病预防控制中心技术辅导员徐小会担任；在于家务回族乡枣林村由区动物卫生监督管理局永乐店所辅导员路玉良担任。

3. 创新团队建设原则

（1）突出首都农业特色。根据首都都市型现代农业产业特点，开发农业的生产功能，发展高产高效的籽种农业；开发农业的生态功能，发展环境友好的循环农业；开发农业的生活功能，发展观光采摘的休闲农业；开发农业的示范功能，发展高端优质的科技农业。紧密围绕都市型现代农业的四大功能，以产品为单元，以产业为主线投入相应的人力、财力和物力等相关资源，使农业科技创新在产业的各个环节实现有机链接，顺利完成科技成果传递、转化和推广。

（2）合理配置科技资源。在现有中央和地方的科研、教学、推广、企业和农民合作组织中，按照从产地到餐桌的技术链条，在遗传育种、栽培与养殖、动植物疫病防控、动植物营养调控、产后处理与加工流通、设施设备和产业经济等环节合理配置科技资源，建立分工明确、联合协作、利益共享的有效联动工作机制，形成条块结合、高效运转的创新团队。做好与国家现代产业技术体系在京机构的有效衔接。

（3）强化技术重心下移。创新团队研发任务要坚持来自于农民需要和产业发展需求，研发集成的新技术、新品种和新产品要实现"落地效应"，应用效果由农民、企业、村镇、市区县等进行评估和绩效考核，形成"课题来自于生产、成果应用于生产"的良性循环机制，使更多的农业科技成果快速转化为现实生产力。

（4）建立稳定经费渠道。在明确中央、地方和依托单位投入责任的基础上，为创新团队建立相对稳定的经费支持渠道。同时，围绕主导产品和主导产业，强化各类项目资金聚焦，提高资金使用效益。

（三）签订任务书

1. 农民田间学校建设任务分解

根据农民田间学校建设总体目标以及《农民田间学校建设项目管理办法》《北京市农民田间学校建设项目管理办法实施细则》《北京市农民田间学校建设与管理实施方案》，分行业和区县层层分解建设管理与实施任务。一是市级相关推广机构负责指导区县开办农民田间学校，承担区县辅导员培养、教材编辑与制作。因此，北京市农业局与局属推广单位如北京市畜牧兽医总站、市农业技术推广站、北京市植保站等单位签订农民田间学校辅导员培养任务书。二是区县是农民田间学校建设项目实施责任主体，重点承担田间学校建设、管理与实施工作。因此，各区县管理和承担建设单位与市农业局签订了《农民田间学校建设与管理任务书》。

> 任务书模板：
>
> 项目编号：2008-××-××
>
> **北京市农业局农民田间学校建设与管理任务书**
>
> 项目委托单位：北京市农业局
>
> 项目承担单位：××区县×××××
>
> 为贯彻落实《北京市农业局、北京市农村工作委员会、北京市科学技术委员会和北京市财政局关于加快京郊农民田间学校建设实施意见》（京农发〔2008〕45号），确保2008年北京市农民田间学校建设项目有效落实，北京市农业局与××××服务中心签订2008年北京市农民田间学校建设项目任务书。
>
> **一、学校建设考核**
>
> 1. 开办农民田间学校：开办农民田间学校＿＿＿所，其中新建＿＿＿所，续建＿＿＿所（附件1：2008年农民田间学校建设计划），每所学校必须有1名经过市相关行业部门培训、获得辅导员证书的辅导员。
>
> 2. 培训工作量：项目实施时间为2008年1月至2008年12月。结合农户需求制订出培训计划。根据农民需求和种养殖生产规律，每1～2周

开展一次农民活动日（特殊生产季节可适当增减），关键生育期可增加活动日次数，每次活动不少于 3 小时，全年活动日次数 20 次以上。

3. 培训和培养：每所学校培训从事主导产业的学员 25～40 名，培养村级农民辅导员（或村级农技推广员）1 名以上，培养 5～10 名科技示范户，＿＿名种养殖能手、农村经纪人、专业合作组织领班人，根据村产业特色发展需求，辐射带动周边镇村＿＿农户使用先进技术。

4. 探索和创新工作机制：探索总结 2～3 种利用区县国有推广机构、乡镇技术人员、科技示范户、科研人员、企业技术人员、示范基地（场）等多种资源，开办农民田间学校的模式。创新 1～2 种推进田间学校长效发展的工作机制。

5. 建立试验田（场）：每所学校建立一个试验示范田（场），能满足学员进行试验、实践需要。

6. 设立宣传栏（或专刊）：每所学校要充分利用村级现有的公共信息栏或组织编辑结合本村农民需求的技术专刊，宣传推广农业新品种、新技术、新信息等，并定期进行更新，更新次数每月不少于一次。

7. 成立技术指导小组：每所学校构建一个长期运行的技术指导小组（即科技协调工作站），充分发挥在京大专院校、科研院所、推广机构、涉农企业、协会、中介及农民合作组织等的作用，由 1 名市级技术专家负责记录从开学典礼到学校结束全过程中每次活动的情况和效果。

8. 及时填报网上数据：每所学校必须及时网上填报学校从开学典礼到学校结束全过程的每次活动情况和效果。区县各中心（局）负责行业内农民田间学校管理信息系统管理与组织维护，及时组织网上填报与数据更新。

9. 培训效果：农民生产技术和知识水平提高 15% 以上（依据成绩测试结果），节约成本，减少肥料和农药（兽药）过量使用或严格执行休药期，产品检测合格率达到 100%，增产增收 10% 以上，提高农民自主学习、食品安全、生态安全等意识。

二、学校管理考核

成立区县项目管理协调小组。成立由农委、科委、财政及农口相关部门负责人参加的农民田间学校建设项目管理协调小组，协调本区县项目建设与管理，制定扶持政策，落实资金匹配，监督检查项目落实。

建立公示制度。区县农委和项目承担单位要向社会公示项目建设地点、培训内容、任务完成情况、资金补助及使用情况等。

建立培训台账和培训卡制度。建立培训台账，记录每笔经费开支，并由使用人签字，一式两份。培训卡由学员签到确认，学员代表签字，由辅导员负责保管。

落实培训工作季度报告。承担单位要明确一名管理人员为田间学校建设项目信息员，每年1月5日，4月5日，7月5日，10月5日前将上季度培训数据上报完毕，并作好项目动态信息简报的报送，每年不少于____期。

三、加强资金规范管理

农民田间学校建设资金采取市、区县两级筹措，集中专项使用。市、区县财政列专项资金支持区县农民田间学校建设。新建每所学校年运行经费6万元，市级支持3万元；续建每所学校年运行经费4万元，市级支持2万元，不足部分由区县财政协调解决。农民田间学校建设财政经费主要用于购买教具和教学耗材、辅导员与专家讲课费及误餐补助、住宿费、交通费、购买和编印培训资料、试验场地租用、制作标牌和信息栏、制作培训证书，网络运行及维护，召开观摩交流及总结会等，不得用于培训单位的基本建设等开支。各级相关部门和承担单位要严格资金管理，做到专款专用、专账管理。

四、学校评估与监督

（1）辅导员自评。辅导员在农民田间学校建设过程中必须自觉对照质量监控指标，开展自我检查与评估，针对农民生产实际与需求及时调整、完善培训内容。

（2）农民参与评估。每所学校在开办过程中和年度学习结束后，由项目管理人员或委托村技术指导小组或辅导员，组织农民学员对培训的需求率、理解率、应用率、效益率等进行评估打分，根据农民评估结果，有针对性地调整培训内容。

（3）区县监督检查。区县项目管理协调小组应组织本区县相关单位及项目负责人，对每所学校在开办过程中和年度学习结束后辅导员辅导能力和辅导水平、资金落实及使用情况、学校开办效果等进行过程评估和后评估，并编制效果评估报告。

（4）市级监督与抽查。市级技术支持单位对各区县各行业开办的田间学校进行监督抽查与评估，监督抽查比率不低于15%，采取实地考察、走访农民、电话抽查等方式，重点检查评估农民学员参与培训和掌握技能情况，农民满意程度，资金落实及使用情况。应用评估考核指标，对辅导员辅导能力和辅导水平、学校开办效果等进行过程评估和后评估，并编制效果评估报告。市项目管理协调小组将组织随机抽查评估。

（5）网络监督考评。各区县农委和种养殖中心要充分利用农民田间学校管理网络，每月对各田间学校开办情况和上传信息进行统计分析，对各承办单位实际办学质量进行网络监督考评，网上公布实施结果。市级技术支持单位对各区县行业开办的学校开展网络监督考评，每月公布各区县实际办学情况和质量。

（6）中介机构效果评估。市农业局科教处将组织中国科学院、中国农业大学等有关专家，采用农村快速评估方法，抽查10%的农民户访，对农民培训效果和项目执行情况进行评估，各区县相关单位协助开展户访。

五、项目经费

市级技术推广机构作为田间学校建设行业技术支撑单位，负责指导区县行业农民田间学校建设的组织实施和监督检查，按区县农民田间学校建设工作的进度和经费落实情况，拨付市级经费。

待区县项目经费落实后，由市级技术支撑单位拨付项目承担单位培训经费共计_____万元。

本任务书一式五份，其中委托单位贰份，技术支撑单位、保证单位和承担单位各壹份

委托单位：北京市农业局（签章）　　技术支持单位：北京市畜牧兽医总站（签章）

保证单位：大兴区畜牧局（签章）　　承担单位：大兴区疾控中心（签章）

2. 创新团队任务分解

创新团队建设每五年为一个实施周期。实行"开放、流动、协作、竞争"的运行机制。例如，生猪和果类蔬菜产业技术体系岗位专家、试验站站长、农民田间学校站长分别与体系建设牵头单位即北京市畜牧兽医总站和北京市农业技术推广站签订层层分解五年任务书。明确工作要求，细化工作任务，量化考核指标。通过签订任务书，与中国农业大学、中国农科院、北京市农林科学院、北京农学院等单位建立了长期稳定的合作机制，为支撑农民田间学校发展提供了技术保障。

创新团队任务书案例：现代农业产业技术体系北京市果类蔬菜创新团队工能研究室任务书

1. 栽培功能研究室任务书（2011 年），北京市农业技术推广站副站长王永泉任研究室主任，岗位专家中国农业大学高丽红教授、北京市农林科学院蔬菜研究中心李远新研究员。

（1）具体任务

①提出黄瓜、番茄冬季安全生产技术规程并进行大面积推广（王永泉，高丽红）；夏季不同喜温果菜遮阳网、防虫网型号的筛选（王永泉）；黄瓜、番茄穴盘育苗的壮苗培育技术研究，提出主要果菜穴盘育苗的技术规范（高丽红）；提出冷凉山区大棚辣椒、番茄越夏长季节栽培技术规范（高丽红，王永泉）。

②开发城市阳台蔬菜种植技术，开发新的设施设备，建立技术规范，在部分楼盘进行试验示范。在北京郊区 1～2 个园区展示都市观光农业新技术，培训技术骨干，加速观光农业技术的普及和推广（李远新）。

③开展秸秆还田、内置式 CO_2 施肥技术、双根嫁接技术等对根际土壤环境的影响及土壤生物修复机理研究（高丽红）。

④举办果类蔬菜高效栽培技术培训与现场观摩（王永泉）。

（2）考核指标

①日光温室黄瓜、番茄越冬长季节栽培产量与技术应用前相比提高 5%。

②建立果类蔬菜育苗技术规范，提出塑料大棚越夏长季节栽培的经济实用降温技术措施 1～2 项，使 15 厘米根际温度降低 2～3℃，光强降低 50% 左右，综合经济效益提高 5% 以上。建立果类蔬菜高产高效示范点 20 个。

③开发阳台菜园装置 1 套以上，筛选栽培基质 1 种；研究蔬菜树浅液流栽培专用设施设备 1 套，建立技术规范 1 个。

④蔬菜树基质栽培和浅液流栽培的年结果能力达到国内领先水平。2011 年在京郊推广该技术 200 株以上。

⑤到 2 个以上综合试验站指导工作 12 次以上，到农民田间学校工作站 8 次以上，信息每两月报送 1 条以上。

2. 大兴综合试验站任务书（2011 年），北京市大兴区种植业服务中心，高级农艺师刘彦泉为综合试验站站长。

主要任务：

①围绕本地区果类蔬菜生产特点承担各功能研究室的新品种、新技术、新装备试验。

②开展果类蔬菜高产、高效示范点创建工作。

③负责本地区果类蔬菜的技术指导及观摩培训工作。

④负责对农民田间学校工作站的建设指导和监督管理。

⑤负责本地区果类蔬菜生产、销售、重大病虫害等信息的搜集、监测和调查处理工作。

⑥完成首席专家办公室下达的临时性应急工作。

考核指标：

①在综合试验站基地完成由研发中心下达的新品种、新技术等相关试验、示范 4 套以上。

②完成春大棚、秋大棚、日光温室三个茬口主导产业的至少 3 个高产高效示范点建设，档案记载真实、完整。示范点产量至少要达到本区县田间学校工作站示范点相同茬口同类作物的平均产量，提交一份完整的技术经验总结报告。

③指导每个田间学校工作站建立 1 个以上果类蔬菜高产高效生产示范点。

④组织本地区果类蔬菜生产技术培训、观摩不少于 6 次，培训农户 200 人次以上。

⑤及时上报综合试验站的工作动态和典型经验 6 条以上。

3. 顺义区赵全营镇板桥村农民田间学校工作站

村主导产业为工业开发，农业占收入30%，该村人口3 000人，从事农业产业劳动人员700人，农业设施占地700亩、果树1 100亩、粮田2 950亩。农业设施生产主要以瓜菜生产为主，保护地果类蔬菜比例占90%以上。农民需求以引进优良品种和提供上门技术指导为主。

2009年具体任务

①完成农民田间学校工作站所在村田间学校的日常工作，并负责所在乡镇其他农民田间学校的指导工作。

②开展果类蔬菜新品种、新技术、新装备的示范工作。

③培养村（场）级技术辅导员、科技示范户、乡土专家。

④通过参与式等方法了解农民生产、技术等需求信息，并及时向综合试验站进行反馈。

⑤及时总结典型经验，上报工作动态。

⑥完成综合试验站和首席专家办公室下达的临时性应急工作。

2009年考核指标

①完成农民田间学校工作站所在村农民田间学校建设的所有考核指标。

②指导工作站所在乡镇其他农民田间学校2~3所的培训工作。

③至少完成一种果类蔬菜的高产高效生产示范，做出经验总结。

④通过综合试验站上报工作动态和典型经验的信息3条以上。

2009年年度计划

①5月以前通过参与式等方法了解农民生产技术需求信息，及时向综合试验站反馈。

②6月以前带领工作站成员及示范户观摩果类蔬菜品种示范田。

③全年按照农民田间学校建设考核指标完成工作站日常工作，并指导忻州营村、北郎中村2所田间学校培训工作。

④8—10月重点在示范户高继强日光温室进行番茄新品种示范工作。

⑤9月在示范户温室进行黄板防虫网综合控制小型害虫示范展示。

⑥10月对学员进行农药安全使用技术培训。

⑦11月茄果类蔬菜主要病虫害识别及防控措施交流。

⑧12月以前完成典型经验进行总结，制订下一年度计划。
⑨随时完成综合试验站和首席专家办公室下达的临时应急工作。

（四）保障运行经费

为确保主导产业和一村一品产业的农民田间学校有效组织、有序运行，上下互动，各项目标与任务落实到位，经费保障是关键。北京市农业局与北京市财政有关部门积极沟通，达成共识，写入文件，列入每年资金预算，保障了农民培训及培养目标与任务顺利实施。

1. 农民田间学校建设经费

按照《实施意见》（京农发〔2008〕45号）规定，农民田间学校建设资金，根据不同层级任务分解，采取市、区县两级筹措，集中专项使用的办法。区县新建每所学校年运行经费6万元，其中，市级支持3万元，区县财政支持3万元。续建每所学校年运行经费4万元，其中，市财政支持2万元，区县财政支持2万元，经费连续支持三年，基层辅导员培养经费，全部由市级财政解决。据不完全统计，仅市级财政，三年累计投入农民田间学校建设资金6 600多万元，基层辅导员培养经费1 500多万元。《实施意见》明确规定，田间学校建设补助资金主要用于购买教具及教学耗材、辅导员及专家讲课费及误餐补助、住宿费、交通费、购买和编印培训资料、试验场地租用、制作标牌和信息栏、购买培训证书，网络运行及维护，召开观摩交流及总结会等，不得用于培训单位的基本建设等开支。

在项目实施过程中，2008年市级农民田间学校建设项目经费由北京市农业局统一下拨到各个区县的实施单位。因此，各区县能够及时获得农民田间学校建设项目的市级补助经费，大部分区县能够按照文件要求获得地方配套的补助经费，有的区县由于财力不足，无法获得地方配套的补助经费。2009年以后，根据市财政专项转移支付政策的实施，专项支农经费直接下拨到区县财政局，由区县财政局直接拨付到一级经费预算单位。由于各区县财政收入总量不尽相同，特别是支农项目是多个项目打捆下拨，导致个别区县无法获得市级农民田间学校建设全额补助经费，但是大部分区县仍能全额获得市级项目经费，而且区县配套经费还超过市级补助经费。如密云县农委在总结2006年至2010年农民田间学校建设时重要经验之一，是"统筹协调、落实资金。截至2010年底，全县共开办农民田间学校210所，新建96

所、续建 114 所。县农委多方筹措资金，五年来共筹措匹配资金 617 万元用于农民田间学校建设，为确保田间学校正常、有序地运转提供了强大的资金支持"。海淀区农委在农民田间学校建设资金匹配上，将新建每所学校年运行经费提高至 9 万元（市 3 万，区 6 万）、续建每所学校年运行经费提高至 6 万元（市 2 万，区 4 万），并给予区相关农口事业单位每管理一所农民田间学校 1 万元管理费，为办好农民田间学校提供了有力的资金保障。农民田间学校经费，首先保障基本运行与管理经费（包括交通车辆、下乡补助、基本办公费用、启动和观摩会议等），其次是保证试验示范经费（如租地、试验物质投入），然后是课堂所用教学教具、学员用本、笔、卡片、大白纸等。如果基层事业经费与其他科技示范项目充足，前两项开支可与其他事业运行费和示范推广项目费结合使用，可节约资金，仅用于进村授课的费用就很低。另外，当年开班经费投入较高，第二年就降低，第三年则更低，基本开支多用在农民学员的本、笔、卡片、大白纸、辅导员补助及交通费用等。

2. 创新团队建设经费

根据《现代农业产业技术体系北京市创新团队建设专项资金管理试行办法》（京财文〔2009〕973 号）规定，每年专项经费列入预算，岗位专家 70 万元，综合试验站 30 万元，农民田间学校工作站 5 万元，连续支持五年为一个周期。目前，8 个产业技术创新团队建有农民田间学校工作站 228 个，每年运行费用 1 140 万元。

二、组织管理系统创新

建立上下互动的管理、执行、技术网络，是北京市农民田间学校快速推进的重要举措。组织管理过程包括计划、组织、协调、指挥、控制。做好计划就是市、区县各级管理、执行与技术部门都要制订好农民田间学校建设的行动方案，需要所有相关的单位共同参与，且具有计划方案的统一性、连续性、灵活性、精确性，要将每一所学校落实到具体村和具体作物以及具体畜种和养殖场。抓好组织管理包括构建农民田间学校建设的组织体系、结构框架、活动内容与相关制度、辅导员的选拔、培训及激励等，组织体系中人员的素质和创新精神决定了组织的效率。指挥就是调动组织体系中相关人员集中精力、团结努力、勇于创新的工作。协调就是调动一切可以联合的力量实现农民田间学校建设目标，使各行业、各部门步调一致、承担相关责任、解决相关问题。控制就是根据所制定的方案、规定的原则和下达的任务，监督检查与效果评估。这就是北京农民田间学校建设项目从顶层设计、实际践行的高效、统一、团结、创新的组织管理系统，也是北京政府短时间将农民田间学校推向全市的重要经验。

（一）上下互动的两级组织与管理系统

1. 建立市级农民田间学校建设项目管理协调小组

按照《实施意见》要求，由市农委、市科委、市农业局和市财政局共同成立了市级农民田间学校建设项目管理协调小组，由各成员单位分管主任（局长）及相关处长构成，市农委分管主任担任小组组长。市级协调小组下设项目管理办公室，挂靠市农业局科教处，由市农业技术推广站、市植保站、市土肥站、市种子管理站、市畜牧兽医总站、市水产技术推广站、市农机试验鉴定推广站等主管站长和科长构成。

协调小组负责农民田间学校建设统筹工作，研究制定相关政策，发挥综合协调作用，审定项目，监督检查项目执行情况。市农委负责项目统筹协调，总体规划，安排部分支农资金，支持田间学校建设，组织相关单位监督与检查项目落实。市科委负责安排部分科技资金，支持田间学校建设，并在此基础上发展科技协调工作站，推广科技成果，培养村级科技协调员，对培训教材编写及田间学校管理信息网络系统提供技术支持，督导项目落实。市农业局负责行业田间学校建设项目征集及年度计划编制，负责开发建设和维护田间学校管理信息网络系统。市财政局负责与相关部门共同审定项目总体规划，资金匹配，资金使用监督。

2. 建立区县级农民田间学校建设项目管理协调小组

各区县按照按照《实施意见》要求，成立了由区县农委、科委、财政及其相关农口负责人参加的区县农民田间学校建设项目管理协调小组，区县农委分管主任担任小组组长，各相关部门主管领导和科长为成员，协调小组挂靠区县农委主管科室。各区县农委是项目管理主体，负责本区县项目建设统筹规划，制定扶持政策，落实资金匹配，进行监督检查。区县农委负责组织农口相关事业单位制定田间学校建设计划，开展项目征集上报，协调部门资金预算，管理与监督项目实施。

组织与管理系统案例

大兴区农委 2006—2010 年农民田间学校工作总结：具体做法之一，是加强领导，部门协作，加大农民田间学校工作力度。由区农委牵头，召集区财政局、区动物卫生监督管理局和区种植业服务中心组成的项目管理协调小组，召开年度工作会议，部署农民田间学校建设和管理工作。整合协调本区县科技资源，组建由区推广站、区植保植检站、区蔬菜办公室、镇科技站和农业技术服务中心等构成的技术支撑体系，促进本区县农民田间学校综合站、工作站及田间学校各项工作的开展。各单位按产业指派专人负责本行业农民田间学校的管理工作，负责田间学校的确定、课程规划、年度计划等管理工作。

通州区为了贯彻落实《实施意见》，构建了协调管理、组织实施、技术支撑"三大体系"。在组织领导体系中，成立由区农委主管副主任、科委主管副主任、财政局主管副局长、动监局主管副局长、种植业服务中心主管副主任等相关部门的主管领导组成的管理协调小组。各职能部门成立了以管理副职为组长，相关业务科室、站主要负责人为成员的组织实施小组。在技术支撑体系建设中建立了由行业主管领导任组长，相关业务科、站的技术人员组成的行业技术实施小组，定期召开"三会"，即问题会、交流会和总结会，通过"三会"达到宏观问题及时排查、具体问题准确"靶位"、采取措施有的放矢。

（二）上下互动的三级组织与执行系统

整合市、区县、乡镇技术推广部门资源，建立上下互动的组织与执行系统。由北京市畜牧兽医总站、农业技术推广站、植物保护站、水产技术推广站等单位和 12 个区县的农业种植业、养殖业服务中心、167 个乡镇等农业技术推广单位，组成市、区县、乡镇三级农民田间学校建设项目组织与执行系统。

（1）市级推广机构建立行业组织实施小组，主要负责提出畜牧、推广、植保、水产等行业内农民田间学校建设计划，组织和指导区县农口事业单位落实项目；负责基层辅导员培训、考核、登记、发证等管理，培训教材及声像材料制作；负责行业内农民田间学校建设质量控制，组织观摩、考核与评优、总结与交流；负责行业内农民田间学校管理信息系统维护。

（2）区县农口种植、养殖中心等相关部门建立项目组织实施小组，负责按照"六个一"标准组织开办农民田间学校，组织完成各项任务和考核指标；负责本区县行业内农民田间学校建设质量控制，组织观摩、考核与评优、总结与交流；负责有关技术要点编辑、辅导员及推广员登记与管理，负责行业内农民田间学校管理信息系统维护。

（3）乡镇要明确一名分管乡镇长负责本镇农民田间学校建设管理工作，协助区县做好本乡镇农民田间学校建设计划，提供必要的设施设备和场所，组织相关技术人员协助和指导村农民田间学校"六个一"标准建设和落实。行政村要为农民田间学校开办和运行提供必要的活动场所及基本条件，负责组织农民、调动农民积极参与，协调学校日常管理工作，全面落实"六个一"建设标准。

典型案例　密云县农委对 2006 年至 2010 年农民田间学校建设工作总结

1. 健全机制、加强领导

由县农委、县农业局、县农业服务中心的主管领导及具体科室负责人组建密云县农民田间学校建设项目管理协调小组，将县科委、县妇联、县农广校、县成教中心等机关团体组织纳入到农民田间学校建设管理协调小组中，办公室设在农委信息培训科，并由专人负责协调农民田间学校建设与管理、拟订扶持政策、落实项目匹配资金、监督检查项目落实等工作。各项目承担单位也成立了田间学校组织实施小组，由行政一把手任组长、主管领导为副组长，相关科室负责人和田间学校辅导员为成员。县农业植保站和推广站还专门成立了农民田间学校建设办公室，由田间学校高级辅导员王福贤和吕健两名同志负责具体建设管理工作。

2. 建立制度、完善管理

坚持"统一领导、分工协作、部门联动"的工作机制，制定了《密云县关于落实农民田间学校建设的管理意见》，明确了田间学校建设的工作目标、经费标准、管理措施、考核办法等内容；实现了组织领导落实、机构人员落实、职责任务落实和工作责任制度落实、工作通报制度落实、工作考核制度落实。

3. 建立县、镇、村三级培训体系

从调研到课程设置到组织农民参加培训，县、镇、村三级组织各负其责，分工合作，由各项目承担单位选派专业技术人员负责田间学校技术指导，各镇农业中心结合本镇产业优势和发展目标确定培训方向，村委会为田间学校提供培训场地并组织农民参加培训，最大限度地调动农户积极性，对积极参加培训的农民给予记义务工的奖励。三级联动机制，实际上是把对农民培训的目标、步骤统一起来，更好地发挥技能培训作用、强化制度管理，使田间学校宣传新理念、普及新技术的培训作用得到了最大限度的发挥。

三、内部评估与外部监督

为使《实施意见》规定的内容落实到位，全面完成《北京市农民田间学校建设与管理实施方案》和《北京市农业局农民田间学校建设项目任务书》中提出的各项任务指标，及时了解和掌握各区县农民田间学校建设进展情况，包括农民田间学校的运行程序的落实、培训质量和效果、农民对培训的反映等；发现并配合区县解决农民田间学校建设中出现的问题；增进不同区域、行业之间的学习与交流，促进农民田间学校管理、培训机制和办学模式的创新，北京市农业局于 2008 年 10 月，按照"区县自查为主，市级督导为辅"的原则，组织对全市农民田间学校建设项目实施效果进行内部评估与外部监督考核。这里所说的内部评估是指本区县主管领导组织的参加田间学校的农民学员对培训效果的评估；外部监督与评估指农业局组织督导小组统一对不同区县进行的监督评估。

（一）内部评估

每个区县由农委主管领导牵头，2008 年 10 月 27 日至 11 月，组织各行业农民田间学校辅导员，对本区县 2008 年承担建设的农民田间学校工作进行全面自查与评估。自查评估主要指农民学员自我评估。农民学员对农民田间学校效果的评估结果见表 2-3。

表 2-3 农民学员对培训效果评估结果打分表（请在适当选项下画钩）

打分人数：

评价指标	指标说明	答案		满意程度										评价结果（%）	满意程度平均分数
		0	1	1	2	3	4	5	6	7	8	9	10		
需求率	培训内容是我所需要的吗？（不是自己所需要的，打0分）														
理解率	我对培训内容理解吗？（不理解，打0分）														
采纳率	我对培训的技术应用了吗？（没有应用，打0分）														
效益率	培训的技术应用后有效益吗？（应用了，但没获效益，打0分）														

　　表 2-3 是农民学员自我评估使用的表格。在培训结束相当长一段时间后，每个学员根据自己所参加培训和培训后技术应用的情况给出自我评估的结果。评价指标一栏为四级，即需求率，理解率，采纳率和效益率。指标说明是有助于农民学员在评价时对上述四个指标的理解。举例说明，在回答需求率的时候，学员首先要决定所参加的培训中涉及的培训内容是我需要的吗？要直接回答"是"还是"不是"。如果"不是"，就在后面的答案栏内"0"的下面画钩，代表培训内容并不是我的需求。如果回答"是"，那么，就在后面的答案栏内"1"的下面画钩。如果是在答案栏内"1"的下面画钩，然后就需要考虑"全部是"还是"部分是"，据此在1～10分的栏中选择适当的分值打钩。因此，"满意程度"一栏是供学员按照自己的情况填写的。辅导员可以根据学员"是不是"的评估情况与参加评价的学员综述比较，计算出"评价结果（%）"；根据农民对满意程度给出的1～10的分值与实际打分人数比较计算"满意程度平均数"。表 1-3 可以发给每个学员自己打分，也可以用作小组访谈工具。当然，打0分的人就不在"满意程度一

栏"中打分了。

　　表2-4和表2-5是2008年顺义区大孙各庄顺康肉鸡协会和顺义木林镇陀头庙农民田间学校学员分别对养鸡培训和食用菌技术培训的评分结果。

表2-4　顺义区大孙各庄顺康肉鸡协会农民学员对培训效果评估结果汇总表

打分人数：21

评价指标	指标说明	答案		满意程度										评价结果（%）	满意程度平均分数
		0	1	1	2	3	4	5	6	7	8	9	10		
需求率	培训内容是我所需要的吗？	0	21								1		20	100%	9.9
理解率	我对培训内容理解吗？	0	21								4		17	100%	9.8
采纳率	我对培训的技术应用了吗？	0	21							1	1	6	13	100%	9.5
效益率	培训的技术应用后有效益吗？	0	21						1		5	5	10	100%	9.0

表2-5　顺义木林镇陀头庙食用菌农民学员对培训效果评估结果打分表

打分人数：32

评价指标	指标说明	答案		满意程度										评价结果（%）	满意程度平均分数
		0	1	1	2	3	4	5	6	7	8	9	10		
需求率	培训内容是我所需要的吗？	0	32					1					31	100%	9.9
理解率	我对培训内容理解吗？	0	32	1				2	1		7	13	8	100%	8.4
采纳率	我对培训的技术应用了吗？	14	18	5				1	1	1	2	1	7	56%	6.6
效益率	培训的技术应用后有效益吗？	17	15					1		3	2		9	47%	8.4

　　通过农民学员对培训效果评估可见，并养殖肉鸡农民通过培训，效果很好，对培训的内容满意程度达9.9分；对培训内容的理解率较高，达到9.8分；对部训的技术采纳达到9.5分，给农民带来了经济效益的提高，满意程度达到9.0分。而食用菌农民田间学校，参加培训的32名学员中对培训内

容的满意程度 9.9 分，对内容的理解率满意程度 8.4 分；由于有 14 人到评估时尚未种植食用菌，因此，技术采纳率较低，仅 6.6 分；在采纳食用菌种植技术的农民中有 3 人并没有得到效益，因此，效益率为 8.4 分。

（二）外部监督

1. 外部监督的组织

外部监督评估人员构成主要由市级管理协调小组成员、行业组织管理实施部门、区县牵头管理部门等人员构成。每个小组由处长或副站长任组长、成员市级 3 人、区县 2 人。每个小组市级成员均为种植和养殖专业的技术骨干、且经过辅导员技能培训、掌握农民田间学校参与式培训程序与方法的技术人员。汇报质疑与考评过程，要求本区县行业组织与管理单位负责人、承办单位主管领导、开办学校的辅导员全程参与。

全市分为 5 个督导小组，由市农业局科教处、局属有关各业务站领导和技术骨干以及区县牵头部门负责人构成，自 2008 年 11 月 24 日至 12 月 27 日之间，各小组对各自负责的区县进行监督与评估。农民田间学校监督与评估的组织与督导小组的人员构成见表 2-6。

表 2-6　农民田间学校监督与评估的组织与督导小组的人员构成

小组	区县	牵头管理单位	负责人	参加人	组长	市级参加单位及人员
1	大兴	区农委副主任	汪学才	安虹科长	市农业技术推广站副站长王永泉	植保站　肖长坤
	朝阳	区种植业养殖业服务中心副主任	解凯	于德生科长		局科教处　武山
	丰台	区林业局副局长	李永祥	张彩玲科长		水产技术推广站黄以华
2	延庆	县农委副主任	卢铁陆	胡进亮科长	市植保站副站长郑建秋	土肥站　吴文强
	昌平	区农委副主任	牛路江	魏福臣科长		畜牧兽医总站　张雪梅
	海淀	区农委副主任	贾德友	顿宝红科长		植保站　张涛
3	顺义	区农委副主任	张显伟	李国玉科长	市农业局科教处副处长尹光红	畜牧兽医总站　魏荣贵
				郭吉明科长		局科教处　张猛
	怀柔	区农委副主任	王怀秋			农业技术推广　张丽红
4	密云	县农委副主任	刘翔冀	赵军涛科长	市畜牧兽医总站副站长云鹏	水产技术推广站　潘勇
	平谷	区农委副主任	马继发	刘久生科长		农业技术推广站　周吉红
						农业技术推广站　曾剑波

（续）

小组	区县	牵头管理单位	负责人	参加人	组长	市级参加单位及人员
5	通州	区农委副主任	刘存生	邢艳君科长	市农业局科教处处长 吴建繁	畜牧兽医总站　潘卫凤
						农业技术推广站　田满
	房山	区农委副主任	马连军	王福顺科长		农业技术推广站　韦强

另外，外部评估工作还邀请了农业部科教司朱岩处长、市农业局纪检书记金兴利、监察处王晓军处长、中国农业大学王德海教授参加了个别区县的监督与评估过程。

对督导组提出的要求如下：

（1）高度重视督导。农民田间学校建设项目是市政府 2008 年新农村建设折子工程之一，市政府重点督察项目之一，也是区县政府为农民办实事项目，各区县各有关部门领导要高度重视，周密部署，认真总结，严格自查，精心准备，扎实推进各项督导工作。

（2）务实高效督导。为使京郊农民田间学校建设与管理督导工作更加科学、高效、务实，各督导小组要认真听取汇报，注重凝练典型经验及创新做法，科学严谨地开展量化考核与现场评估，及时发现存在的问题，寻求解决对策，更有效地推动各项工作开展。

2. 外部监督的内容

外部监督包括：①组织与管理评估：包括组织机构建立、任务指标完成、建设标准落实、区县配套经费到位及开支、辅导员队伍状况等；②培训过程评估：培训前是否开展需求调研、调研结果对培训指导的针对性、是否有详细的培训计划与课程设计、采用的培训方式、方法等；③培训效果评估：对培训效果采取辅导员自评、农民评估、管理者评估等方式、方法。总括起来，可以概括为：管理程序规范化程度；培训过程规范化程度和培训质量与效果三个方面。

（1）管理程序规范化。重点对区县牵头和组织实施管理部门落实农民田间学校建设与管理《实施方案》和《任务书》中规定的各项任务指标完成情况进行督导。为鼓励和促进区县管理和工作机制创新，对田间学校开办模式和机制创新、紧密将田间学校建设与各类科技项目、政府推动实施的项目结合、制定激励辅导员的深入农村一线、专职进村开办田间学校的制度给予奖励加分。根据任务实际完成与合同指标的比例进行打分的分值标准、管理程序规范化评估的具体内容以及奖励标准见表2-7和表2-8。

表2-7 市、区县监评组对农民田间学校建设管理程序规范化评估表

指标类型		合同考核指标	实际完成（%）	打分*	备 注
学校建设考核	1. 学校数量（所）				
	2. 学校网上注册情况				填报数量占总数百分数
	3. 活动日网络填报情况				活动日填报次数与所有学校活动日总数量
	4. 培训工作量（小时）				每所学校每月开展活动1～2次，每次活动不少于3小时
	5. 村级技术指导小组				重点根据人员完备和工作情况进行综合评估
	6. 培养村级辅导员和带动示范户（户）				每所学校村级辅导员或技术员1名，示范户5～10名（提供重点培养人员名单），50%种植养殖能手、乡土专家
	7. 试验田（场）				种植必须设置试验田、养殖开展演示实验
	8. 宣传栏（或专刊）				利用专刊、技术资料、流动和固定宣传栏推广农业新品种、新技术、新信息等，并定期进行更新
	9. 组织检查观摩交流				定期组织观摩、检查与交流，1～2次
	10. 需求调研				每所学校都要进行需求调研，并提交调研报告
	11. 信息简报				信息报送每年不应少于6期
	12. 典型整理编辑成册				典型经验、典型案例、典型人物的总结，编辑成册
	13. 管理档案				承办单位及中心建立学校管理档案

（续）

指标类型		合同考核指标	实际完成（%）	打分*	备　注
学校建设考核	14. 考核奖励制度				管理与承办单位将技术人员开办农民田间学校和培养农村技术员、乡土专家等业绩列入年终考核奖励内容
	15. 年度总结				每所学校的年度总结
	16. 区县资金落实情况				足额到位，及时下拨承办单位
总　分					

注：根据任务实际完成与合同指标的比例进行打分的具体分值标准

比例（%）	>95	85～95	75～85	65～75	55～65	45～55	35～45	25～35	15～25	<15
分值	10	9	8	7	6	5	4	3	2	1

表 2-8　市、区县监评组农民田间学校建设管理程序规范化奖励加分评估表

指标类型		打分*	备　注
奖励加分	对辅导员的激励措施		有，10分；没有，0分
	辅导员专职化		占辅导员总数，大于10%，10分；5%～9%，5分
	田间学校专门管理机构		成立专门管理办公室，10分；没有，0分
	模式和机制创新		有2种以上，10分；1种，5分；没有，0分
	科技项目结合		科技项目与田间学校结合，大于10%，10分；5%～10%，5分；小于5%，0分
总分			

注：奖励加分必须提供证明，每项10分，总分50分，分数另外计算，不计入考评总分。

（2）培训过程规范化。重点对承办单位开办的田间学校进村开展培训需求调研问题收集、课程系统设计、课件制定、BBT测试、试验田（场）操作、团队建设活动等进行督导考评。详见表2-9。

表 2-9　市、区县监评组对农民田间学校培训过程规范化评估表

区县已开办学校数量：

检查内容	已完成数量（%）	打分	备　　注
调研问题收集表			问题收集表数量/开办数量
参与式课程系统计划			系统计划数量/开办数量
课件			课件数量/10×开办数量
BBT 测试			BBT 测试数量/开办数量
试验田（场）操作			操作次数/8×开办数量
团队建设小游戏			游戏次数/6×开办数量
辅导员年度总结			总结数量/开办数量
总分			

注：根据备注公式进行计算。具体分值参考下表：

完成比例（%）	>95	85~95	75~85	65~75	55~65	45~55	35~45	25~35	15~25	<15
分值	10	9	8	7	6	5	4	3	2	1

（3）培训质量与效果。对正在开办的农民田间学校开办效果实地现场考评，重点对开办过程科学性、合理性和辅导员综合能力及农民参与和互动效果进行考评；现场组织农民对培训内容设置的满意度、对培训内容的理解程度、专项技术的应用率、专项技术的采用效益率进行评估。详见表 2-10。

表 2-10　市、区县监评组对农民田间学校活动日培训效果现场评估表

指标	考评内容	无	不好			一般			好			备　　注
		0	1	2	3	4	5	6	7	8	9	10	
程序工具内容	课前回顾												
	可视化												是否使用大白纸、黑板、挂图、实物
	小组讨论												是否热烈、参与程度如何
	辅导员点评												是否能找出问题重点并指出正确处理方法
辅导员综合评价	亲和力												
	时间、场面掌控												
	表达与倾听能力												

（续）

指标	考评内容	无	不好			一般				好			备　　注
		0	1	2	3	4	5	6	7	8	9	10	
辅导员 表现力	出勤情况												按照出勤率核 算成绩
	分组情况、小组 长表现												年龄、男女是 否合理，小组长 表现如何
	学员约定												
	总分												

3. 外部监督的方法

（1）汇报与质询讨论相结合。督导组通过听取区县对田间学校工作整体全面汇报，共同质询工作中存在的问题，讨论解决对策。

（2）网络统计与查阅文档相结合。督导组根据网络监督统计情况，初步了解各区县田间学校开办情况，结合现场查阅文档和查阅年度总结，开展有效地评估。

（3）实地观摩与现场考评相结合。督导组将实地观摩田间学校，现场总结和发现典型经验，结合现场表现发现技能技巧和效果方面的问题，开展实地评估。

（4）管理人员考评与农民评估相结合。督导组由市、区县有丰富田间学校管理经验的人员构成，对各区县建设与管理田间学校进行指标化、科学化的考评，同时结合农民的满意度、理解度、应用率和效益率考评，充分体现考评的客观与公正。

（5）发现典型案例和新闻宣传相结合。本次督导以总结和发现区县典型经验、典型事迹、典型人物为重点，借助新闻媒体，加大宣传。

4. 外部监督的结果

由于监督评估涉及区县多、行业多、层级多，每个区县仅用1～2天要全面了解和完成考评区县及辅导员的工作，使每个参加评估的人员都面临着任务重、内容多、既要会议听取工作汇报和质疑，又要查阅大量的档案文件，还要考评现场培训效果的难题。由于专业背景不同，很难把握自己不熟悉的专业行业技术特点和规律，对每个人的准确判断都是个严峻的考验，会直接影响评估打分结果。因此打分结果，只是现状和趋势的反应，不是定性结果，我们将评估的分值以及单位的排序，只是作为推进工作的一种手段。通过监督与评估，增进不同区域、不同行业之间的学习与交流，促进农民田间学校程序化、规范化管理、总结创新培训方法与模式、探索创新办学新机制，并全面进行经验分享。同时注意发现建设与管理、进村办学过程中出现的问题、找出解决的措施和办法，加快各项工作的推进。

（1）管理程序规范化评估结果。评估结果表明，各区县均不同程度地建立了组织与管理、技术与执行的三级体系，基本完成了《任务书》中规定的各项任务指标。从全市 2008 年农民田间学校建设与管理效果看，切实促进了技术辅导员深入农村，开展农民生产与培训需求调研，形成需求调研报告320 份，积极进村围绕主导产业和农民需求开办农民田间学校 317 所，建立试验田（场）284 个，组织农民学习活动日达到 4 721 次，发现和培养村级辅导员、示范户或乡土专家 2 637 人，促进了当地主导产业发展和农民增收。但是，由于受奥运会因素影响，原计划年举办农民学习活动日 12～24次，在奥运期间要求减少农民集会次数，影响了部分培训计划的落实。此外，由于部分学校开学时间较晚，如秋茬作物，仅完成整个作物生育期的部分培训计划。

在各项指标考核与评估中发现，密云、房山、通州等三个区县综合管理成效显著。特别是密云县在各行业考评中均名列前茅，在种植、畜牧、水产等三个行业考评中，对学校建设计划的落实、进村开办农民田间学校"六个一"标准的落实，包括开展需求调研、组织农民学习活动日次数、建立试验田（场）、建立村技术指导小组、发现和培养村级辅导员、示范户或乡土专家、建立宣传栏（或专刊）、学校网上注册与填报、组织检查观摩交流、典型整理编辑成册、每所学校建立规范管理档案及年度总结等工作均能圆满完成。不足方面，密云县配套资金，由于年底划拨，账面尚未显示足额落实。这一评估结果表明，密云县农委协调与管理工作力度大，组织管理结构健全，计划目标可行，激励奖惩有据；各行业管理部门工作扎实，权责明晰化、考核定量化；技术实施单位上下联动、互动，步调一致，工作措施具体化、办校流程标准化、培训过程可控化。因此，种植、畜牧、水产等三个行业工作业绩突出。其他区县各行业之间建设与管理规范化方面，参差不齐，差异较大。具体督查与评估结果见表 2-11 至表 2-15。

表 2-11　2008 年区县种植业农民田间学校管理程序规范化考评结果汇总表

考核指标	密云	大兴	朝阳	房山	怀柔	通州	延庆	平谷	顺义	昌平
1. 学校数量（所）	10	10	10	10	10	10	10	10	10	10
2. 学校网上注册情况	10	10	10	10	10	10	10	10	10	6
3. 活动日网络填报情况	10	8	6	4	10	9	10	7	7	2
4. 培训总次数	10	10	8	7	10	8	10	10	7	8
5. 村级技术指导小组	10	10	10	10	10	10	10	10	10	10
6. 发现和培养村级辅导员、示范户或乡土专家	10	10	5	10	10	10	8	10	10	9
7. 试验田（场）	10	10	10	10	10	10	10	10	10	9
8. 宣传栏（或专刊）	10	10	10	10	10	10	9	10	10	9
9. 组织检查观摩交流	10	10	10	10	10	10	10	10	10	10
10. 需求调研	10	10	10	10	10	10	10	10	10	9
11. 信息简报	10	10	10	8	10	8	10	10	10	10
12. 典型整理编辑成册	10	0	10	10	0	0	0	0	0	10
13. 管理档案	10	10	10	10	10	7	10	10	10	10
14. 年度总结	10	10	10	10	10	10	10	10	10	10
15. 区县资金落实情况	5	10	10	10	3	10	3	3	3	5
合计总分	145	141	139	139	133	132	130	130	127	127

表 2-12　2008 年区县畜牧业农民田间学校管理程序规范化考评结果汇总表

考核指标	密云	昌平	房山	平谷	通州	怀柔	大兴	顺义	延庆
1. 学校数量（所）	10	10	10	10	10	10	10	10	10
2. 学校网上注册情况	10	9	10	10	10	10	9	10	10
3. 活动日网络填报情况	10	7	8	10	6	10	4	7	7
4. 培训总次数	10	10	6	9	9	10	7	8	10
5. 村级技术指导小组	10	10	10	10	10	10	10	10	10
6. 发现和培养村级辅导员、示范户或乡土专家	10	10	8	10	10	10	10	10	7
7. 试验田（场）	10	7	10	10	5	10	10	10	6
8. 宣传栏（或专刊）	10	10	10	10	9	10	10	10	9

（续）

考核指标	密云	昌平	房山	平谷	通州	怀柔	大兴	顺义	延庆
9. 组织检查观摩交流	10	10	10	10	10	10	10	10	10
10. 需求调研	10	10	10	10	10	10	10	10	10
11. 信息简报	10	10	10	10	8	10	10	10	10
12. 典型整理编辑成册	10	10	10	10	8	0	0	0	0
13. 管理档案	10	10	10	10	9	10	10	10	10
14. 年度总结	10	10	10	10	10	10	10	10	10
15. 区县资金落实情况	5	10	10	3	10	3	10	3	3
合计总分	145	143	142	142	134	133	130	128	122

表 2-13　2008 年区县水产业农民田间学校管理程序规范化考评汇总表

考核指标	昌平	密云	平谷	大兴	通州	怀柔	朝阳	房山	丰台	顺义
1. 学校数量（所）	10	10	10	10	10	10	10	10	10	5
2. 学校网上注册情况	10	10	10	10	10	10	10	10	10	5
3. 活动日网络填报情况	10	10	10	9	7	10	4	4	3	5
4. 培训总次数	10	10	10	10	10	10	10	8	10	5
5. 村级技术指导小组	10	10	10	10	10	10	10	10	10	5
6. 发现和培养村级辅导员、示范户或乡土专家	6	10	10	10	10	10	10	6	10	5
7. 试验田（场）	10	10	10	10	10	10	10	10	10	5
8. 宣传栏（或专刊）	10	10	10	10	10	10	10	10	10	5
9. 组织检查观摩交流	10	10	10	10	10	10	10	10	10	0
10. 需求调研	10	10	10	10	10	10	10	10	10	10
11. 信息简报	10	10	10	10	10	10	10	10	0	10
12. 典型整理编辑成册	10	10	10	0	0	0	0	—	10	0
13. 管理档案	10	10	10	10	10	10	10	10	0	5
14. 年度总结	10	10	10	10	10	10	10	10	10	5
15. 区县资金落实情况	10	5	3	10	10	3	10	10	10	3
合计总分	146	145	143	139	137	133	132	130	123	73

表 2-14 2008 年全市农民田间学校管理任务完成一览表

考核内容	合同考核指标	全市实际完成	考核内容	合同考核指标	全市实际完成
1. 学校数量（所）	321	317	8. 宣传栏（或专刊）	321	320
2. 学校网上注册情况	321	311	9. 组织检查观摩交流（次）		260
3. 农民学习活动日次数（网络填报的培训次数）	4 167	3 128	10. 需求调研报告（份）	321	320
4. 农民学习活动日次数（实际组织的培训次数）		4 721	11. 信息简报（篇）	150	591
5. 村级技术指导小组（个）	321	322	12. 典型整理编辑成册	36	31
6. 发现和培养村级辅导员、示范户或乡土专家（人）		2 637	13. 管理档案（份）	291	284
7. 试验田（场）（个）	321	284	14. 年度总结（份）	291	293

表 2-15 2008 年全市农民田间学校管理建设与管理奖励加分一览表

考核指标	延庆	昌平	房山	通州	密云	大兴	怀柔	朝阳	平谷	顺义	丰台
	1	2	3	4	5	6	7	8	9	10	11
辅导员激励措施	10	10	6.7	8	10	10	0	0	0	0	0
辅导员专职化	8	6.7	8	7	10	0	10	6	10	0	0
办校模式创新	10	8.3	5	10	5	10	10	10	5	10	0
科技项目结合	7	9.3	8.7	10	10	10	10	10	10	10	10
平均	45	43	35.1	35	35	30	30	26	25	20	10

（2）培训过程规范化评估结果。农民田间学校办学程序是否规范化是保证办学质量的关键。因此，培训过程规范化方面，重点对辅导员开办农民田间学校的行为与过程进行考评，要求辅导员进村开展生产与培训需求调研时必须采用问题收集与分析的方法、培训前要制定作物或畜种、水产品种全生育期的农民参与式课程系统计划、每次农民学习活动日前要根据农民需求制作有针对性的课件教案（包括学习与培训目的与内容、组织农民讨论的方式方法及时间安排、采用的可视化工具、寓教于乐的游戏与工具等）、培训前后农民技能与水平的 BBT 测试、开展试验田操作或演示性试验、学会用寓教于乐的团队建设活动调动和启发农民等。

考评结果表明，各区县能够按照《实施意见》规定的农民田间学校开办程序规范开办，辅导员尽职尽责。各区县辅导员对培训过程的控制能力有较大的差异。其中，怀柔区农民田间学校建设质量考评中名列前茅，综合各行业的考评结果为 60 分，在行业考评中，种植业排第一，养殖业排第二。从数量上看怀柔仅开办 19 所，是远郊区县中开办数量最少的，覆盖了 12 个乡镇 19 个村 13 个主要目标农产品。其中，种植 12 所，畜牧养殖 6 所，水产 1 所。怀柔区在"不求办多，只求办实，稳步推进"的思想指导下，各承担单位狠抓办学质量，取得了很好的效果。此外，密云、顺义、通州、延庆、房山、平谷等区县整体培训过程标准规范，考评结果为 58～54 分，其他区县在 48 分以下，主要是试验田（养殖场）实操和团队建设两方面不足。原因是畜牧养殖业学校受行业对疫病控制的要求，无法组织学员开展养殖现场的观察与生态系统分析，评估考核打分标准未考虑到养殖业疫病控制风险的特殊性，导致养殖行业此项打分均较低。

寓教于乐的团队建设活动对于辅导员来说是比较难掌握的培训教育方法，要求辅导员既要掌握合适的、有针对性、趣味性的游戏运用技巧，又要把控好现场活动时间，同时还要调动农民现场气氛，最后还要运用通俗易懂的语言、启发式点评活动的寓意，集知识性、趣味性、技术性、实用性、教育性为一体。对于一名刚接触参与式教学方法的初级辅导员来讲，确实很难准确把握和应用。因此，对首次开办农民田间学校的辅导员，团队建设的教育方法需要学习掌握，但不作为必需的考评内容。有些辅导员忽略了培训前的农民技能水平 BBT 测试和培训课件制作，这样的培训没有针对性，也不能满足农民的需求，也不可能有好的培训效果，有必要加强此方面引导、经验交流与评估考核。具体督查与评估结果见表 2-16 至表 2-18。

表 2-16 2008 年全市种植业农民田间学校建设质量考评打分结果汇总表

考核指标	怀柔	密云	延庆	顺义	通州	平谷	大兴	房山	朝阳	昌平	丰台
	1	2	3	4	5	6	7	8	9	10	11
进村培训需求调研，是否有问题收集与分析	10	10	10	10	10	10	10	10	10	10	10
是否有农民参与式课程系统计划	10	10	10	10	10	10	10	10	10	10	0
每次农民学习活动日，是否根据农民需求制作课件教案	10	10	10	7	7	10	10	7	8	6	10

（续）

考核指标	怀柔	密云	延庆	顺义	通州	平谷	大兴	房山	朝阳	昌平	丰台
	1	2	3	4	5	6	7	8	9	10	11
培训前后 BBT 测试	10	10	10	10	10	10	10	10	10	10	0
试验田操作或演示性试验	10	10	8	10	10	10	4	6	7	6	7
团队建设活动	10	7	9	9	9	6	10	9	3	6	0
总分	60	57	57	56	56	56	54	52	48	48	27

表 2-17　2008 年全市畜牧业农民田间学校建设质量考评打分结果汇总表

考核指标	平谷	怀柔	通州	密云	延庆	昌平	房山	大兴	顺义	昌平	丰台
	1	2	3	4	5	6	7	8	9	10	11
进村培训需求调研，是否有问题收集与分析	10	10	10	10	10	10	10	10	10	10	10
是否有农民参与式课程系统计划	10	10	10	10	10	10	10	10	10	10	0
每次农民学习活动日，是否根据农民需求制作课件教案	10	10	10	10	10	10	8	10	8	6	10
培训前后 BBT 测试	10	10	10	10	10	10	10	10	10	10	0
试验田操作或演示性试验	10	10	10	10	7	6	3	1	1	6	7
团队建设活动	10	10	9	7	6	7	8	1	2	6	0
总分	60	60	59	57	53	53	49	42	41	48	27

表 2-18　2008 年全市水产业农民田间学校建设质量考评打分结果汇总表

考核指标	房山	密云	大兴	昌平	怀柔	朝阳	平谷	通州	顺义	丰台
	1	2	3	4	5	6	7	8	9	10
进村培训需求调研，是否有问题收集与分析	10	10	10	10	10	10	10	10	10	0

（续）

考核指标	房山	密云	大兴	昌平	怀柔	朝阳	平谷	通州	顺义	丰台
	1	2	3	4	5	6	7	8	9	10
是否有农民参与式课程系统计划	10	10	10	10	10	10	10	10	5	10
每次农民学习活动日，是否根据农民需求制作课件教案	10	10	10	7	10	10	10	0	5	0
培训前后 BBT 测试	10	10	10	10	10	10	8	10	10	7
试验田操作或演示性试验	10	10	5	6	6	3	2	10	1	0
团队建设活动	10	8	7	6	2	2	5	5	0	0
总分	60	58	52	49	48	45	45	45	31	17

（3）培训质量与效果评估结果。培训质量与效果是评估的重点。考评小组对 13 个农民田间学校实地现场的培训效果进行了考评。重点对辅导员课前回顾技巧与方法、培训采用的可视化工具是否有助于农民学习与理解、课程设置内容合理性以及是否结合农民实际需求、辅导员点评的科学准确性以及推荐技术实用性、辅导员语言表达清晰与亲和力、辅导员观察与聆听能力、时间场面掌控力、农民学习约定与出勤、辅导员配置合理性、农民参与和互动效果包括男女农民分组合理性、不同水平农民搭配的合理性、农民讨论和发言的积极性等进行现场评估。其中，有 6 名辅导员95 分以上，5 名 80 分以上，2 名 80 分以下。获得最高分的分别是密云河南寨动监所在河南寨平头村开办的畜牧农民田间学校的辅导员贾树合和密云县植保站在河南寨荆栗园开办的蔬菜农民田间学校的辅导员王福贤。同时，现场组织 132 个农民学员和 22 个非学员对培训内容设置的满意度、对培训内容的理解程度、专项技术的应用率、专项技术的采用效益率进行评估。辅导员贾树合仍获得了最高分，排第二的是北京盛世富民清真食品公司在昌平区流村镇漆园村开办的柴蛋鸡农民田间学校辅导员王凤山，第三名是王福贤。可见，辅导员之间能力差异较大，而管理者的评估与农民的评估也存在差异。农民田间学校实地现场对辅导员考评汇总结果见表 2-19 和表 2-20。

表 2-19 农民田间学校实地现场对辅导员考评汇总表

学校开办详细地点	学校承办单位	辅导员姓名	产业	课前回顾	采用可视化工具	课程设置合理性	辅导员点评	表达与亲和力	观察与聆听能力	时间场面掌控力	学习约定与出勤	辅导员配置合理性	互动效果	总分
密云县河南寨镇平头村	河南寨动监所	贾树合	生猪	9.5	10	9.8	9.5	10	9.6	10	10	10	9.8	98.2
密云县河南寨镇荆栗园	县植保站	王福贤	蔬菜	9.8	10	9.5	10	10	9.8	9.5	10	10	9.6	98.2
平谷王辛庄放光村	畜牧监督检验局	王学军张牧云	畜牧	9.5	10	9.8	9.5	10	9.5	10	10	10	9.5	97.8
平谷西鹿角村	区植保站	张健	蔬菜	9	10	9.8	10	10	9.5	9.5	10	10	9.5	97.3
昌平区流村镇漆园村	盛世富民公司	王凤山	柴鸡	10	9	10	10	10	10	10	10	8	8	95
怀柔桥村镇凯甲村	区动物卫生监督管理局	吴春宝张振兴刘久田	鹿	10	9	9.5	10	8.5	9.5	10	10	9.5	9	95
房山区长沟镇坟庄村	区畜牧兽医总站	丁宝光刘秀清	生猪	7.75	6.25	9.75	9	9.75	9	9.5	10	9.25	8.75	89
顺义木林镇陀头庙村	区农业技术推广站	高继海孔繁建	种植	9.3	8.3	8.7	9	9.7	9.3	9.7	7.3	8	8.3	87.6
房山区长阳镇佛满村	区种植业服务中心	郭永杰佟国香	食用菌	9.25	8.5	8.25	8	8.5	8	8.5	9.5	9.25	8	85.75

（续）

学校开办详细地点	学校承办单位	辅导员姓名	产业	课前回顾	采用可视化工具	课程设置合理性	辅导员点评	表达与亲和力	观察与聆听能力	时间场面掌控力	学习约定与出勤	辅导员配置合理性	互动效果	总分
顺义大孙各庄顺康肉鸡协会	镇畜牧中心	付岩 谢光华	肉鸡	9.8	8	9	7.3	9	8.5	9.8	8	7	7.5	83.9
大兴榆垡镇王家屯村	榆垡镇防疫站	李媛媛	猪	0	9	10	8	10	8	8	10	8	10	81
通州潞县镇梁家务村	区兽医总站	韩絮	畜牧	5.5	8.5	7.75	7.25	7.5	7.75	7.5	9.5	8	8.5	77.5
延庆旧县镇常里营村	县动物疫控制中心	王成玉	奶牛	8	6	6	5	7	7	8	10	6	8	71
平均值				8.26	8.66	9.06	8.66	9.23	8.88	9.23	9.56	8.69	8.80	89.02

表 2-20　房山区两所农民田间学校现场培训质量与效果分析与评估

地点	长沟镇坎庄村		长阳镇佛满村	
产业	生猪		食用菌	
辅导员	丁宝光、刘秀清		郭永杰、佟国香	
评估项目	优点	不足	优点	不足
课前回顾	有回顾的意识	辅导员自己回顾，没有调动和启发学员一起回顾，不利于学员加深学习的内容	采用提问的方式进行回顾，用奖品激励学员发言	
可视化工具		仅准备了纸质技术资料，黑板书写，可视化工具未使用	充分利用大白纸、幻灯图片、菌棒营养配料、霉变菌棒等，农民易懂	
课程设置合理性	培训前根据学员需求制作了详细教案		培训前制作了教学教案，符合多数学员对食用菌栽培技术的需求	但是忽略了个别首次种食用菌的农民，对他们有点难度
辅导员点评	经验丰富，条理清楚，符合农民生产实际	没有板书点评要点，不利于学员记忆	技术知识扎实，点评要点科学、准确	辅导员点评声音小，时间长，而且没有面对学员，没有与学员互动
表达清晰与亲和力	采用小扩音器讲，表达清晰，经常到各小组与学员沟通，亲和力较强		语言通俗易懂，表达清晰，经常采取提问式，加强农民记忆	由于在大礼堂培训，声音弱，不能有效地吸引农民的注意力，亲和力略显不足
观察、聆听与经验分享	能够较好地引导学员讨论、发言	习惯于按照既定的课件进行活动，对农民提出的问题，不够敏感、缺少互动讨论和经验分享	能够组织、积极引导学员参与专题讨论	以辅导员讲解为主，缺少对学员注意力的观察，与学员沟通较少，缺少农民经验分享
分组讨论与时间场面掌控	农民分组男女搭配合理，每组均有热情和激情高的农民，积极参与讨论，基本能把控住时间	小组讨论时间过长，在点评过程中直接给出标准的答案，忽略了小组讨论出来的"成果"，农民的经验分享不够	农民分组男女搭配合理，能够组织、引导学员讨论，基本能把控住时间	学员发言少，辅导员在活动中讲话时间太长，一部分学员被闲置在小组外。忽略了小组讨论出来的"成果"，农民的经验分享不够

（续）

地点	长沟镇坟庄村		长阳镇佛满村	
学习约定与出勤	学员36人全部参加，非学员4人，共有学员40人，教室墙上有农民自己定的学习约定		32名学员全部参加，没有非学员。有展板和学习约定	
学员参与度	积极讨论	学员分享不充分		学员讨论内容少，学员间没有分享
辅导员配合		主、副辅导员配合不好，特别是辅导员助手，没有对农民的组织、调动发挥作用	主、副辅导员配合得当。主辅导员沉稳，副手活泼、有组织与调动力，主副搭配十分默契	
团队建设	采用了寓教于乐的数字统计游戏活动	由于数字统计分析时间较长，分散了学员的注意力，使部分学员失去了参与兴趣。启发式点评不够	采用了寓教于乐的击鼓传花游戏活动，辅导员组织到位、学员参与热情很高，点评恰到好处	

四、辅导员在培训中的优点与不足

1. 辅导员在培训中的优点

（1）辅导员普遍做到了培训内容与需求调研的问题相结合，突出了培训内容设置合理性、针对性和实用性。

（2）辅导员语言表达清晰，有亲和力。辅导员经过参与式培训后，普遍增强了尊重和启发农民学员的意识，提高了与农民沟通的能力，充分发挥专业技术人员知识丰富、业务能力强的特点，吸引和凝聚农民共同讨论生产遇到的问题与技术，提高农民学员对技术的理解。

（3）辅导员能够全面控制好培训全过程的小组讨论、技术交流等方面的时间和场面。这一结果说明辅导员已经掌握了农民分组技巧、小组讨论与交流技巧，能够有效地组织农民参与学习和讨论，增强农民对技术的理解，加深记忆，讨论过程中，实现农民经验共享。

（4）辅导员能够有效地组织农民参加学习，并与学员制定学习约定。辅导员已经掌握了农民生产实际需求，并且与农民共同讨论了培训内容的系统计划，农民能自愿参加，并讨论制定学习约定，是因为他们知道了田间学校培训的内容将解决生产中他们自己不能解决的实际问题，提高产量、降低成本、改善品质、增加收益。这一结果改变了过去组织农民培训难、让农民坐在教室听半天课更难的现状，也结束了用补助费吸引农民参加培训的历史。

2. 辅导员在培训中的不足

（1）辅导员自己回顾，没有调动和启发学员一起回顾，不利于学员加深学习的内容。在课前回顾、课程设置、点评等环节需要改进和完善。

（2）辅导员点评声音小，时间长，而且没有面对学员，没有与学员互动和辅导员点评。即便是技术推广过程中也要充分尊重农民的经验、利用农民的经验和知识，调动农民思考，但目前辅导员调动学员思考不够。造成这方面的原因有几方面：一是农民固有的依赖性，一旦有问题他们更习惯于从专家那里得到正确的答案而不是自己去解决；二是辅导员往往不够重视农民的经验，特别是专业知识和经验较丰富的辅导员，习惯于直接解答问题而不是从农民的经验和知识出发来一起分析问题。这样造成了一些消极的影响，例如，在点评过程中直接给出标准的答案，忽略了农民小组讨论出来的"成果"；对农民提出的"经验和问题"不够敏感；农民参与和互动积极性受挫等。

（3）观察和聆听能力有欠缺。辅导员习惯于按照既定的课件进行活动，对学员"提出"的问题进行分析和解答，对农民未"提出"但"表现"出的问题不够敏感，对农民问题后面的问题深入不够。以辅导员讲解为主，缺少对学员注意力的观察，与学员沟通较少，缺少农民经验分享。通过观察和分析，督导组认为辅导员存在的主要问题有：习惯于按照既定的课件进行活动，对农民提出的问题，不够敏感、缺少互动讨论和经验分享。

（4）培训过程的可视化效果不好。督查中发现，农民使用卡片和大白纸不规范，主要表现在字太小、每张卡片表达的内容比较多、卡片用词不规范，这些给汇总和展示带来了较大的困难。仅准备了纸质技术资料，黑板书写，可视化工具未使用。

　　（5）启发式点评不够。团队建设由于数字统计分析时间较长，分散了学员的注意力，使部分学员失去了参与兴趣。寓教于乐的团队建设活动对于辅导员来说是比较难掌握的培训教育方法，要求辅导员既要掌握合适的、有针对性、趣味性的游戏运用技巧，又要把控好现场活动时间，同时还要调动农民现场气氛，最后还要运用通俗易懂的语言、启发式点评活动的寓意，集知识性、趣味性、技术性、实用性、教育性于一体。对于一名刚接触参与式教学方法的初级辅导员来讲，确实很难准确把握和应用。

第三章
北京农民田间学校的运行

一、农民田间学校开办原则与规范

(一) 农民田间学校办学基本原则和条件

1. 开办农民田间学校的意义和目的

目前,京郊农民的科学文化素质不高,对农业新品种、新技术、新产品接受慢,科学知识与技术进村入户渠道不畅,农业科技人员创新推广的潜能尚未得到充分发挥,掌握现代农业技术和装备的新型农民培养不足,导致现代农业科技成果应用率低。农民田间学校通过参与式,倡导一种"赋权"来缓和政府供给与民众需求之间的矛盾,降低政府项目的运行成本和提高科技转化效率,突破原有农业推广机制不活、体制不新的桎梏,实现政府的经济和政治目标(比如粮食安全或者和谐社会的构建)。近年在农村开展的新型农民培养工作实践表明:农民田间学校贴近农村、贴近农民、贴近实践,是促进农民与技术、市场、信息对接、加快科技成果转化的桥梁和纽带,是引导科技人才、科技成果、科技知识向农村聚集的有效载体,是创新推广机制、推动科技重心下移、培养农民推广员和科技协调员的有效平台,是激发农民和调动农民主体参与新农村建设的有效模式。因此,加快农民田间学校建设,对提高农民整体科技素质,培养造就有文化、懂技术、会经营的新型农民,促进都市型现代农业的发展具有重要意义。

2. 办学原则

北京市农业局为了有效指导区县各级涉农部门办好农民田间学校,提出办学要坚持以下基本原则:

一是坚持农民自愿、政府扶持、上下联动、服务产业、科技支撑、管理规范的原则。过去政府推动下的农民培训,是由市、区县政府相关部门计划下达培训任务，再通过行业逐级下达到各乡镇及村，再由村委会选择他们认为合适的农民参加，并不是农民主动要求参加。而农民田间学校培训，要坚持农民自愿，不是摊派培训指标，政府各部门和各行业上下联动，为当地产业发展和农民需求服务。

二是坚持以农民为中心。尊重农民意愿，突出以农民为本，按照农民生产实际需求，制订田间学校培训内容、创新培训机制、改进培训方法、采取参与式、启发式、互动式的教学方法，激发农民的学习热情，充分调动农民的积极性和主动性，避免行政命令、脱离实际。过去政府计划下的培训，提前安排好培训内容，分配各村培训人数，村委会组织召集农民，付给一定的费用，由技术专家为几百个农民培训一天或半天，农民被动地接受不符合生产实际需求的技术与知识，时间浪费了，问题没有解决。农民田间学校培训培训要改变这一现状，要以农民为中心，以田间为课堂，以实践为手段，采取参与式、互动式的教学方法，解决农民生产实际问题为重点培训内容。

三是坚持以区县为实施主体。市、区县农业、科技、财政等有关部门联合推动，加快区县农民田间学校发展。充分发挥各部门积极性，多渠道筹措资金，因地制宜，统筹规划。突出区县实施主体有利于调动区县积极性和主动性，有利于将田间学校建设目标与区县政府目标紧密结合。过去区县政府相关部门主要根据市级行业部门培训计划组织实施，是完成市级各行业部门下达的培训任务，是被动的，区县政府相关管理部门，如农委、财政、科委等部门很少参与行业部门的培训计划制定与安排，各部门各自为政，资金分散。由于农民田间学校培训任务是自下而上的，是围绕当地产业发展的组织培训，而不是由市级部门制定的培训，因此，必须以当地政府为实施主体，区县政府有责任围绕自己本地区的优势产业发展一村一品一校，有责任将一产农民培养好、组织好、教育好，有责任建好每个新农村，农委、财政、科委等部门要共同筹措资金，联合推动。

四是坚持服务主导产业。紧密围绕都市型现代农业发展目标和提高首都菜篮子供给能力的需求，按照优势主导产业和特色产业发展要求，结合高产创建、无公害安全生产、标准化生产，开展一村一品的农民田间学校建设。"一村一品"是农民田间学校进村开办的基本条件，没有规模化产业，就没有农民田间学校。

五是坚持科技推广创新。支持推广机构创新机制，鼓励技术人员深入乡村开办农民田间学校。支持办学与实施各类科技项目如试验研究、示范推广、科技入户、农村实用人才、村级推广员和科技协调员培养等相结合，加快新型农民培养。目前，各类科技项目申报中均安排了培训费用，都要进村试验示范。整合各类科技资金，结合各类科技项目，用田间学校的参与式培训方式，落实各类试验示范与培训，提高项目实施与落地效果。

六是坚持多元化办学发展。鼓励和支持各级推广机构、在京农业大专院校、农业科研院所、涉农企业、服务型中介、农村合作组织、农业专业协会、种养殖规模场、科技园区、农村专业生产大户、科技示范户等参与开办农民田间学校，充分发挥事业单位培训农民的公益性职能作用，发挥企业、合作组织等带动农民规模化、标准化生产，产销一体化经营的作用，加快农民增收。

七是坚持过程规范管理。农民田间学校建设实行合同制管理，明确各方责任，规范开办程序，落实技术环节，强化资金管理，开展效果评估、注重质量监控。政府确立了农民田间学校建设项目，市、区县两级政府筹措资金，要将有限的资金管好、用好，采取合同制的目的是明确管理职责和建设任务，通过加强管理，提高办学质量，扩大参与式培训影响与效果，建设和培养一批师资人才队伍，探索和创新技术推广运行机制，为获得技术推广与培训工作的稳定支持奠定基础。

3. 开办基本条件"四有"

（1）有主导产业和自愿学习的农民学员。有规模化和集约化主导产业或特色产业发展是开办农民田间学校的基础。在一村一品或一镇一品的规模化种植和养殖产业村，农民围绕一个主导产品生产，在生产中会遇到共同的问题，如番茄种植专业村，会遇到相同病虫害、品种、栽培、施肥、管理以及土壤障碍等问题、农民在一起学习有共同感兴趣的讨论话题，有互相借鉴和分享的生产技术经验。如果农民种植不同的作物品种，兴趣点和关注点都不同，遇到的生产问题也不相同，就很难进村或镇开办农民田间学校。因此，开办学校地点选择，要以产业规模化、集约化村或镇为重点。北京农民田间学校在学员选择上遵循自愿参加原则，一般有20～50名学员不等，为了保证培训效果还要求学员是当地种植户和生产决策者，是渴望学习科学种植管理技术、能够保证系统参加培训学习的农民。

（2）有掌握参与式培训方法的辅导员。辅导员是农民田间学校开办的关键，是新型农民培养的重要师资。北京市农业局负责编制农民辅导员培养规划，市级各行业农业技术推广部门负责组织培训。农民田间学校辅导员必须接受不少于 100 学时的系统培训，考核合格获得资格证书后，可从事农民田间学校建设工作。辅导员每年应参加不少于 100 学时的技能提升培训。辅导员实行登记备案和资格准入制。农民田间学校辅导员应具有敬业奉献和吃苦耐劳的精神；具有较扎实的专业技术功底，熟悉当地农业生产情况，有良好的语言沟通能力和亲和力；尊重农民学员，了解农民需求，能够组织、协调不同领域的技术人员或专家解决农民生产和生活问题。农民田间学校辅导员应严格按照农民田间学校项目管理办法和实施细则，有步骤、有计划地开展工作；根据农民需求，有针对性地编制教学大纲；根据产业链延伸需求，不断拓宽培训技术内容。目前辅导员主要来源于区县、乡镇两级公益性推广机构中专业技术人员，少部分来自当地有一定威望，实际操作经验丰富的种养大户，一部分来自涉农企业技术员以及聘请的专家。

（3）有培训活动场所。农民田间学校开办并不是指在田间开办就是农民田间学校，而是将田间生产中的问题带到课堂讨论，农民通过讨论找到科学的解决办法。由于农民田间学校是整年开办，特别是生产关键季节，开班次数频繁，生产旺季，每周培训，生产淡季，2～3 周培训一次。因此，最好有一个相对固定的培训场所，一般都将村会议室或村文化站作为固定的培训地点，便于村农民学员集中学习，分组讨论，经验交流与分享。合作社开办田间学校，通常将培训地点定在合作社培训教室。有的养殖场开办田间学校，就将观察室作为培训地点。有的果树协会开办田间学校，就在观光采摘果园内。

（4）有实操试验田。实操试验田是农民开展科学对比试验的场所。农民通过试验活动，学科学、用科学和做科学。学科学，是通过田间学校或其他培训形式学习科学知识和科学方法，建立科学的思维方式和态度。用科学，是通过已经具备的知识、能力，将已经有的科技成果在自己的土地上进行转化，使科技成果直接转化为生产力。做科学，是通过发现问题，进一步实验设计、实施、结果分析，并解决生产上的问题，最终达到农民做科学的程度。如何培训农民，让农民成为真正的生产技术专家，其中一项重要指标就是农民通过田间对比试验活动，掌握学习循环的方法并利用学习循环这个工具，逐步提高，通过进行科学实验研究对在农业生产过程中遇到的实际问题最终得到解决。开展农民田间试验研究要遵循以下几项基本原则：一是研究的主体必须是农民；二是研究过程必须遵照学习循环和发现创造的规律及培养农民的创新性；三是农民研究所解决的问题必须是农业生产过程中遇到的农民关心的实际问题；四是通过研究活动，要使农民具有成就感，具备解决生产中难题的自信心和能力。因此，在设计研究方案时必须充分发挥农民潜在的创造力，提出创造性的新观点、新思路，使研究更科学、更实际、更有利于农业生产。

（二）农民田间学校办学标准与规范

1. 统一管理规范

为使农民田间学校在京郊得到快速、有效推广，确保农民培训的效果，北京市农业局制定了《北京市农民田间学校建设管理办法》和《北京市农民田间学校建设管理办法实施细则》，规范了农民需求调研、开办程序及内容、承办单位职责、辅导员选拔培养及职责、运行管理及考核等内容。管理办法和实施细则的制订，使北京农民田间学校建设工作走向管理的规范化、材料的系统化、档案的完整化、操作的统一化，从而保证效果真正落到实处，而不是流于形式化。

2. 统一标识及挂牌

农民田间学校标识由北京市农业局统一设计，并在工商注册，供所有学校和学员使用。为明确责任，农民田间学校实行统一挂牌，铜牌规格及样式，由市农业局统一设计，委托区县制作，铜牌上明确承办区县、承办单位和责任单位，明确办学责任村，承诺制办学和服务，由市农委、市农业局、市科委和市财政局联合授牌。

3. 统一建设标准

为确保不同行业、不同地区办学质量，实现管理与建设的标准化，统一建立标准规范。每所农民田间学校建设，要逐步实现"六个一"的标准（一组、一田、一员、一批、一栏、一网）。

一是"一组"。每所农民田间学校在村里要构建一个长期运行的技术指导小组（或田间学校工作站，或科技协调工作站），该小组由区县或乡镇技术负责人和村技术负责人及辅导员构成。区县或乡镇技术负责人担任名誉校长，负责协助规划本乡镇农民田间学校建设及新型农民、推广员培养及开展培训活动。由村干部（一般为村支书或村主任）担任校长，负责为农民田间学校开办提供必要的活动场所及学校日常管理工作。辅导员或村农民技术员担任常务副校长，具体组织农民培训活动，发现和培养村农民技术推广员，并在培训结束后，仍能够继续开展技术咨询与指导，技术推广与信息农资服务等有关工作，确保农民科技服务活动能够长期、有效地开展。

二是"一田"建立一个科学试验示范田（场）。承担单位要在开办村建立试验展示田（场），供学员开展田间调查与生态系统分析。每个试验田设置处理不能少于 3 个，设置学员综合管理田和常规对照田，并划出部分试验田用于新品种、产品和技术示范展示，组织和指导农民进行试验设计、试验分区与记载、试验结果统计与分析，并组织学员与非学员参与观摩。

三是"一员"。培养一名村级推广员或农民辅导员或科技协调员。农民田间学校建设过程中，辅导员要选拔 1 名以上熟悉生产，辐射带动能力强，掌握先进实用技术，乐于帮助和传播新技术、新品种、新产品的农民为村农民技术员（逐步培养为辅导员）。在培训结束后，可在村里继续开展技术服务，成为留得住的乡土专家。以政府购买服务的方式，给予适当的补贴和奖励，调动农民技术员在村里积极推广科技成果，解决农民生产技术问题，让本村农民足不出户就可以获得技术服务。

四是"一批"。培养一批科技示范户。要求承担单位在每所农民田间学校建设过程中发现、培养科技示范户 5 人以上，让示范户发挥核心示范作用，带动村民共同发展致富。承担单位探索机制，通过多种方式支持科技示范户，建立辅导员-示范户-普通户密切联系机制，实现科技推广服务对农民的无缝隙对接。

五是"一栏"。建立一个农业技术信息宣传栏。可利用行政村现有信息栏或独立制作技术信息栏，通过不定期更新内容，展示农民需要的新技术、新产品、新品种、新信息。将每次学习活动日的技术要点、农民的小经验、小窍门在信息栏目公布展示。将农民参与试验田的调查与生态系统分析的结果、科学对比试验结果、经济分析结果等内容在信息栏展示。也可将农民学员团队活动照片、学员个人的种植经验和心得体会、优秀学员或种植能手典型经验放在信息栏供农民学习借鉴。

六是"一网"。发展一个农民田间学校互联网。由市农业局开发全市统一的北京农民田间学校管理系统网站，市、区县、行业分层管理与使用。统一标准登记学校农民学员信息、辅导员个人信息、农民活动日等田间学校开办过程；统一建立农民问题与需求快速反馈平台；统一建立学校管理与监督统计分析与汇总结果发布平台。实现了种植、畜牧、水产、农机、果林等五个行业的科技资源、培训资源和辅导资源的统一管理与监督、实时服务与反馈。为领导决策、专家指导、企业带动、技术员辅导、农民增效提供统一管理网络系统平台。

二、农民田间学校开办流程

北京农民田间学校开办流程统一规范,在四部门联合发布的《关于加快京郊农民田间学校建设实施意见》(京农发〔2008〕45 号)中,明确提出农民田间学校开办流程:

(一)开展培训需求调研

农民田间学校开办前首先要进村(场),围绕产业发展和农民培训需求深入调研,认真做好调研准备工作(包括调研的工作和内容计划)。必须采用参与式调研方法(PRA),让农民以小组讨论的形式介入调研全过程。采用适当的调研工具包括半结构访谈、集中式小组讨论、问卷调查、农户生产活动季节历、机构联系图、问题重要性排序等方法,并填写农民学员基本信息表、作物及生产问题重要性排序表、主要作物投入产出表和目标作物生产投入表等。深入分析农民反映的生产上突出问题与需求,合理确定培训间距。按照种植、养殖生产规律,以知识技能系统化为目标,制订培训计划。

需求调查分步骤实施。首先要在办校当地根据办班原则随机选择从事该产业的农户 15～30 名作为调查对象。调查开始后,主持人(辅导员)进行自我介绍,向调查对象明确调研目的。在实施过程中,可以采用问卷和调研工具了解农民的基本情况,以便根据农民的文化水平、种植经验进行分组。其次,按照农户的重视程度,针对 2～5 种主导作物或养殖畜种,进行基本情况访谈记录。主要了解产业规模、生产水平、投入概况以及销售情况,以便进一步开展对比分析。在进行主导产业发展现状及原因分析时,应该按照农户经济收入所占比例由大到小进行排序,并根据排序结果对排序前二或前三的产业问题进行分析诊断。调查过程中使用农户机构联系图,了解农户和不同机构或部门联系的紧密程度,反映农户在交往中涉及的农资和产品购销情况,比如不同种类农资购销渠道以及方便程度、质量及价格情况、存在的问题及建议;农产品销售渠道及方便程度、价格及组织化程度、问题及建议;以及接受技术信息服务的渠道、次数、效果等。此外，农户机构联系图还展示了社区农户拥有的社会资本情况，这些社会资本对于农户生计发展至关重要。再次是调查数据整理与分析，包括对一手资料和二手资料的分析。对于通过群体活动收集的数据，应该由群体自身进行分析，而非由外部人员分析。在获得调查结果后还要进行调研结果的反馈，即将调研的结果告知受访者，检验调研成效是否能够被受访者或社区农民认可。调查结果的反馈是参与式需求调查研究的必要环节，任何参与式调研的结果都必须得到调查对象的认可。通过反馈过程，可以看到调研的结果是否正确，如果不正确就需要调查者对不真实或错误的数据进行修正或重新调查；此外，反馈过程也能够最大限度吸引农民兴趣、激励农民参与培训。然后是撰写调研报告。在调查完成后，辅导员或者项目负责人应根据所获数据和分析结果撰写调研报告，报告内容重点是对数据进行分析，分析办校当地农业产业发展和农民增收致富方面存在的主要问题，农民的真实需求与问题都有哪些，这些问题的解决办法和途径都有哪些，进而提出办班培训实现的目标。

（二）农民技能与知识水平测试

农民入学培训前和结业都要组织农业相关知识和技术水平测试。由于多数农民文化程度低，年龄偏大，不适应现场笔答，采取票箱测试（Ballot Box Test，简称 BBT 测试）的方法，简单、形象、直观、操作性强，不同文化程度都可以采用。测试主要目的是评估学员的知识与技能水平。训前测试结果可以为辅导员提供学员的知识与技能水平基本信息，根据这些信息来调整课程表的培训内容。训后测试结果是评估农民田间学校培训效果的指标。

BBT 测试是独立性测试评估的一种参与式工具，它的主要作用是将理论、概念性的内容转化为可视的内容进行展示、测试。一般情况下，农民田间学校会在培训前后分别开展一次 BBT 测试，测试学员的已有知识背景、发现存在的问题和需求以及对培训效果进行评估。BBT 测试的优势是使测试活动更加直观、形象和生动，避免了学员对考试的畏惧心理，使测试活动在轻松的氛围中开展。因此北京市农业局在推广农民田间学校时将 BBT 制度化，要求各辅导员严格按照规定开展 BBT 测试，并且将其纳入辅导员工作绩效考核评估指标。详见图 3-1。

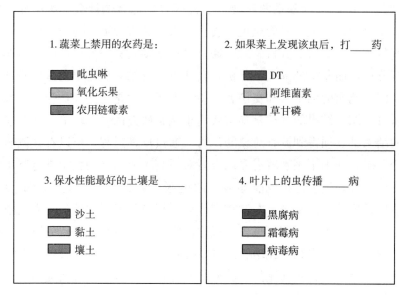

图 3-1 BBT 测试题

通过 BBT 测试达到的目标，即知识基础摸底、激励学习兴趣、发现资源人和体验参与式培训的形式。通过测试，辅导员可以了解农民在技术、信息和技能方面的掌握情况，同时能够发现学员中的乡土专家、技术能人，并激发其在培训活动中充分发挥专长，与其他学员分享乡土知识。

在开展测试前，要进行试题准备，由辅导员根据调研结果和农民生产实际，准备测试题目。一般设置的试题应覆盖全面，包括农业生产常识、合作协作意识、食品安全意识、环境保护意识、田间自理能力等。有针对性的测试题目，主要依据需求调查中的问题排序情况进行设置，对农民反映较多的问题要进行重点考察，同时还要把握好试题的难易程度；试题内容避免理论性太强，应适当增加实践操作方面的内容；试题数量应在 20 道左右，不能太多也不能太少；测试题目尽可能多用现场题目、实物标本题目，少用纯文字符号的表述方式，现场和实物标本的题目一般不少于题目总量的 40%；一般试题都会采用农民使用的语言，避免专业术语的出现。在答题纸条上，一般选用不同颜色的纸条标志着不同的答案选项，辅导员为每位学员准备 3 种不同颜色的纸条，颜色与试题上的答案相一致，学员的学号写在彩色纸条上或均匀打印的颜色纸条上，学员只需要将标有本人学号的纸条撕下放入票箱即完成答题。票箱只需一个留有小口的封闭盒体即可，可以选用的材料包括信封、一次性纸杯、不透明塑料带等。在测试现场选择上，一般实物标本较多的测试多选择在田间地头，实物标本较少的测试选择在培训室内。测试时要求每个测试者之间保持距离，避免相互讨论，相互影响，要求每个农民独立完成 20 道题的测试。

测试后，对于测试的每道题要通过小组讨论的方式比较个人与标准答案的差异，尽量发挥集体学习讨论的功能，让农民了解每道题对与错的原因。错误率高的问题将安排在课程培训计划内容中进行重点讨论。辅导员对测试成绩必须进行统计分析，采用柱状图或饼图显示统计结果，找出学员错误率高的问题，分析可能的原因。测试成绩不能公布，只用于辅导员进行效果评估。试题和分析结果必须备案归档。

（三）参与式课程设置（整个生育期培训计划）

设计有效的培训计划是成功开展农民田间学校的前提，对于培训能否达到预定目标起着关键作用。设计田间学校的培训计划包括制定培训总体目标和具体目标、年度计划、培训班计划、培训管理计划、培训内容、课程设置或教学活动安排等内容。一般在结束培训需求分析之后，会由组织者和管理者一起制定出一个适合本地情况而且切实可行的培训计划或者称为培训的总体设计方案。制定培训计划的主要目的是使管理者做到心中有数，根据培训计划的先后顺序，使培训工作得以循序渐进、按部就班地进行。

农民田间学校开办的计划主要针对课程设置和项目安排，涉及田间学校培训的内容和实施。农民在整个培训课程制订的过程中都应扮演主体角色，不仅要询问其在生产过程中遇到什么困难和问题，还要让农民认识到自己能够识别、分析和解决自己所面对的问题，增强其参与决策的自信心。辅导员在设计课程时结合参与式培训需求调研结果、季节历和票箱测试的结果分析，把握好重点和学员的需求，设计出初步的课表，并组织学员共同讨论，根据学员的反馈对课程计划进行调整。

参与式课程的设置必须由农民学员主导课程内容，保证培训活动真正服务于农民学员；努力将学员的个体需求转化为群体需求，促进学员在培训内容设置上能够达成共识；在保证群体需求的同时，辅导员也应兼顾学员的个体性差异，针对同质性个体采取有针对性的教学方法和工具。培训课程表实例见表 3-1。

表 3-1　大兴区庞各庄镇张公垡村西瓜示范校培训课程表

时间	培训目标	培训内容	方法	材料	地点	资源人
2011.1.6	使学员掌握西瓜品种选择、消毒知识	西瓜育苗前的准备	授课、学员讨论	课件、大白纸	村委会	辅导员
2011.1.12	使学员掌握西瓜嫁接技术	西瓜嫁接方法、嫁接后温度、湿度管理	授课、学员讨论	课件、大白纸	村委会	辅导员
2011.1.17	使学员掌握西瓜果斑病的发生发展及原因	西瓜果斑病的防治知识	授课、学员讨论	幻灯片、大白纸	村委会	外聘
2011.2.12	使学员掌握西瓜定植后管理	西瓜定植前的准备及定植后的管理	授课、学员讨论	课件、大白纸	村委会	辅导员
2011.2.17	使学员掌握双膜覆盖的方法及应用双膜覆盖的优点	组织学员去顺义观摩早春甜瓜双膜覆盖技术	现场观摩	旅游车	顺义	辅导员
2011.3.10	苗期观摩使学员掌握双膜覆盖的方法及应用双膜覆盖的优点	组织学员在苗期去庞各庄世同瓜园观摩双膜覆盖技术	现场观摩	旅游车	世同瓜园	辅导员
2011.4.7	坐果期观摩使学员掌握双膜覆盖的方法及应用双膜覆盖的优点	组织学员在西瓜坐果期到两圃田现场观摩	现场观摩	现场讲解	两圃田	辅导员
2011.6.29	使学员了解提高西瓜品质的方法	西瓜成熟期品质测定	演示性练习、授课	课件、测糖仪	村委会	辅导员
2011.7.22	使学员掌握蔬菜节水技术	蔬菜节水灌溉技术	授课	幻灯片课件	村委会	外聘
2011.7.28	使学员掌握瓜菜施肥技术	施肥技术	授课	课件	村委会	外聘
2011.8.2	使学员掌握农药使用知识	农药的合理选择及安全用药	授课	课件	村委会	外聘
2011.8.10	使学员掌握茬口安排	大棚茬口安排	授课	课件	村委会	外聘
2011.8.18	学员总结	一年学习总结	学员讲演	大白纸	村委会	辅导员

（四）学校开班仪式

农民田间学校首次开办前，可组织开学典礼。开学典礼是一个承上启下的环节，组织有序的开学典礼不仅是田间学校实施的良好开端，也为之后的培训活动奠定了良好的基础。开学典礼的主要目的是突出农民的主体意识和增强农民学习生产的自信心，体现了政府对农民生产生活的关心，同时取得基层领导对培训工作的支持。

农民田间学校开学典礼上，会邀请市、区县、乡镇等各级有关领导及实施单位负责人、技术辅导员和农民学员等参加。开学典礼仪式，一般持续2～3个小时，要求辅导员提前撰写典礼议程，邀请当地基层领导、村干部和非学员参加，也可邀请新闻媒体参加以加大宣传。开学典礼内容一般包括：领导讲话、田间学校基本情况介绍、辅导员和农民学员发言，集体合影。辅导员将在会上汇报本所田间学校开展需求调研的结果，本村产业发展情况、农民培训需求以及农民田间学校学习计划，力图使出席典礼的领导、学员和媒体对本所学校的基本情况有所了解。各级领导及农民田间学校负责人在开学典礼上介绍本地区田间学校的开办情况、所取得的成绩，宣传其他农民田间学校的最新进展和相关政策。农民学员代表在开学典礼上发言阐述对参加农民田间学校的看法，提出学习期待，表明积极参与、遵守约定办好田间学校的决心。典礼邻近结束，领导和学员合影，合影照片贴在培训室内，体现领导对培训活动的重视和对学员的鼓励。

案例 3-1　北京市第一所农民田间学校开学典礼

2005 年 6 月 1 日北京市第一所农民田间学校在延庆举行了开学典礼，参加开学典礼的领导有：联合国粮农组织（FAO）亚洲区蔬菜 IPM 项目官员 Elske 女士，农业部全国农业技术推广服务中心夏敬源主任和杨浦云处长，农业部科教司寇建平处长、北京市农委王海龙副处长、市妇联杨秀珍副主任、市农业局李继扬巡视员和吴建繁处长、延庆县徐凤翔副县长等。北京市农业局及其相关处室、站所有关领导，各郊区县种植业服务中心、蔬菜服务中心、植保植检站相关领导和技术人员及农民学员约 150 人参加了开学典礼。联合国粮农组织（FAO）亚洲区蔬菜 IPM 项目官员 Elske 女士会上介绍了国际上农民田间学校建设的成功经验。农业部全国农业技术推广服务中心夏敬源主任介绍了全国农民田间学校模式与经验，特别强调：农民田间学校是公益性事业，领导重视是前提，立项支持是基础，农民参与是根本，培训到位是关键，质量监控是保障。同时高度评价了北京农民田间学校以项目为依托，全面调动各部门积极支持和参与的做法，并希望北京能充分发挥地域科技优势，探索新模式，创造新方法。北京市植保站副站长、推广研究员郑建秋介绍了北京举办农民田间学校试点的重要性和主要内容。辅导员和学员代表分别发言表态。首个开班仪式邀请了新华社北京分社、农民日报、北京日报、京郊日报、CCTV-7、北京市电视台、北京电台等11新闻单位的记者也参加了会议。这次开学典礼的举行，标志着北京市农业技术推广进入了一个新阶段，通过农民田间学校进村入场，使科技成果转化"最后一公里"的困惑得以有效解决。

（五）组织农民学习活动日

农民田间学校的学习活动日，是指培训者根据培训计划，围绕农民的培训需求和兴趣展开的培训活动称为农民活动日。活动日针对培训对象从事农业生产的全过程开展的培训活动。农业生产关键季节学习活动日频繁，一般每1~2周左右开展一次培训，生产淡季3~4周一次，每次活动持续半天时间。

首次农民学习活动日，都会进行班队建设。农民学员首先要形成一个有效的学习团队才能开展各项学习活动。一般根据成人学习的特点，将学员分成4~6个学习小组，每个小组5~10人，分组兼顾小组成员的性别、年龄、个性和经验互补。在分组方法上，可以采用随机抽取扑克牌、报数等形式，然后由辅导员再调整。一般的小组成员不是固定不变的，辅导员会根据情况频繁改变分组成员，防止熟悉之后过于随意，给学员创造结交新面孔、新个性和新人才的机会。每个小组设立自己的组名、口号，并以推选小组长、班长的方法来增强全体学员的凝聚力、责任感、荣誉感和归属感，依靠团队的吸引力使学员自觉投入到培训活动中，并根据成人教育的特点，通过学员共同制订学习约定的方法（图3-2，图3-3）来加强学员的集体意识和守信意识，培养学员的良好习惯。

学员课堂约定

培训时间：
每周三13:00—15:00上课，如有特殊情况变化，小组长提前一天通知。
培训纪律：
1. 培训室内不许抽烟；
2. 关闭手机铃声；
3. 按时参加培训，不迟到，不早退；
4. 如有特殊情况不能参加培训，要向辅导员提前请假。
卫生管理：
由小组轮流负责培训室内的卫生保持工作，做到培训室干净、整洁。
本人承诺做到以上约定
全体学员签名：

2008年5月

图 3-2　延庆县大榆树镇军营村农民田间学校学员约定①

农民田间学校课堂约定

1. 不迟到，不早退
2. 手机调成振动
3. 禁止教室内吸烟
4. 做笔记，下次课程回顾
5. 有事向校长请假
6. 不得无故缺课
违反处罚办法：
为大家打水

辅导员师资培训班学习约定

1. 迟到、早退罚款10元
2. 接听手机、铃响罚款50元
3. 抽烟罚款50元

班长签名
培训教师签名

图 3-3　农民田间学校学员课堂约定与辅导员师资培训班课堂约定

　　农民活动日的实施始终贯穿"以农民为中心"的原则，注重农民能力培养，突破专业技术和传统思维的局限，突破传统的填充式培训内容和模式，采用参与式、启发式、互动式的培训方法。农民活动日一般由 5 项内容组成：一是课前回顾和课后总结。课前，辅导员回顾上次活动日的主要技术内容，介绍本次活动内容，就课程安排征求学员意见，及时调整辅导重点；课后总结开展的活动和得到的经验教训，请学员对培训内容提出观点和改进建议，围绕学员意见改进教学内容。二是农田生态系统调查和决策实施。农田

① 吴建繁，肖长坤，石尚柏，2010. 农民田间学校建设指南. 北京：中国农业大学出版社，59.

生态系统调查与决策实施是农民田间学校培训的重要内容，通过每次上课学员自我进行田间观察，到提出问题、分析问题、进行决策、决策实施、效果评估，再次进行田间观察，进而提高农民发现问题、分析问题、解决问题的能力。三是专题讨论，是为更深入的探讨与农业生态系统、动植物生长发育、农事操作和农业经营管理等方面的知识与技能而开展的学习活动。专题一般由农民学员提出，也可以由辅导员根据出现的具体问题而定，或者以农民学员的兴趣与期望选择相应的专题，开展活动。一般采取的形式包括学员之间的交流讨论、游戏活动、专家讲座、观看影片、知识竞猜、演示性试验等。四是农民学用科学实验。每所农民田间学校都要建立田间试验示范田或养殖试验区，辅导员都会带领农民开展学用科学试验与示范，通过参与试验示范，培养农民发现问题分析问题和解决问题的能力。每所田间学校都设置有专门的试验田，辅导员会提前跟学员讲清实验的基本原则和实施过程中的注意事项，使学员养成定期观察、记录的习惯，并通过科学的分析方法得出有效的结论，不断扩充学员的知识和技能。五是团队建设活动。培训过程中安排的游戏、模拟这些组织的体验形式，为学员提供了体验式学习的重要机会，学员通过借喻、拟人、类比、扩充等多种形式领会深奥的道理，寓教于乐，从实践中学习新知识。

组织农民培训活动日前，辅导员根据培训课程表和上次培训农户的需求情况，认真做好教案、教具和试验的准备。活动结束后，及时补充完善辅导教案。每次活动日结束，辅导员必需编写日志，详细记载活动日全部内容、过程、新发现、新问题、新感受等。整个全程培训结束后，将积累的素材整理汇编，形成培训日志（手册）。

（六）培训结业仪式

培训结业仪式是对整个培训活动的总结和回顾，并向有关领导、非学员、媒体展示学员的学习成果、团队协作成果和学员精神面貌，增强学员的自信心和荣誉感。辅导员可以在每一个作物生长季节培训结束后组织一次阶段性结业式或全年培训活动结束后组织结业式。

结业仪式包括七个方面的内容：一是训后票箱测试。农民田间学校培训中期和结业会进行票箱测试，通过训后与训前票箱测试的成绩对比来考核培训效果，对比结果可以为下一年的培训计划制定提供依据。二是回顾与总结。辅导员会和学员一起，从参与式调研开始，围绕田间学校开办过程中的各个环节的内容和采用的方法进行总结和评价，认真总结效果不好或者学员不适应的环节，在保证培训目标的前提下请学员提出改进意见，辅导员在今后的培训活动中会针对学员提出的问题改良方法，调整内容。三是成果展示。一般的结业式由农民学员展示培训成果，学员学习成果展示的形式可以多种多样，如制作展板汇报，表演团队游戏、相声、三句半等，通过这些形式体现学员在语言表达能力、自信心方面的进步以及团队协作能力的提高。四是学员座谈。在结业式上，辅导员和领导听取学员的体会和建议，由学员逐一发表意见，以便今后完善田间学校的政策支持和管理。五是效果评估。辅导员组织学员通过问卷考核、H评估或打分评估等工具，对田间学校的组织、内容、方式方法、辅导员能力以及时间安排进行评估打分，作为对整个培训活动的评估依据。六是评选优秀学员。在结业式上，全体学员通过无记名投票的方式评选在田间学校开办过程中表现积极、影响力高、受学员欢迎的优秀学员，并给予适当的物质奖励。七是后续学习活动安排。包括针对下年村里产业的变化对培训计划进行初步安排，为来年开办农民田间学校打好基础；鼓励农民学员建立技术服务队或农民学习小组，并建立常规的联系和支持；鼓励学员组建农民合作组织等发展团队，实施技术培训、生产发展、市场共建等协作发展活动。农民田间学校流程详见图3-4。

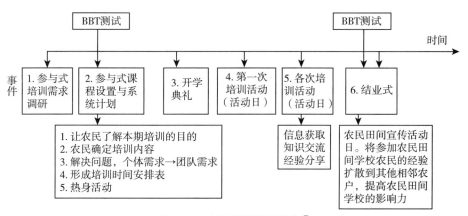

图3-4　农民田间学校流程①

　　①　吴建繁，肖长坤，石尚柏，2010. 农民田间学校建设指南. 北京：中国农业大学出版社，35.

案例3-2 农民田间学校的典型案例

采育镇凤河营生猪田间学校开办于2008年，按照北京市的通知由镇里根据开办田间学校的要求提出申请，获批准即可。辅导员栗然属于采育镇动物防疫站工作人员。田间学校有30名学员，来自采育镇的猪场、大户和部分散户；学员基本都为男性，只有少数的女性。由于生猪田间学校是由镇防疫站承办，所以学员是由镇防疫站来选择；其选择学员的主要标准有两条：一是规模大的，猪场和大户优先；二是辐射能力强的，可以带动周边散户的；根据防疫站对镇里养猪户的掌握情况打电话询问农户。除了学员外，非学员亦可来听课，不影响授课的效果。采育镇有生猪养殖场约15个，猪场和大户的区别是，生猪养殖场要有营业执照和动物防疫合格证，存栏数在500头以上即可。凤河营生猪田间学校无专用的上课教室，只能租用镇政府会议室或村委会会议室。镇政府会议室相比村委会会议室面积大、条件好，所以是上课地点的首选，当镇政府会议室有他用时才选择村委会会议室。租借上课场地的费用为5 000元/年，是镇防疫站站长的个人关系得以租用会议室，因此租借会议室无相关协议，费用也无严格标准，只是在年末时估算大概使用次数，将5 000元分别付给镇政府和村委会。

凤河营生猪田间学校每年至少开办15次课，平均1～2次每月，如冬季病疫传播较严重，就少开，农户问题多且很需要的时节就多开几次。每次课的时间为半天，通过电话通知学员上课的时间和地点。田间学校每年为一期，授课的内容是根据对农户进行需求调研的结果进行主次排序而得；需求调研的方式有两种：入户调研和集中讨论。讲授的内容也会针对当前的状况和农户的意愿进行灵活调整，如某个季节生猪饲养中遇到某种流行病，就集中针对该病进行预防、治疗措施的讲解。辅导员栗然表示田间学校的教学模式深受学员的喜爱，参与式互动式提高了学员的求知积极性。对于辅导员的培训，市、区一年至少会安排2次，一次观摩，一次交流。

整个大兴区的生猪田间学校都是由区动物卫生监督管理局主办，镇动物防疫站承办；由此，采育镇凤河营生猪田间学校由采育镇防疫站开办。当田间学校遇到解决不了的问题时首先上报区里，由区动物监督管理局想办法解决。由于采育镇动物防疫站里工作人员与北京农业职业学院的老师有业务联系，也会适时请其过来讲授饲养防疫知识，费用视情况而给，无相关标准。田间学校也会请一些乡土专家来讲授知识交流技术，毕竟乡土专家本身就是养猪户，他的方法对农户很受用。对于饲料厂等机构的专家或技术员田间学校不请来讲课答疑，田间学校有时将其推荐给有需要的农户，让农户自己联系。

生猪田间学校的经费为第一年6万，续办的学校一年4万，由区里动监局拨到镇防疫站，资金及时到位。大兴区田间学校工作站依托了凤河营生猪田间学校开展工作，经费为5万/年。农民田间学校和田间学校工作站的关系为一套班子，两套工作任务，但这两套工作是相辅相成、相互促进的，农民田间学校主要是培训，工作站主要是技术的推广示范，两者结合起来有利于当地生猪产业的更好发展。

案例 3-3　农民田间学校的典型案例

大兴区榆垡镇求贤村农民田间学校工作站，是在现代农业产业技术体系北京果类蔬菜创新团队支持下建立起来的。该田间学校的辅导员是大兴区植保植检站的科员贾淑芬。贾淑芬今年50岁，女，毕业于农校，中专学历，农技师。目前该学校共有学员26人，男女比例为1∶3。关于学员的选择，学校在村里做过调研，详细了解村里的产业情况，本着自愿的原则征求村民参加学校的意愿。非本村的人也可以报名参加学校。本村非学员也可以来听课，但是不可以领用物资。学校上课用的教室是村委会的办公室，村委会非常支持田间学校的培训工作。

该学校一年共上13～14次课，每次集中授课需要2～3个小时。在课堂上，贾淑芬会随时收集学员的培训需求，并根据学员的需求及时调整培训内容。

因为该村的产业主要种植设施番茄、西瓜和芹菜等作物，所以学校的教授内容主要围绕这些作物的栽培技术，如病虫害防治等。该学校的培训方法灵活多样。除了常规的讲课、田间指导，还有案例分析、角色扮演、游戏、研讨咨询会、田间课堂、小组讨论（开始常用，后来极提大家熟悉了就不分组了）等。为了更好更多地教授学员知识，辅导员会参加再培训，2011年贾淑芬参加了农业部第五期农民田间学校辅导员培训。该田间学校工作站有试验田2亩，共两个棚，当然是农户自愿把自家的地作为学校的试验田。

自成立以来，该田间学校成功进行了小番茄6个品种试验，还成功推广了金蔓、浙粉702等新品种。此外，学校还推广了许多先进的种植技术，例如综合防治技术（田间学校会给制定相应的措施）、M畦（使用该畦能降低棚湿、作物也不易生病）、测土配方施肥、膜下暗灌等。据调研，学员可以比较熟练地使用学到的一些技术，在增产增收方面也取得了显著成效。

该学校经常联系的机构有大兴区植保植检站和大兴区农业技术推广站，另外培训了村全科农技员。学校的活动资金拨放及时，也足够用。

据贾淑芬讲，该田间学校主要的成绩是2008年、2010年、2011年被评为北京市先进农民田间学校。该学校成功的原因有以下三点：一是辅导员有较好的带动掌控作用；二是能够严格按田间学校的规范程序运作，执行力强，其中规范性的文件有《果类蔬菜创新团队运行办法》等；三是农民学员配合好积极性高。

案例3-4 农民田间学校典型案例

大兴区采育镇利市营村农民田间学校成工作站，是在北京果类蔬菜创新团队的支持下建立起来的。该田间学校的辅导员为大兴区蔬菜技术推广站副站长齐艳花。齐艳花今年42岁，女，农学学士毕业，拥有23年基层农业服务经验，高级农艺师。目前，学校共有在册学员30人，男女各占50%。学员的选择是大家自愿报名，后来学校越办越好，而且会发放一些免费农用物资，为了防止有人冒领物资而不好好参加学校活动，该学校制订了规定——凡连续3次不来上课的学员将被取消学员资格。非学员也可以来听课，但是不能领用物资，事实上，村里的农户都非常拥护田间学校的活动，包括邻村的一些农民有时也会来旁听。教室用的是村委会会议室。村委会非常支持田间学校的工作，不仅积极提供上课教室，而且在学员组织、活动安排、物资供应、财政补贴等方面给予力所能及的便利。

该学校每月会开展2～3次活动，常规的上课每月1次。在课程开始之前，辅导员会带领学员做培训需求调研，调研采用的是参与式的方法，让学员分组把各自的培训需求或者自己写、或者由组长代写在大白纸上，然后经过总结后由组长整理并做展示，最后由辅导员综合大家的意见，然后组织教学资源在以后的课程中满足大家的培训需求。需求调研大约每两个月进行一次。该田间学校的教学内容主要是围绕番茄和黄瓜的栽培技术，因为该村的产业主要就是这两种作物。据受访农户讲，经过辅导员老师的悉心指导，他们已经熟练地掌握了番茄和黄瓜的种植技术，村民们说："已经把番茄种植的知识讲透了！"

该学校的教学方法比较多样，常规的课堂讲授、案例分析、田间指导都有，另外经常用到的教学手段还包括角色扮演、小组讨论、游戏、田间课堂、研讨会、专家会诊、外出观摩等。其中，外出观摩一年组织2～4次，两次在本区县，两次在外区县，春秋季各一次，每次日程在3天左右。辅导员会邀请各个机构的相关专家到田间学校来讲课和帮助解决问题，其中，2011年时还曾邀请两名日本农业专家多次到学校来指导番茄种植，让村民们觉得非常新鲜，也学到了不少有用的知识。该田间学校有试验田5亩，都是农户自愿拿自家的地作为学校的试验田的，辅导员会搞一些新的品种给这些农户免费试种，平时也会带领学员到试验田里去观摩学习，作为教学基地和教学手段。

该田间学校成立以来，成功地在该村推广的西红柿品种有蒙特卡罗、浙粉702、硬粉8号、中研988、凯瑞、金鹏10号、11号。目前，种植面积比较广的是金鹏系列和浙粉系列，前者产果子硬，抗根结线虫病效果很好；后者挂果周期长、产量大，也很受学员推崇。另外，田间学校还力推了一些现代种植技术，比如无土育苗、番茄嫁接、振荡授粉器、膜下灌溉、CO_2吊袋技术、果柄夹，无公害蔬菜检测等。经过调研，学员们已经开始能够熟练应用部分技术，并且对增产增收带来了实实在在的效果。

据齐艳花讲，田间学校经常会联系的机构有北京市农科院、市农业技术推广站等。田间学校的活动资金拨放及时、足额，主要用于购买苗盘、防虫网、黄板、CO_2吊袋等上课免费发放的物资，以及用于外出观摩时的花费。由于该村的学习积极性较大，村民外出观摩学习的劲头很足，所以一年5万的活动经费用起来还略显不足。

据辅导员和学员们讲，该村的田间学校之所以办得较为成功，主要有三点原因：一是辅导员对工作热情负责，能够严格按照田间学校运行规范来操作；二是政府的支持，尤其是大兴区蔬菜技术推广站的支持；三是该村农民种地热情较高，祖祖辈辈都在这里种地为生，他们愿意通过学习来把地种得更好。

三、辅导员选拔与培养

（一）辅导员能力提升的意义和目的

农民田间学校能否成功开办，辅导员十分关键。一名好的辅导员可以办一所好学校，可以发现、培养一批优秀的新型农民，可以将技术成果快速传给农民并产生落地效应，可以发展基层农民组织、扩大乡土专家队伍、使学校长期可运行，促进当地产业发展，农民科技致富。

目前辅导员来源以公益性推广机构为主，由从事技术推广工作的技术人员转变为辅导员。由于技术推广人员习惯于下乡布置试验、示范田，进村入户技术咨询，上大课培训，习惯讲技术、产品的特点与作用，对农民生产指导上习惯提要求，这种工作方法是履行推广职能，但并不能启发农民、教育农民转变观念，培养和提高农民发现问题、分析问题，并解决问题的能力，这种推广方式导致农民对技术人员更多的依赖，科技成果转化效率低。因为，真正使用新技术和新产品的农民并不了解和掌握。如果技术人员不转变工作方式与方法，依然按照传统的、习惯的工作方法推广技术，效率是很低的。因此，加快技术人员转变为辅导员，使现有技术人员推广产品和技术为主，转为以人为本、以农民为核心、以需求为导向的参与式培训为主，提高推广效率，降低政府推广成本，培养新型农民，成为当前迫切需要解决的问题。

（二）辅导员选拔范围、条件与流程

选拔范围，辅导员的选拔对象主要来自区（县）、乡（镇）各级农业技术推广人员、科技示范户、种植与养殖业大户、农民专业合作组织、企业（公司）、专业协会、服务中介等单位技术人员。在村级还扩大到了大学生村官和村级防疫员。科研和教育部门也有推荐如农职院和农广校老师、农业大学和农林科学院从事推广的老师和研究人员等。

选拔条件，具有一定的专业技术水平和生产实践经验，能够长期在本地区从业，能够对农户进行技术指导；具有一定的组织协调和沟通能力，有技术推广经验；了解本地种植与养殖生产现状，有群众基础，有一定信誉和影响力；尊重农民学员，有良好的语言表达能力和亲和力，能保证进村培训时间。

选拔流程，经基层组织逐级推荐，由区县行业管理与技术部门进行初步筛选，并将候选人上报市级农业推广部门。市级推广部门结合选拔条件、个人综合能力等，组织座谈和问卷，依据选拔条件确定辅导员人选。确定辅导人选后需要经过参与式方法培训，经考核合格的作为辅导员，不合格则淘汰。辅导员选拔流程见图 3-5。

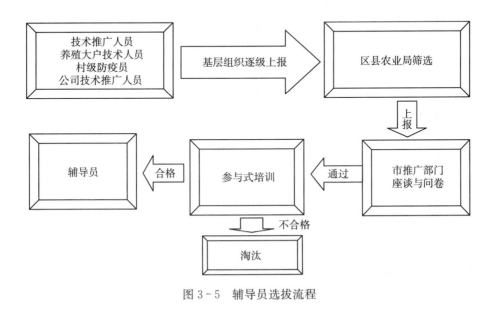

图 3-5 辅导员选拔流程

（三）辅导员能力与职责要求

对开办农民田间学校的辅导员提出要提高 8 种能力的要求。在培训指导方面，①要提高调研与编写能力，掌握参与式农民需求调查评估方法，具备教学方案和教材编制能力；②辅导与培养能力，掌握各种培训工具，采取多手段、多途径、全方位培养和辅导农民；③具有农民田间学校运行设计与管理能力。在组织调动方面；④具有良好的沟通和协调能力，良好的全面沟通和协调能力；⑤调动农民积极参与活动，指导和提高农民观察、分析、解决问题的能力。在总结发现与评估方面；⑥具有挖掘农民潜能，培养农民辅导员的能力；⑦提高培训资料和总结报告的撰写能力；⑧提高自我学习、自我提高，自我监控与评估的能力。

对辅导员职责要求：一是积极协调资源，能够做到及时与不同层次部门汇报与沟通，协调必备的人员、资金、场地、交通、教具等条件；二是了解和掌握需求，做到掌握开办地点产业发展和农民需求，有针对性地编制教学大纲。根据产业链延伸需求，不断丰富技术、加工、销售、市场、科普宣传等方面专题内容；三是做好培训计划，严格按照农民田间学校运行与管理技术规范，有步骤、有计划地开展培训；遵守学习约定；按照教学大纲实施操作。四是搞好参与式培训，做到积极引导、调动、组织农民参与学校的各类学习活动，提高农民观察、分析、解决问题的能力和协作发展能力，提高农民生产、生活水平，帮助农民建立技术指导学习小组；五是总结典型经验，做到认真总结每所学校的办学经验，发现并及时积累农民学员的典型案例、动态信息和图片；及时对农民田间学校运行情况和效果进行全面总结并上报；编制每所田间学校的运行档案，及时将相关资料收集、归纳、系统整理、汇总，并存档；六是宣传带动与需求反馈，做到负责信息宣传栏维护更新，积极组织、参与或协助本部门、本系统或各级管理部门召开总结交流会、示范观摩会，积极反馈农民需求信息，及时对接专家沟通解决。

（四）辅导员培养主要做法

针对基层农技人员有知识、有技术、有经验，但缺少参与式推广培训知识与技能技巧的现状，制订加快辅导员知识更新计划和培训规范。重点强化系统的参与式方法技能技巧培训，每期连续培训 10 天，培训结束后能够系统掌握参与式农村调研与评估方法和农民田间学校培训方法，能熟练运用各种调研和培训工具，有一定的技能和沟通、组织、协调、服务、判断的能力，能独立组织农民田间学校培训工作。具体做法如下：

1. 强化参与式方法技能技巧培训

对没有办过田间学校的技术员，进行辅导员初级培训；对开办过学校的辅导员，根据考评结果参加提高班培训；对业务能力强、组织与表达能力较好的辅导员进行骨干辅导员培养。每期集中脱产培训5～10天，考核合格者颁发培训证书，辅导员持证上岗。培训过程中，采取现场调研与理论授课相结合，使学员既实践了调研工具，又提高了调研能力，使辅导员熟悉掌握参与式农民需求调研的程序、方法（小组访谈、观察、问卷等）、工具（头脑风暴、打分排序、季节历、问题收集分析表、问题树、目标树等）。为使辅导员尽快熟悉掌握农民田间学校的办学流程，采取农民活动日与模拟示范课相结合方式，组织辅导员初级班学员，到农民田间学校的农民活动日现场观摩，使学员深刻了解和掌握了辅导方法和工具的使用技巧，在实践中学到了开办农民田间学校的技能。为了给辅导员培训班学员提供实习的机会和场所，北京市植保站在延庆县同时开办了3所农民田间学校，既是一个参与式培训方法的强化训练班，也是一个实践性开办农民田间学校的演练班，在学习的同时，通过实境训练为每个学员创造充足的实践演练的机会，使学员在培训中学，在学中练，在练中提升，全面提高辅导员的综合素质，毕业后就具备马上开办农民田间学校的能力。通过课堂实际演练和理论讲解，使辅导员熟悉掌握了参与式培训方法及工具（包括演示性试验、农田生态系统分析、小组讨论、案例分析、经验分享、角色扮演、团队游戏等）；熟悉掌握活动组织的方法与技巧，主持能力及沟通表达能力。培训中将拓展思维的游戏引入培训活动中，通过游戏、团队建设等有组织的体验活动，使辅导员掌握寓教于乐的培训方法。此外，还组织有经验的优秀辅导员到培训班，对新学员进行田间学校开办经验交流，提升学员对田间学校的感性认识，有利于辅导员之间的经验共享，增加辅导员之间的互动，增强办好田间学校的信心。结合培训班结束是效果评估，使辅导员掌握参与式推广培训效果评估方法，以保证田间学校办学质量。

2. 建立辅导员培训班学员评估制度

严抓辅导员过程培养，采用集中授课、分组实习、参与式辅导的方式进行培训。为加强和规范农民田间学校辅导员培训班的管理，有效提高培训效率和培训质量，本着"量化定性、动态考核、全面科学、客观公正"的原则，制定辅导员培训班学员评估制度。评估内容包括学员出勤率、学习态度、回顾质量、作业完成情况等，评估方法采用组织者、老师、班委、学员共同参与评定，考核最终结果交由主办方审定，定期追踪辅导员开展田间学校培训情况。对经过培训持证上岗的辅导员，实行档案化管理，做到一人一档。除记录每一名辅导员的基本信息，还详细记录每名辅导员的参与式方法的培训情况，专业技能的培训情况等。既可全面掌握农民田间学校的师资情况，又能够动态地跟踪辅导员田间学校运行效果，为及时调整和制定辅导员培训计划提供依据。

3. 开展跨行业交流，建立人才与经验共享合作机制

农民田间学校建设属新生事物，是在原有病虫害综合防治（IPM）培训基础上的改革与创新，需要一个探索、规范、发展的过程，需要通过组织开展跨行业经验交流。为此，建立了畜牧与种植行业之间不定期的交流合作机制，实现人才与经验共享。

北京市畜牧市畜牧兽医总站、市农业技术推广站、市植物保护站等单位，每年根据本行业管理农民田间学校过程中存在的问题和需求，不定期组织跨行业的人才与技术交流，一是组织示范课观摩。选择畜牧农民田间学校建设有特点、效果突出的学校，组织各区县管理人员和辅导员代表观摩培训的过程，听取培训经验介绍，实现经验共享。二是组织辅导员经验交流。定期组织行业内辅导员经验交流，辅导员通过对照查找自己在办校过程中存在的不足，改进和提高农民田间学校培训质量。三是组织同产业农民学员到企业参观，学习先进的管理方式和技术，加快了先进技术的推广应用。

通过交流相互学习，经验共享，拓展了思路，开阔了视野，促进农民田间学校建设规范化的管理和辅导员辅导水平的提高。同时，在行业举办的辅导员培训班上，市畜牧兽医总站、市农业技术推广站、市植物保护站的辅导员师资及行业的辅导优秀辅导员骨干成员，联合为初级辅导员培训提供辅导和介绍经验，使辅导员培训工作更加生动，更有效果。为方便行业内和跨行业辅导员之间交流，还建立了北京市农民田间学校QQ群，加快了辅导员之间经验交流与和问题的及时解决。

4. 建立工作站标准，监督考核农民田间学校工作质量

农民田间学校工作站作为创新团队的一个重要层级，进一步明确了农民田间学校工作站主要任务与功能：一是示范功能。建设一个标准化、示范性农民田间学校。将各功能研究室、各综合试验站研究成熟的技术和产品，通过农民田间学校这个平台迅速转化为生产力。整村推进科技成果转化，辐射带动周边村镇技术进步。同时，将收集到的农民生产问题，反馈给综合试验站和功能研究室。二是管理功能。负责对周边乡镇农民田间学校进行指导、检查和验收，带动其他农民田间学校工作质量提升，带动农民田间学校建设健康发展。三是支持功能。负责建立村技术指导小组，发现并培养村乡土专家和科技示范户，协助完成正常的培训任务和新技术的转化工作。农民田间学校工作站的建立，有效地发挥了示范带动作用，指导周边乡镇村开办高质量的学校。

5. 建立辅导员自评指标，对辅导员办学能力效果进行考核

将辅导员自评作为农民田间学校办学能力与效果评价的一部分，每学期开展一次。主要通过以下几个方面进行评价：一是 BBT（票箱测试）。通过训前训后的学员的 BBT 测试成绩，验证培训效果。二是 H 图评价。由学员对农民田间学校培训过程和辅导员表现进行打分，同时给出优点、缺点及改进建议，综合评估农民田间学校的培训质量与效果。通过辅导员自我评价，逐步改进和提升办学水平。三是制定辅导员工作量化考核指标，如应完成办学村培训需求调研报告，编制教学大纲，每所学校年底有系统、规范的总结，每次活动有备课教案；年组织培训活动 12 次以上；推荐新技术、品种和产品农民应用率、效益率；培养或发现村农民乡土专家或种养能手及科技示范户；能引导农民开展科学试验，教农民学会生态系统观察与分析；带动整村应用新技术，促进产业发展；提高农民组织化程度；积极反馈农民需求信息等。

第四章
北京农民田间学校的效果与影响

一、北京农民田间学校的成效

2005 年至 2012 年，北京市连续 8 年共开办农民田间学校 937 所（不含续建），培养示范户 13 295 户，新增农民学员 27 918 名。详见表 4 - 1、表 4 - 2。

表 4 - 1　北京市 2005—2012 年农民田间学校建设情况

年限	新增开办农民田间学校数量（所）						按产业划分开办田间学校数量（所）					
	植保系统	推广系统	土肥系统	畜牧系统	水产系统	全市合计	蔬菜	粮经	果树	畜牧	水产	合计
2005	5					5	5	0	0			5
2006	8	9	1	11		29	14	3	0	11		28
2007	16	58	6	21	4	105	21	56	4	21	4	106
2008	53	32	12	83	26	206	60	24	13	83	26	206
2009	45	95	23	93	8	264	94	53	16	93	8	264
2010	30	26	29	60		145	44	20	21	60		145
2011	8	37	12	60		117	30	12	15	60		117
2012	5	34	4	23		66	29	14	0	23		66
合计	170	291	87	351	38	937	297	182	69	351	38	937

表 4-2　北京市 2005—2012 年农民田间学校培养示范户和新型农民情况

年限	培养示范户（人）						新增新型农民学员数（人）					
	植保	推广	土肥	畜牧	水产	合计	植保	推广	土肥	畜牧	水产	合计
2005	47					47	126					126
2006	43	90	6	97		236	229	288	25	265		807
2007	112	652	34	210		1 008	462	1 859	158	620	40	3 139
2008	352	968	74	722	2	2 118	1 720	1 025	318	2 164	390	5 617
2009	273	1 825	138	734	5	2 975	1 235	3 037	609	2 985	160	8 026
2010	196	1 746	162	546		2 650	884	841	766	1 944		4 435
2011	61	1 866	62	360		2 349	241	1 180	317	1 914		3 652
2012	32	1 721	19	140		1 912	142	1 082	106	786		2 116
合计	1 116	8 868	495	2 809	7	13 295	5 039	9 312	2 299	10 678	590	27 918

自 2005 年以来，京郊农民田间学校经历了探索、总结和快速发展的阶段，2005—2006 年基本处于模式探索阶段，通过探索总结北京农民田间学校发展方向与措施，所以学校数量增加不显著；2007—2008 年是个行业探索推进的初级阶段，学校数量在探索中实现缓慢增长；2008 年下半年开展，田间学校始终保持了较高的增长速度，2010 年进入了平稳发展阶段。2005—2010 年，学校数量平均年增加为 215.5%，截至 2010 年底，全市已在 758 个村围绕主导产业开办了农民田间学校（图 4-1），占全市农业村的 19.19%，近 4 万人接受了农民田间学校培训。

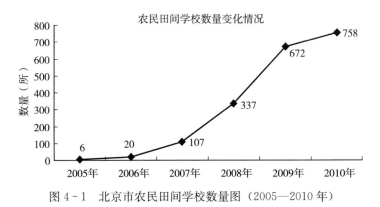

图 4-1　北京市农民田间学校数量图（2005—2010 年）

　　农民田间学校是一种推广农业综合技术的平台，由最早的植保系统发起，由 IPM 技术推广发展到农业生产综合管理。由种植业领域逐渐向养殖、水产、林业发展，总体上而言，种植类田间学校数量多于养殖类，其中蔬菜、粮食、瓜果等种植类田间学校数量占总量的近 50%，与京郊农业产业结构保持一致发展。除传统的蔬菜、瓜果及粮食作物外，田间学校还在鲜花、中药材、观赏鱼、采摘果品以及旅游农业等领域表现出了较强的活力，为京郊各类别、各层次农业产业发展做出了积极贡献。田间学校的开办与京郊农业产业布局呈现出明显的相关性。大兴、通州、密云等农业为主区县田间学校数量迅速发展，而朝阳、海淀、丰台等近区县则重点发展了观光采摘型农业。农民田间学校的产业分布情况见图 4-2。

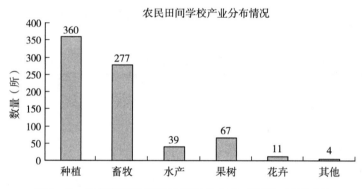

图 4-2　北京市农民田间学校产业分布（2005—2010 年）

　　在满足了农民基本的技术需求之外，根据各区域农村经济社会发展需要，农民田间学校还安排了计算机使用、插花技术、民间舞蹈等多种类型的活动，努力满足农民在精神文化方面的需求。

　　每所农民田间学校连续开办 3 年，辐射周边乡村开办 1~2 所农民田间学校，学员根据兴趣与愿望选择相应的主题活动，交流讨论，参与游戏，听讲座、看影片、观演示，知识竞猜，丰富多样、寓教于乐，使农民乐在其中，学在其中，受到广大农民的热烈欢迎。根据对 399 名农民抽样调查结果，农民学员对农民田间学校培训内容和技术的满意率、理解率、应用率和效益率打分平均为 9.6 分（满分为 10 分），称赞农民田间学校这种农技推广培训方式：看得见、摸得着、用得上、记得牢，带动了京郊农民掀起学科学、用科学的热潮。一些农民学员写三句半、诗歌等自己熟悉的方式来讴歌农民田间学校为农户带来的种种好处和实惠。

案例 4-1 来自农民学员的颂歌

大兴区西黄垡村农民田间学校的学员自编了一首《农民田间学校歌》来表达对上级开办农民田间学校的感激之情：

农村改革沐春风；田间学校进大棚；注重需求重实践；——技能；走进大棚细观察；画图分析把问题抓；互动参与作决策；——说吧；团队建设意义心；寓教于乐提精神；知识技能双提高；——神通；田间学校为农民；增加收入银变金；专家低头来辅导；——费心；益农种子已发芽；精心培育开鲜花；平台搭进新农村；——发家；各位朋友且听真；花红叶茂全靠根；科技致富到小康；——大奔；感谢中央感谢党；把咱农民记心上；素质提高风采扬；——民强，民强！

房山区水产农民田间学校学员自作诗一首《农民田间学校诗》，以表达对农民田间学校这种培训方式的认可：

田间学校随民愿；技术推广到池边；防治鱼病及时雨；好比甘露洒人间。

（一）推广培训方法创新的成效

1. 大批先进实用农业技术得到推广应用

农民田间学校是新技术、新品种、新产品试验示范的基地，也是科技成果快速转化为生产力的重要载体。据统计8年来，通过农民田间学校推广的新品种、新产品共635个，新技术572项，详见表4-3。为加快应用面积大、覆盖范围广的先进实用技术推广，还录制了《种子里的学问》《草莓棚里长西瓜》《节水有高招》《防治植物癌症》《两招防治小菜蛾》《巧识柴蛋鸡》《肉鸡的星级待遇》《"真顺"苹果富真顺》等30部技术与管理片，由北京出版集团出版，由政府购买，免费向3 945个村发送，每村发送2套，作为农村科技书屋重要内容，促进农民学技术、用技术。

农户新技术采纳行为的变化受到内外部环境的影响，技术需求动机的产生、新技术应用以及行为目标的实现，无不受到经营能力、知识水平、价值观念、性格特征等内部因素，以及诸如市场价格、运输条件、科研推广、资源禀赋、信贷条件、技术供给等外部因素的综合影响。农民田间学校作为农业技术推广的一种干预策略，其首要任务便是发挥农业推广的功能，将上游

表4-3 北京市2005—2012年农民田间学校推广新产品/品种、新技术统计

年限	推广新产品/品种（个）						推广新技术（项）						推广新产品/品种、新技术总计					
	植保	推广	土肥	畜牧	水产	合计	植保	推广	土肥	畜牧	水产	合计	植保	推广	土肥	畜牧	水产	合计
2005	9					9	12					12	21					21
2006	14	8	1			23	16	12	1	4		33	30	20	2	4		56
2007	24	28	3	10	1	66	19	22	2	45	1	89	43	50	5	55	2	155
2008	36	32	7	47	3	125	21	26	4	33	2	86	57	58	11	80	5	211
2009	28	34	7	35	4	108	25	25	5	41	2	98	53	59	12	76	6	206
2010	33	35	8	35		111	22	27	5	40		94	55	62	13	75		205
2011	36	38	4	11		89	32	24	2	29		87	68	62	6	40		176
2012	21	45	3	35		104	16	28	2	27		73	37	73	5	62		177
合计	201	220	33	173	8	635	163	164	21	219	5	572	364	384	54	392	13	1207

研发的技术传递给农户并使其采纳。既然农民培训被嵌入到农业推广体系中，那么首要的功能并不是去挖掘和扩散社区已有的乡土知识，而是更有效地实现农业科技成果的推广。北京延庆县植保站的数据说明，在采纳新技术方面，农民田间学校学员的人数要远高于非学员（表4-4）。

表4-4 延庆县植保站依托农民田间学校推广的主要技术

序号	新技术、新品种、新产品	学员采用人数	非学员采用人数	村辐射推广使用人数
1	蔬菜主要害虫的识别及防治	407	20	2 000
2	蔬菜主要病害的识别及防治	407	30	2 000
3	保护地彩椒科学栽培管理技术	110	20	800
4	番茄科学栽培管理技术	43	15	100
5	农药科学使用技术	407	28	2 000
6	测土配方施肥技术	407	25	1 000
7	区别真假种子和真假农药	407	30	800
8	农药精准量具的使用	407	20	2 000
7	病虫害综合防治技术	407	40	500
8	小菜蛾药剂防治技术	407	200	3 000
9	新品种有彩椒红苏珊、娜拉，大椒海丰10、海丰16，尖椒海丰23	407	180	2 000
10	生物农药的使用，如新型药械的使用，猎禽、科加等生物农药及微肥的使用	410	220	3 000
11	保护地双网覆盖技术	280	100	2 500
12	滴灌技术	280	100	2 500
13	农药的危害知识	407	74	2 000
14	IPM理念	407	50	1 000
15	无公害农产品生产理念	407	50	3 000
16	生态意识	407	90	3 000
17	植物检疫重要性	150	40	1 000

延庆县植保站通过农民田间学校的培训，让学员掌握了农业栽培管理知识和技能，并促使农民学员在生产中开展科学管理，将农民识别病虫害准确率由60%提高到85%，杀虫灯、诱捕器和生物防治综合防治技术应用率达到100%，购买使用生物农药率80%以上，配制农药准确率提高到95%以

上，化学农药使用率减少了40%。

2009年，我们曾经对农民田间学校的技术应用率进行过调查，研究发现89%的学员应用了所培训的技术。在顺义区DSGZ畜牧养殖（生猪）农民田间学校，有50%的学员应用所学技术在70%以上，有12%的学员应用所学技术90%以上。通过小组访谈学员反映，他们应用所学技术之后在生产过程中有以下几个明显的转变：培训之前猪拉稀3天，培训之后只拉稀1天；培训之前给猪一打针就会死亡，培训之后高烧不会马上退，但至少不会死亡，所以死亡率降低；培训之后仔猪会认料了。

2. 高产创建、标准化示范获得有效落地

辅导员在开办农民田间学校过程中，紧密与粮食、蔬菜高产创建、畜牧标准化养殖场建设等项目相结合，使优质高产、标准化养殖技术得到有效落地。在全市蔬菜高产创建中，顺义区北务镇仓上村农民田间学校学员李建发，将在培训中学到的重力滴灌节水技术、测土施肥技术、抗病新品种技术、黄花曲叶病毒综合防控技术等综合运用在大棚番茄种植管理中，亩产达到9 173千克，连续2年获得高产创建第1名。农民田间学校学员在蔬菜高产创建中获奖人数所占比例达到46.4%，近一半左右。通州区永乐店镇北京金展旺养殖场张红英，2006年以前养殖基础母猪200头，存栏量为1 900多头。2005年张红英成为科技入户年优秀示范户，2006年从农民田间学校学员发展成为农民辅导员，承办通州区永乐店镇大羊村生猪养殖农民田间学校，带动周边80多个养殖共同发展。自家的养猪场也不断扩大，2007年通过无公害论证，2010年基础母猪达到501头，申报种猪场生产企业审核通过，获得批准。

3. 促进了科研、推广与农民之间的联系，推动了区域主导产业的发展

（1）通过立体化网络构建，提高了部门工作与合作效率。农民田间学校管理与运行的立体化网络构建，使市、区县两级的农委、农业、科技、财政等政府部门、推广部门联手，形成多部门联动，上下互动，全方位支持，有效地整合了各部门资金、人力聚焦项目，建设目标明确、任务分工细致、管理措施有力，提高了各部门工作效率。据不完全统计，到2010年各级各部门积极整合各类培训资金和科技项目资源，由财政直接投入经费达4 200万元。

（2）通过互动交流机制建立，促进了科研、推广与农民之间的联系。农民田间学校互动式交流机制的建立，有效促进了科研、推广与农民之间的紧密联系。果蔬和生猪技术创新团队结合农民生产需求，2009 年在农民田间学校工作站建设试验田 164 块，总面积 451.6 亩，建设试验场 42 个，总规模达 50 722 头，组织农民学员观摩 150 次，组织农民活动日 2 658 次，在各种活动中，加强了科研与推广单位的联系，促进了科研、推广技术人员与农民之间的交流。据不完全统计，仅 2009 年科研与教学单位联系和指导基层区县推广机构和人的次数增加 1.5～2 倍，农民田间学校辅导员与科研与教学单位专家的联系增加 2～3 倍，有效地将农民和辅导员发现的问题快速反馈到科研和推广部门。

（3）通过科技与产业深度对接，推动了区域主导产业的发展。通过果蔬和生猪技术创新团队与农民田间学校所在村的主导产业对接，推动了区域主导产业的发展。如密云古北口龙洋村 2009 年产业转型，由粮改菜，主要种植设施番茄（142 个棚共 125 亩）和辣椒（145 个棚共 128 亩），通过农民田间学校全方位的技术培训和服务，产业发展迅速提升，大棚番茄产量达到 4 000～5 000 千克/亩，亩效益 6 100 元，辣椒产量达 3 000～5 000 千克/亩，亩效益 5 450 元，设施蔬菜生产效益平均比原来粮经产业效益提高了 5～7 倍，龙洋村基本实现整村产业升级和技术进步。大兴区礼贤镇东段家务村 2009 年全村番茄平均产量为每亩 7 400 千克，通过农民田间学校的综合培训以及高产示范田的带动，全村产业水平得到了提升，2012 年全村番茄平均产量达到 8 150 千克/亩，相比 2009 年增产率达 10.13%。

4. 农业增产和农民增收效果显著

根据对郊区 16 个村的 365 户 435 个地块（品种）设施番茄种植农户的调查显示，田间学校学员的大棚番茄产量比非学员高 15%～18%，综合管理更加精细化。据不完全统计，通过农民田间学校培训的种植业户，瓜菜、食用菌、花卉等产量提高 8%～25%，每户增收 3 000～8 000 元。大兴区礼贤镇紫各庄村农民乔俊勇，种植大棚番茄采用 M 畦膜下沟灌技术，节水 85 立方米/亩，节约纯氮 12 千克/亩，亩增加产量 12%，节约开支 227.5 元/亩，增加收入 2 335 元/亩，亩增收 64.2%。柴蛋鸡养殖户通过采用合理混配日粮、分群管理等技术，产蛋率提高 20%，每户增收 1.5 万～2.0 万元。生猪养殖户通过人工授精技术，使母猪配种年成本由原来的每头 190 元降到 15.2 元。母猪生产能力显著提高，仔猪成活率由 70% 提高到 90%，百头母猪养殖场多成活仔猪 400 头，年增收约 6 万元。通过科学配方，每 100 千克生猪节约饲料 20 千克，万头养殖场年节约饲料 48 万元。

从试验田（IPM 田）和对照田（FP 田）的对比可以看出。试验田是农民田间学校的重要学习平台，每所学校应该有一块试验田，并针对试验田设立对照田以方便比较。"每所田间学校的试验数量不能少于 3 个，通常设置学员综合管理田和常规对照田（两圃田），并划出部分试验田用于新品种、产品和技术示范展示，辅导农民进行试验设计、试验分区、试验记载、试验结果统计与分析，并组织非学员观摩学习。"[1]

两圃田的产量对比可以让学员更直观地看到技术对产量的影响。以下是延庆县 12 所农民田间学校两圃田对照增产增收情况，从表 4－5 的数据可以很直观地看出，试验田的经济效益好于对照田，新技术有利于农民的增产增收。

表 4－5　延庆县 12 所农民田间学校两圃田对照增产增收对比表

学校		DFY	GJT	JJB	XBL	LSG	XFT	ZYJ	JY	BQY	XG	BM	DYF
	投入（元）	2 166.8	3 000	2 950	2 080	2 180	1 622	4 234	1 060	1 100	530	2 200	3 000
IPM 田	亩产（千克）	7 000	7 000	6 000	5 000	7 000	6 500	6 000	5 500	3 725	4 500	800	8 500
	纯收入（元）	6 833.2	21 000	17 000	7 920	9 020	8 878	12 400	2 790	2 252.5	2 170	7 000	22 500
	投入（元）	2 339.6	3 050	3 200	2 200	2 300	1 822	3 216	1 120	1 115	640	2 250	3 050
FP 田	亩产（千克）	6 785	6 000	5 800	4 500	6 800	5 500	5 000	5 000	3 500	4 000	600	8 000
	纯收入（元）	4 445.5	18 950	13 400	6 800	8 580	6 878	9 283	2 380	2 035	1 760	4 900	20 950

通过对大兴、密云、延庆和昌平农民田间学校培训前后产量和收入的比较，农民田间学校学员的增产增收效果显著（见表 4－6～表 4－9）。

表 4－6　农民田间学校学员培训前后产量收入变化比较

大兴区 QYD 村农民田间学校			
类　别	培训后	培训前	培训前后变化率
亩产量（千克）	6 537	5 904.5	10.71%
亩毛收入（元）	4 101	2 821	45.37%
亩支出（元）	1 628	1 369	18.92%
亩纯收入（元）	2 870	1 874	53.15%

---

① 北京市农业局，2010. 农民田间学校建设指南 . 北京：中国农业大学出版社，74.

表4-7 密云县 TL 村黄瓜农民田间学校

类 别	培训后	培训前	培训前后变化率
亩产量（千克）	3 125	2 344	33.32%
亩毛收入（元）	2 656	1 500	77.07%
亩支出（元）	3 215	2 710	18.63%
亩纯收入（元）	2 925	1 675	74.63%

表4-8 延庆县 XHL 村西红柿农民田间学校

类 别	培训后	培训前	培训前后变化率
亩产量（千克）	4 528	4 250	6.54%
亩毛收入（元）	4 287	4 150	3.30%
亩支出（元）	1 790	1 621	10.43%
亩纯收入（元）	2 016	2 477	18.61%

表4-9 昌平区 NKJ 村西红柿田间学校培训前后比较量化数据表

问卷编号	亩产量变化率	单价变化率	亩毛收入变化率	亩成本变化率	亩纯收入变化率
08	33.33%	50.00%	100.00%	−23.26%	110.66%
09	25.00%	0.00%	25.00%	−11.63%	36.69%
10	25.00%	33.33%	66.67%	7.84%	73.66%
平均	27.78%	27.78%	63.89%	−9.02%	73.67%

通过对于在相同条件下有机会参加培训的学员和没有机会参加培训的学员在产量和收入上进行比较说明，学员比非学员在同一时期产量和收入上都有不同程度的增加（表4-10）。

表4-10 大兴区 LSY 村农民田间学校有无培训比较

类 别	有培训前后变化率	无培训前后变化率	差 额
亩产量变化率	33.32%	15.60%	17.72%
亩毛收入（元）	77.07%	14.58%	62.49%
亩支出（元）	18.63%	16.49%	2.14%
亩纯收入（元）	74.63%	12.71%	61.92%

结果显示，大兴区 LSY 村农民田间学校参与培训的学员亩产量比未参与培训的农民增加 18%，亩纯收入增加 62%。

虽然农民增收受到诸多因素的影响，比如市场价格浮动、生计多样性、气候变化以及技术品种的更新换代，但是不可否认农民田间学校的技术推广影响是显效性的，而且通过农民田间学校实现农业推广职能的发挥，使农民通过新技术和新知识的应用实现增产增收。

据统计，8 年来，通过农民田间学校推广的新品种、新产品 635 个，覆盖率达 85% 以上；新技术 572 项，覆盖率达 80% 以上。为加快先进实用技术推广，还录制了 30 部实用技术片，制成光盘由北京出版集团出版，政府购买，免费向 3 945 个村发送，在北京公共频道播出，获农民好评，促进了农民学技术、用技术。

新技术带来增产增收

延庆县某奶牛农民田间学校对养殖、繁殖及疾病防治技术推广等方面给广大学员带来很大的经济收益，主要体现在养殖成本降低、生产性能提高。比如从产奶量上看，2009 年奶牛农民田间学校农民学员所养奶牛的日平均产奶量是 18.5 千克/头，2010 年奶牛平均日产奶量是 20.1 千克/头，比 2009 年上升了 8.78%；从医药费上看，2009 年该学校农民学员所养奶牛每年医药费用支出是 132.5 元/头，2010 年奶牛医药费用支出是 110.3 元/头，比 2009 年减少 16.79%。

2007—2008 年在县畜牧技术推广站举办的 3 期奶牛繁殖进修班，共有 70 名学员参加了奶牛繁殖技术理论知识和实操学习，80% 学员目前可以独立完成奶牛发情鉴定、人工授精、妊娠诊断、助产以及产后护理这几项基本的繁殖技术。每头奶牛一个情期的配种费是 40 元，分娩助产和产后子宫护理的费用按 90~110 元计算，那么一头奶牛每年繁殖配种费用就是 130~150 元。以一个养殖 10 头成乳牛的小户为例，一年的配种费用就是 1 300~1 500 元，占他一年收入的 11% 左右，因此农民田间学校为农户节省了大量繁育成本。

禽类养殖方面，全区很多养鸡户都开展的山地养殖，一位农户表示在以前他从外面抓回 20 只鸡，经过 1 年的饲养最后能剩下 5 只就不错。通过尝试农民田间学校所推广的山地养殖新技术后，山地养殖的成活率从过去的20%提高到了80%，产蛋（收蛋）率，从过去的20%提高到了40%。由于农户的养殖技术有所提高，对以前蛋鸡蛋鸭养殖方面较为难治疗的病例，现在可以做到先进性预防，如果出现病例，可以及时发现并进行有效的治疗。这样一来药品投放量也减少了，一年下来在药物方面的成本投入就少了80%。

（二）人力资源开发与能力建设的成效

1. 培养了一批辐射带动能力强的"土专家"和"示范户"

农民田间学校的参与式、启发式、互动式教学，激发了农民自主获取新知识的原动力和创造力，由保守、观望、固执、封闭，到积极主动学习、接受新技术，发明小窍门。成为在当地具有一定影响力的"土专家"和"示范户"。据统计，到2012年全市共培养"土专家"3 708名，"示范户"13 295名，他们主动为周边农民解决生产中的实际问题，起到了很好的"传、帮、带"作用。如通州杨亚军，发明用可乐瓶改进猪舍通风管道等，有效降低了冬季猪呼吸道疾病的发生，他将自己的小发明分享给全班学员，现在已成为当地小有名气的畜牧乡土专家。延庆白志贵奶牛养殖户，自己发明用白酒和醋配方形成无任何抗生素的预防奶牛乳房炎的消毒药剂以及科学饲养管理、合理使役技术，他所养奶牛疾病发生率低，奶牛产奶量逐年上升，周边奶农有问题就找他解决，已经成为辐射带动能力强的科技示范户。大兴区采育镇利市营村宋占一是80后出生的农民，通过农民田间学校的培训，从一个门外汉转变为黄瓜种植能手，并能协助辅导员进行农民田间学校培训。在2010年至2011年北京市越冬黄瓜高产竞赛中获得二等奖，成为市、区两级高产高效示范主要观摩点。他自己致富的同时，还帮助周边农民共同致富，2012年被聘为北京市大兴区采育镇利市营村全科农技员。

2. 农民综合素质显著提高

（1）农民增加了知识，提高了能力。一般情况下，每所农民田间学校都要进行2次BBT票箱测试，主要目的是了解即将受训农民的基础知识水平。通过实践调研，我们对北京多个农民田间学校BBT测试结果进行了比较，发现训后学员成绩均比训前有较大提升。通过培训前后票箱测试（BBT）考察到农民学员的食品安全生产意识、有害生物综合防治技能、田间观察能力、问题分析能力、自我决策管理能力等综合素质与技能得到显著提升。农民在培训中不仅学习和掌握了单项技术,重要的是学会了综合运用各单项技术管理生产。比如草莓保健栽培,通过综合管理技术推广与应用,既确保了节本高产,又维系了温室生态平衡。根据103所农民田间学校学员BBT票箱测试统计结果显示,训前训后学员成绩平均提高40.3%。其中,识别病虫害准确率由35%提高到61%,配置农药准确率由50%提高到82.5%。畜禽疫病免疫成功率由不足40%提高到95%以上,鸡白痢发生率由30%降低到10%以下,畜禽舍消毒药配比和使用准确率达到98%以上。

对房山区种植业和养殖业农民田间学校4年间的BBT测试结果进行了平均比较,结果显示,2007年至2010年畜牧业农民田间学校学员训后测试成绩平均提高了22%～50%;种植业农民田间学校训后测试成绩平均提高了20%～25%。表4-11是延庆县12所种植业农民田间学校的BBT测试比较及成绩提升情况,同样从一个侧面反映出农民田间培训对农民知识和技能水平的提升具有比较明显的作用。

表 4－11　延庆县 12 所农民田间学校 BBT 测试结果对比表

学校	DFY	GJT	JJB	XBL	LSG	XFT	ZYJ	JY	BQY	XG	BM	DYF
训前	60.5	67.9	69.1	61.4	59.1	57.9	67.3	56.4	48.5	67.0	50.6	57.9
训后	74.6	84.0	85.4	70.83	76.2	72.3	84.3	79.8	—	—	71.9	77.4
平均提高（%）	23.3	23.7	23.6	15.3	28.9	24.9	25.3	41.5	—	—	42.1	36.7

针对延庆县同样的12所种植业农民田间学校连续3年BBT跟踪测试结果看,农民田间学校学员的知识和技能水平都有一定程度的提升,并逐年累积递增(见表4-12)。

表 4－12　2008—2010 年延庆县 12 所农民田间学校训前、训后 BBT 测试分析表

年度	试题数量	题型	管理知识	农药知识	肥料知识	病害常识	天敌	平均
2008	20	训前	73.5	63.8	52.4	56.1	51.2	59.4
	20	训后	78.3	68.2	61.5	55.3	53.4	63.3
2009	20	训前	63.8	69.7	57.9	52.8	40.05	56.9
	20	训后	80.4	75.5	68	65.6	58.5	69.6
2010	20	训前	71	53.7	55.7	54.7	56.8	58.4
	20	训后	86.4	79.7	83	72.5	69	78.1

通过对多个区县农民田间学校的 BBT 测试结果分析来看，农民学员培训后比培训前的成绩都有所提高，平均成绩提高了 15.3%～42.1%，学员基本上还是通过培训实现了知识水平和技能的提升。

在蔬菜高产创建中，农民田间学校学员连续 2 年获得第 1 名，获奖人数占全市获奖比例的 46.4%，为周边农民解决生产中的实际问题，起到了很好的"传、帮、带"作用。根据 103 所农民田间学校学员 BBT 票箱测试统计结果显示，训前训后学员成绩平均提高 40.3%。其中，识别病虫害准确率由 35% 提高到 61%，配置农药准确率由 50% 提高到 82.5%。畜禽疫病免疫成功率由不足 40% 提高到 95% 以上，鸡白痢发生率由 30% 降低到 10% 以下，畜禽舍消毒药配比和使用准确率达到 98% 以上。

事实上，农民田间学校作为一种发展干预策略，不仅仅停留在促进学员产量和收入的提升上，更重要的是使学员的综合素和能力得到提升，使农民学员成为发展的主体。这种综合的素质包括：自觉学习的意识；观察、分析、解决问题的能力；自觉接受新知识、新技术的意识；系统计划与管理能力；团结协作意识与辐射能力等。虽然有些农民田间学校已经在开办过程中流于形式，但是仍然有很多成功的案例值得借鉴和研究。农民田间学校对农民自身的综合能力是有助于提升的，而且这种能力建设虽然无法量化，但是我们仍能通过访谈发现诸多的闪光点。

案例 4-2 学员能力的提升

从调研中我们发现，农户最关心的是病虫害防治与市场信息的获取，因此生产信息获取能力就成为农民田间学校能力建设的重要内容。农民学员相较非学员，在信息获取方面具有一定的优势和能力。通过农民田间学校这样一个平台，农户之间彼此沟通分享扩大了知识信息的来源渠道，拓展了人际关系，积累了社会资本，无形中为农户获取信息提供了诸多便利。比如河北村农民田间学校的学员在小组访谈中就表示如果平时生产中遇到问题，可以通过田间学校辅导员、网络和手机短信等方式寻求帮助。一名学员表示，遇到问题自己可以通过多种途径了解农业信息，除了村干部、亲戚朋友邻居外，还可以通过电话和辅导员保持密切联系。如果辅导员解决不了，辅导员还可以通过向农业专家咨询或查询因特网来解决农民学员的实际生产问题。拥有手机的农民学员还能够接收到田间学校辅导员发来的市场信息，以及天气、病害、风力等气象信息。在田间学校辅导员的帮助下，农民学员获取信息意识、表达能力和分享意愿得到了极大地提高。在专题讨论、游戏等团队建设活动中，农民学员经历了一个抵触分享信息→保守习惯消除→愿意分享→习惯分享的过程，整个过程也是农民能力累积的过程。在河北村的小组访谈中，一名学员表示："通过田间学校，我自己的沟通能力、与人交往的能力得到了提高，以前从不敢上台讲话，现在也敢于上台和大家分享经验了。"一名叫张荣的农民表示，自己家的大棚蔬菜种植开始几年一直都是经验种植，自己也很少去了解一些科学技术和知识。田间学校刚开办时，他觉得这种培训无非就是传统的授课，没多大用处。但后来在干活的时候听邻地的农户说参加了田间学校后可以判断很多以前不知道的病虫害了，于是张荣抱着试试看的态度也参加了农民田间学校。经过一段时间学习，他觉得自己之前其实对大棚蔬菜的种植并没有深入了解。以前他家的大棚外经常堆放植株残体，不收拾，他并没有意识到这样做有什么不好，也从来没有人告诉他不应该这样做。直到他参加田间学校，学了病虫害综合防治之后，才知道在大棚外堆放植物残体会导致大棚内的作物生病。在"清洁田园专题"课后，辅导员带领学员到田间进行实地调查，经观察后发现大家扔弃的菜叶上有很多蚜虫、粉虱，还有白粉病、炭疽病等。大家认识到病源很多，且主要是自家丢弃在田间地头的有病植株带来的。于是他借此改正了以前在大棚外堆放植物残体的习惯。张荣表示农民田间学校在村里开办农民他还是比较欢迎的，而且自己认为这种培训方式也有利于自己的生产增收。

通过田间实验、农民研究方法、头脑风暴、团队建设等活动，农民的能力得到了一定程度的提升。比如在房山区 NG 村农民田间学校，学员在开展鱼病诊断培训的同时，在学员的要求下大家还一起讨论水煮鱼的做法，以便更好地在自家渔场开展沟域休闲渔业，甚至针对垃圾清理问题开展了集中讨论。农民田间学校的内容已经脱离了纯技术范畴，向更广阔的领域拓展。

（2）农民食品安全和生态意识显著增强。农民学员生产方式明显转变，生态、安全、环保意识显著提高。学员普遍采用环保安全投入品和确保质量安全的生产技术，掌握了识别保护常见天敌和使用物理及生物防治技术，如采用黄板、灯光诱杀和防虫网，释放赤眼蜂等。设施蔬菜一个生长季使用农药减少 3～10 次，减少用量 20%～50%，养殖农户自发拒绝使用违禁药物，减少抗生素使用，严格执行休药期安全使用药物比率达到 100%，有效降低了化学药物污染农产品的风险，从生产源头控制了农产品质量安全。据延庆县调查，农民学员的农药用量平均降低 20%～40%，主要农产品合格率达到 100%，一级品率达到 95% 以上，亩生产成本平均减少 138.9 元。2009年本市生产的蔬菜农药残留检测合格率为 99.1%，动物及其产品合格率为99.99%，水产品合格率为 100%。农民田间学校学员的生产基地生产的蔬菜、畜禽产品质量全部达到农业部要求的无公害标准，部分基地达到绿色食品标准。

（3）农民协作意识和组织化程度明显提高。通过农民田间学校团队建设培训，农民组织化生产、合作化经营的愿望更加强烈，90% 以上的学员参加了当地的农民合作组织。一批优秀学员通过农民田间学校的引导，围绕蔬菜、生猪、花卉等优势产业，创建了一批组织化程度高、带动能力强的农民合作组织。赵万全是通州区漷县镇北堤寺村一名养猪大户，2006 年作为农民辅导员开办了"万全生猪分校"农民田间学校，吸引了漷县、永乐店、张家湾、于家务 4 个乡镇 11 个村的 40 多名养猪散户参加，应学员的迫切要求，成立了有 100 多名农民参加的"万全互联生猪专业合作社"，2012 年还成立了田园牧歌超市，专门销售农民田间学员生产的优质安全、绿色、生态农产品。他个人在 2009 年获中共北京市委、市人民政府"具有突出贡献的农村实用人才"荣誉称号，并获得嘉奖。左玉清是昌平区有机草莓农民田间学校的普通学员，经过 2 个草莓生长季节的参与式培训，于 2006 年底牵头联合 8 位农民学员自主成立了"兴寿清梅农业经济合作社"，现在合作社注册会员发展到 120 人，非注册会员 50 多人。合作社为会员提供种苗及技术，解决产品销售渠道，认证无公害和绿色食品，草莓产品 70% 采摘和礼品销售，户均收入 10 万元。由于合作社组织力、带动力、辐射力和管理能力强，2012 年被农业部授予"优秀示范社"（昌平区仅评选 5 个）。

河北村小组访谈过程中，另一名叫胡东华的学员提到了自己合作意识的提升。他表示农民辛辛苦苦经营大棚，好不容易等到蔬菜成熟，但总是因为销路不好损失惨重，甚至有很多农户只能坐等蔬菜烂掉。通过农民田间学校，大家在一起活动的同时也商议打算在胡东华的牵头下成立农民专业合作社，到现在为止，初建的合作组织发展势头良好，本村的销路问题和以前相比已有了相当程度的改善。参加合作组织的农户有人越来越多，再加上田间学校的培训指导，蔬菜的数量和品质有了更高保障。农民合作组织并不一定是田间学校培训的必然衍生物，但通过访谈可以看出农民田间学校的运行和发展对合作组织还是具有一定的推动作用。

（4）农民交流表达能力和自信心显著提高。农民田间学校参与式、互动式培训，调动和激发了农民内在动力。多数学员开学时不敢上台、不敢说话、表达能力比较差，几次的互动、讨论活动后，部分学员就由被动发言，到主动与学员分享自己的小经验和小窍门，一个生长季培训结业时，学员都不再怯场，能够熟练表达自己的见解。如大兴区榆垡镇西黄垡村西甜瓜农民田间学校班长宋李，是村里一名普通农民，平时很少与人沟通，通过培训后，组织交流能力与服务意识明显增强，联系荣俊峰等 6 位学员，成立"农民田间学校技术服务队"，为本村农民开展多种形式技术服务。2006 年 12 月 19 日，该校农民学员应农业部科教司邀请，参加了农业部、中国科协等 15 部委组织的"全国农民素质论坛"，他作为农民代表发言，汇报了农民田间学校给农民带来的深刻变化，组织曹德梅等 4 名学员自编自演三句半——"农民田间学校进大棚"，受到了中国科协书记处第一书记邓楠、农业部副部长危朝安、全国政协常委洪绂曾、中国科协书记处书记程东红等领导亲切接见。

由于经过农民田间学校学习的学员有较好的业务素质和语言表达与交流能力，在 2010 年北京市启动的村级全科农技员聘任中表现优秀，被聘用学员比例占全市总数的 2/3。

农民综合素质和能力的提升调查结果见图 4-3。

（5）农民辅导员发挥作用。农民田间学校的发展目标之一便是发现、培养农民带头人，培养一批农民辅导员、科技示范户、村级全科农技员（候选人），实现由农民带头人主持、召集部分农民活动的良好氛围，通过传帮带的方式尝试由农民带头人组织农民培训活动。依靠农民辅导员开办农民田间学校的成功经验表明，政府借助乡土精英的力量可以在社区构建内源式的农民田间学校可持续发展机制。

图 4 - 3　农民综合能力提升的分析雷达图

农 民 辅 导 员

　　赵万全是通州区漷县镇北堤寺村小有名气的养猪大户，成立有自己的养猪公司，专门从事商品猪的生产销售。经营过程中他发现，由于缺少合适的技术，当地不少养猪户因发生疫病、饲养管理不当等原因造成很大经济损失，当地农户想通过养猪发家致富的希望化为泡影。看到这种状况他感到十分心痛，因此决心要把自己的一技之长传授给其他养猪户。2006 年 6 月，他参加了市农业局举办的农民田间学校辅导员培训，通过培训系统地掌握了参与式培训方法，并且意识到可以依托田间学校将自己所掌握的技术、知识毫无保留的传授给其他养殖户。2006 年 11 月在市、区主管部门的支持和帮助下，他承办的"通州区畜牧农民田间学校万全生猪养殖分校"正式开班，来自周边 5 个乡镇 20 个村的 150 多名养猪户成为了首批学员。成为辅导员之后，他无私地与学员分享自己的养猪经验和专业技术，并与学员建立了良好的合作关系，受到广大学员的好评。在学习的过程中，学员培养了团队意识和合作精神，并且在他的带领下成立合作社，将散户联合起来形成一定的生产规模，共同面对市场，降低养猪成本，提高猪肉的价钱，从而获得更高的收益。2007 年 10 月，"北京万全互联生猪专业合作社"正式成立了。从合作社成立初期至今，成员已经由最初的 25 人扩大到今天的 90 多人。通过合作社提供的销售服务，社员的生猪单价每斤要比市场价格高0.1元，基本解决了农户卖猪难的问题。他的"北京万全互联生猪专业合作社"在"合作社＋农民田间学校"模式取得成功基础上于2008年又以合作社为依托成立了第二所农民田间学校。两所生猪养殖农民田间学校开办至今，共培养了来自5个乡镇20个自然村的3 500多人，累计培训600多学时。为了给学员创造良好的学习环境，他自费建设了70平方米的培训室和350平方米的试验猪舍，购置了投影仪、显微镜、恒温箱等设备，努力为学员提供一个实战的平台。当谈及农民田间学校给农户带来的"好处"时他表示，通过田间学校学习，学员学会了科学养猪，择优养殖。学员过去养的是杂种母猪，现在舍得花高价购买二元母猪；原来使用本交配种，现在大部分学员实行了人工授精；过去不重视消毒工作，现在400多元一桶的消毒药使用已经十分普遍。自2007年起田间学校推广人工授精技术以来，累计人工授精母猪3 500多头，原来交配种平均每头母猪配种成本190元，实行人工授精后平均每头母猪配种成本大幅下降，3 500多头母猪可以节省60万多元。学员通过不断自我学习、总结、摸索，不仅提高了自己的养殖技术和经济收益，很多学员也成为了当地小有名气的"土专家"，带动辐射了很多当地其他养殖户，一些学员甚至在培训后组织带动周围养猪户一起成立了养猪专业合作社。

案例4-3

冯家峪镇西白莲峪村柴蛋鸡养殖户刘文明，积极参加柴蛋鸡田间学校，为发展柴蛋鸡养殖添信心。过去那种不科学的养殖方法，收效差，效益低。虽然，养鸡到2010年春已有16年之久了，但由于养殖技术缺乏，经常发生鸡只死亡现象，鸡蛋的质量很差，小鸡的成活率低，收效不好。自从西白莲峪村的农民田间学校成立以来，在辅导员的培训指导下，他了解了从小鸡到成鸡都有哪些多发病，常见病怎样防治，怎样提前预防，再加上和学员们经验交流，养殖技术明显提高了，鸡的产蛋率提高了12%，鸡也不出现死亡现象了，真是科学养殖增高产，使他大开了眼界，填补了他16年养殖技术不足的空白，增加养殖柴蛋鸡的信心和勇气，他表示明年春准备再进600只鸡。

案例 4-4

钱淑玲，女，现年 42 岁，太师屯镇葡萄园村人，从事肉鸡饲养和饲料经销工作。多年来，丈夫在外跑客户，她在家中销售饲料，并饲养肉鸡 10 000 只，还负责肉鸡协会的工作，里里外外两头忙。自 2007 年参加农民田间学校辅导班以来，努力用自己在田间学校与学员们一起交流学习来的知识、经验为农民服务。通过参加农民田间学校，她感觉这是一个好的帮助农民致富的途径，这种交互式、互动式的学习模式，为农民提供了一个交流经验的平台，特别适合农民掌握养鸡技术，提高管理水平。于是，她利用自己的肉鸡养殖协会，协助镇农业中心、镇兽医站，积极宣传农民田间学校的优点，到每家每户去走访，征求意见，介绍 50 多人参加农民田间学校的辅导、学习。为镇农民田间学校的开办做出了很大的贡献。虽然里里外外忙，自己的事业也没有耽误，2010 年，她通过肉鸡饲养获得收入 80 000 多元。被人们称颂为：巾帼英雄，太师屯镇农民致富的带头人。在这些学员的努力下，太师屯镇农民整体养殖水平得到了提高，为社会主义新农村的发展，开创了一条坚实的路。

案例 4-5

卸甲山蔬菜生产基地位于县城西南地区的西田各庄镇。此基地种植面积达到 500 亩，原年产值 350 万，产量 150 余万千克。自从卸甲山农民田间学校开办以来年产值达到 450 万余元，产量达到 250 余万千克；辐射带动邻近五个蔬菜基地的 100 余户菜农，种植蔬菜品种达到 30 余个。作为吉祥通顺蔬菜种植合作社负责人之一的王付清担任着田间学校的班长，在田间学校的开办过程中处处起着带头作用。每次都协助辅导员组织农民学员按时上课，并且能够毫无保留地把经验与大家分享，同时指导农民学员进行病虫害防治。例如：他把自己学习积累的蔬菜根结线虫病经验技术在全村推广，提高了蔬菜根结线虫病的防控水平，减少了农药的使用量，提高了菜农的经济收入。王付清并不仅仅把自己的带动作用局限在卸甲山地区，他先后带动多个蔬菜设施园区的蔬菜生产，并以吉祥通顺蔬菜种植合作社为依托开展多元化种植订单销售。

卸甲山基地根结线虫病是全县蔬菜根结线虫发生重灾区之一。通过田间学校王付清认识到光靠药物治疗根结线虫病是远远不够的，而且成本高，但可以通过种植抗线虫品种降低根结线虫的发病率。由于农民对于新的品种抱着怀疑的态度，因此没人敢轻易尝试。为了打消其他学员的顾虑，他在自己家的地里进行试种，并在田间学校辅导员的协助下终于买到了种子并且试种成功，不但根结线虫病得到了缓解，产量和品质都达到理想的水平。这下菜农不但对农民田间学校的学习更加重视，同时也开始仿效他种植抗线蔬菜品种。现在卸甲山地区种植的番茄全部是抗线品种，并且在他的指导下将抗线品种推广到周边五个设施园区。他通过农民田间学校的学习，综合素质明显提高，思维模式也有明显改变，从原来的保守种植"黄瓜、番茄、甘蓝"等老品种，到试种并推广"叶甜菜、水晶菜、紫苏"等新型特菜，他把自己的种植经验毫无保留地传授给农民学员，有许多地区的农民慕名前来参观学习。

（6）农民学员的辐射带动能力得到了加强。农民田间学校的学员在自己丰富了知识，提高了技能水平的同时，对其他农民也有很大的影响力。从顺义区 DXGZ 生猪农民田间学校学员影响力的调查结果可见一斑。

农民田间学校的辐射带动力度

农民田间学校学员对非学员的培训辐射作用是衡量田间学校培训效果的重要指标，而田间学校的设计初衷也是通过培训把新技术新知识教授给一部分农民，在结业之后通过这些农民学员辐射传播给同社区的其他农民。以下主要对三所学校农民学员对非学员的辐射传播比例做一个大致分析：

——田间学校 A 的农民学员向非学员的培训辐射比例为 17/21＝80.95％。农民学员的培训辐射对象主要是家人和邻地。农民学员向家人传授田间学校培训相关信息，主要是通过一块在田间地头干活时示范或聊天。农民学员向邻地的培训辐射方式是劳作中途休息时大家聚在一块聊天或串棚或在他人遇到生产难题求助时。

　　——田间学校 B 的农民学员向非学员的培训辐射比例为 8/14＝ 57.14％。培训辐射对象主要是家人、邻居、邻地、朋友和亲戚。辐射渠道以一块干活或茶余饭后聚在一起聊天为主。

　　——田间学校 C 的农民学员向非学员的培训辐射比例为 11/15＝ 73.33％。培训辐射对象为同村熟悉的种植户、邻居和本村亲戚。辐射渠道以碰面聊天为主，这在一定程度上反映出，同为从事种植业的农民相互之间有共同的话题，聚在一起聊天的机会更多。

　　通过以上三所田间学校分析，田间学校学员对非学员的平均辐射比例为（80.95％＋57.14％＋73.33％）/3＝70.47％。田间学校学员向非学员的辐射对象主要为家人、邻地、邻居。培训辐射时间以一块干活、干活累了田间休息、晚饭后和相对农闲时为主。培训辐射渠道主要是聊天、示范和手把手教等人际交流方式。调研中还发现，每个家庭中从事务农的以中青年夫妻俩为主，夫妻俩往往轮流参加农民田间学校，即"谁有空谁去"。所以田间学校的学员并不是理论设想上那么固定。

3. 培养了一支辅导员队伍，促进了农业推广人员的能力建设

　　（1）培养了一支辅导员队伍。辅导员是农民田间学校成功开办的关键，通过对现有技术人员角色转变和知识更新等参与式和互动式方法等系统性、实操性培训，使他们掌握了参与式评估需求调研方法，农民田间学校的开办程序、培训技巧和工具等，并具备开办农民田间学校的能力。据统计，到 2012 年全市联合举办辅导员初级培训班 55 期，培养辅导员 1 846 名。平均每个学员接受培训 135 学时。辅导员队伍的不断壮大，为京郊农民田间学校的快速发展提供了人才保证。

　　事实上，在实践过程中，我们更多关注的是对学员本身能力提升进行评估，但是农民田间学校所涉及的能力建设不仅针对学员，也包括作为参与主体之一的辅导员。当北京农技推广体系中的从业者独立创办农民田间学校时，两种理念发生了对撞：一种是外部引进的"参与式"理念，另一种是深受公共服务传统影响的单向、政府主导的推广理念。在"参与式"理念的冲击下，农技推广人员开始认识到赋权的重要性，并将农民田间学校作为实现自身价值的一个平台。以下两个案例便是北京优秀农民田间学校辅导员的典型。

案例 4-6

　　"只要农民学员愿意向我倾诉我就满足了"这是密云县农业技术推广站辅导员王晓丽的真实感言。王晓丽是密云县特种作物开发室室主任。她一直以来从事食用菌生产与开发工作，2007 年分配到特种作物开发室任室主任。特种作物开发室所担负的任务是全县特殊作物的开发、试验、示范、推广工作。她所接触到的作物种类具有特殊、栽培规模小、可用资源少、技术缺乏等特点。

　　2008 年，全县田间学校工作全面展开，她所在的作物开发室担负中全县中草药、食用菊花等多个项目的推广及技术服务工作。为加快产业发展，扩大种植规模，农民科技知识培训工作是重中之重。结合田间学校工作的开展以及公所需要，2008 年特种作物开发室在她的带领下开办了 4 所农民田间学校。当农民田间学校建立以后又一个难题摆在她面前，她从未接受过田间学校辅导员的培训，而且，对于中草药种植技术并不熟悉，生产经验几乎为零，在这种情况下她该如何开展培训呢？

　　她没有向困难低头，一方面她积极学习中草药种植的先进技术，多方面、多渠道收集中草药种植的实用技术，增强自身专业技术能力。另一方面，她积极主动学习、模仿其他辅导员的辅导技巧，学习田间学校的办学精神及办学理念，在短短的几周时间里，她就基本掌握了田间学校的培训模式。加之其自身的亲和力几位农民服务的热情，她现在已经完全可以独立完成田间学校的辅导工作，在她的耐心辅导下，太师屯镇前南台村的药材产业已初具规模，农民完全认可了药材种植产业。如今，在她的努力和鼓舞下，前南台村已建立起中药材合作社，全村共有 137户农民加入到药材联社中，入社率达 60%。

　　2008 年，由于全球金融危机的影响，中药材收购价格也受到波及，老百姓眼看一年的收成将化为泡影。她看在眼里、急在心中，她多方联系销售渠道，帮助前南台村联系到多个药材销售商，最终在河北省寻找到价格相对较高的销售商，在一定程度降低了农民损失，保护了前南台村刚刚发展起来的中药材产业。

案例 4-7

　　北京市农业局在 2009 年 4 月 10 日召开农业产业技术体系北京市创新团队启动大会。杜惠玲作为顺义区农科所的一名技术人员，担任崇国庄村田间学校工作站站长 2 年了，并同时负责崇国庄村西瓜农民田间学校、李桥镇吴庄村蔬菜农民田间学校和赵全营镇板桥村蔬菜农民田间学校的工作。2010 年全面开展创新团队工作，首先，认真完成 3 所农民田间学校的课程。全年培训活动共进行 36 次，其中农民专题讨论与辅导 24 次，团队建设及游戏活动 6 次，试验示范田实操与观察研究 6 次，知识水平测试 6 次，组织镇、村农民观摩交流 3 次，解决技术问题 6 个，推广或传播实用技术 3 项，新品种 6 个。每村培养村级科技示范户和土专家各 1 名。其次，是多次进行工作交流汇报，及时向综合试验站反馈农民对蔬菜生产、技术等方面的需求信息 2 篇，及时总结典型经验，上报工作动态十余次。然后是时时加强对示范户的选择与指导。崇国庄村主要种植模式为上茬西瓜，下茬番茄，每年困扰学员的是番茄品种的选择，对品种选择很慎重，但也很盲目，不知道种什么品种好，有的选道听途说的，有的选菜籽店推荐的，但总感觉心里没底。2010 年顺义区李遂镇崇国庄村田间学校工作站，积极开展各项工作，认真选定示范户开展果类蔬菜新品种示范工作。示范户孟庆春家大棚示范展示了有秋展 16、彩虹 3 号、天则 1 号、雅粉、618、硬粉 8 号和 868 共 7 个番茄品种。由于今年番茄黄化曲叶病毒病传播流行较快，他对番茄黄化曲叶病毒病的防治非常重视，年初对学员进行了番茄黄化曲叶病毒病专题培训，又分别在品种选择、培育壮苗、定植前准备及定植后的管理等各关键时期对学员进行栽培技术指导的同时，时时加强番茄黄化曲叶病毒病的防治技术指导，对示范户更是重点指导，并投入了黄板、新品种等物资，崇国庄村番茄黄化曲叶病毒病的发病率很低，只有零星发生，产量普遍提高。示范户孟庆春也成为崇国庄村的高产典型。孟庆春高兴地说："有科技护航，才有果红秧壮。"看着学员的笑脸，他也在创新团队的工作中享受着快乐。2011 年 9 月 25—30 日番茄观摩周活动中，各区综合试验站站长、育种与繁育研究室、病虫害防控研究室和经济评估岗位专家，首席专家办公室相关人员，顺义区综合试验站及田间学校工作站站长、部分科技示范户代表等，观摩了崇国庄村示范户的番茄示范品种。进一步扩大了番茄新品种的宣传推广，让更多的技术人员及农民从中获得实惠。

在农民田间学校，辅导员的角色是多重的，既是技术员，又是辅导员、协调员、信息员，他们对农民学员用"心"投入（包括课前准备、精心设计、积极实践、学习创新、总结提高）、用"心"感染（尊重、虚心、赋权、交心）、用"心"调动（要启发思维敏捷的、引导没经验的、调动有潜力的、发现有特点的、控制有副作用的，力争达到共同受益、共同提高的目的）、用"心"发掘（对学员细心、耐心、热心、专心、鼓励、弘扬）。在开办农民田间学校过程中，农技人员普遍提高了推广与培训的8种能力：调研与编写能力、沟通和协调能力、组织与调动能力、辅导与培养能力、学习与创新能力、评估与总结能力、汇报与宣传能力、运行与管理能力。据不完全统计，到2010年仅植保系统辅导员编写教材教案1 450多份，组织农民专题讨论1 580余次，开展田间试验960余次，组织团队建设活动840多次。辅导员的心理感受和评价是做一名称职的辅导员真苦、真累、真值！到2012年全市培养辅导员1 220名，培养出骨干辅导员153名。协助农业部管理干部学院举办全国辅导员师资班9期，培养了辅导员师资共543人。

（2）农民田间学校辅导员成为技术创新团队的骨干力量。基层农技员（辅导员）综合素质的提升不仅得到广大农民称赞，也得到不同层级领导和专家的认可。北京市现代农业产业技术体系生猪团队和果类蔬菜创新团队的聘用的农民田间学校工作站站长基本来自于各区县辅导员，成为下接农民地气、上接首席专家的重要纽带和桥梁。这些辅导员还在本地成为了示范县建设地方技术团队的技术专家、推广研究院。许多骨干辅导员还走上了单位的领导岗位，据不完全统计，顺义植保站辅导员赵世福、密云农业技术推广站辅导员吕健、大兴农业技术推广站辅导员哈雪娇、蔬菜技术站辅导员齐艳花、怀柔农业技术推广站辅导员池美娜等均担任了副站长，由一名普通的农业技术员迅速成长为推广队伍中的领军人。北京辅导员能力也得到农业部认可，经常受到农业部邀请去外省指导交流，如延庆县植保站谷培云多次到农业部师资班交流经验，她的教学课件发给各省参考办学；大兴区植保站贾素芬、昌平区畜牧技术推广站王凤山分别到农业部示范校和现场观摩会进行指导，王凤山总结编辑出版的柴蛋鸡教学案例还作为师资班培训资料，这些辅导员为推动全国农民田间学校建设做出了贡献。

（3）辅导员数量和质量逐步提高。高素质辅导员的数量对田间学校的推进起着至关重要的作用。因此，市里安排专门经费开展辅导员培养，使得辅导员数量能够与田间学校发展数量需求相匹配。从 2005—2010 年北京市农民田间学校辅导员数量变化情况来看，辅导员数量始终保持了较高的增速，基本能够满足农民田间学校发展的需要，尤其是 2005—2007 年辅导员的队伍建设成效显著，为日后田间学校的快速稳步推进提供了重要的人才和智力支撑（图 4 - 4）。

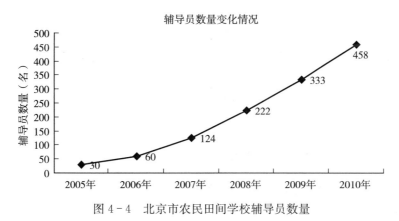

图 4 - 4　北京市农民田间学校辅导员数量

据统计，到 2012 年全市共培养新型职业农民"乡土专家"3 708 名，新型职业农民"示范户"13 295 名。

二、农民田间学校北京模式的影响

几年来，农民田间学校在京郊的实践与发展赢得了社会各界的广泛认可。中央电视台农业频道专门拍摄了五集系列宣传片《走进农民田间学校》，北京电视台公共频道连续两年对北京农民田间学校进行了 40 余期专题报导。市委宣传部委托第三方调查机构——北京市社情民意调查中心所开展的调查显示，农民田间学校被认为是最受农民欢迎的培训模式。京郊农民田间学校取得的显著成效引起了国内外各类机构领导和专家的高度重视，得到了联合国粮农组织、加拿大驻中国项目办、全球环境基金、亚太地区 30 多个国家农业部的官员和专家的高度评价，均认为相关水平国际领先。中国科协、农业部，以及市委、市政府领导也给予了充分肯定。同时，农业部委托北京市组成专门专家组，为 29 个省区培养辅导员 183 名，为农民田间学校在多个省区推广提供了师资保障。

（一）北京农民田间学校系列专题片

为了扩大农民田间学校的影响力，联合北京市委宣传部，结合"三下乡"活动，以"城乡对接"为主题，展开农民田间学校办学效果的宣传。北京电视台公共频道从 2010 年 1 月 11 日至 30 日播出 9 部农民田间学校实用技术的电视片，突出推介农民田间学校生产的安全农产品，突出促进优质农产品的城乡对接。CCTV - 7 科技苑栏目播放了北京农民田间学校的《治疗转圈羊》《叶子为何焦了边》《猪妈妈坐月子》等 5 集系列片，深入浅出地讲解农民身边发现的问题以及解决的科学途径。系列电视节目的先后播出，农民反映强烈，通过对 313 个村 3 386 名农民调查反馈，95.7％的农民认为农民田间学校这种形式很好，能学到技术，对解决生产问题有启发，渴望自己村也能开办这样的学校。

（二）北京模式的国内影响

1. 北京模式得到了各级领导的关注

（1）农民生产需求调研得到了政府的关注。2006 年农民生产需求调研的 7 个方面问题的发现及 9 个方面的举措，作为政府"昨日市情"第 78 期特刊，作为市科委"科技创新动态"第 3 期，受到市领导的关注和批示。北京市王岐山市长三次批示，2007 年 8 月 10 日批示要针对"所提出的需求和建议，找有关部门一起研究如何加强科技兴农的工作力度"，2007 年 9 月 24 日批示"此报告很好，有待实践中不断探索，更重要的是落实"，2007 年 12 月 2 日又批示"组织有关部门加强对农民农村科技需求的深入了解和综合工作"；赵凤桐、牛有成副市长也分别批示要"逐条研究落实方案及其具体措施"，并要"专题研究"。

（2）北京农民田间学校开办效果得到政府的肯定。2010 年 6 月 11 日北京市委书记刘淇调研昌平区南口镇李庄村基层党组织建设时观摩了该村百合花卉农民田间学校，指出这是一个很好的形式，希望通过田间学校的举办，使农业科技水平不断提高，农民富裕起来。2010 年 8 月 25 日，又在《政务交流》第 7 期"让农民成为主体，让科技扎根京郊，本市大力发展农民田间学校取得明显成效"上批示：把"农民田间学校"的做法在全市各区县推广，扩大普及，实现学习型农村的目标。2006 年 11 月 8 日，北京市领导、主管农业的牛有成常委观摩了昌平区兴寿镇麦庄村有机草莓和百善镇肉羊农民田间学校，指出农民田间学校调动农民主体已破题，要总结经验，加快推广。

（3）北京农民田间学校受到农业部领导高度评价。2010年4月29日农业部张桃林副部长在调研北京都市型现代农业时观摩了大兴区青云店镇大谷店村蔬菜农民田间学校现场教学并给予高度评价，并要求将北京农民田间学校建设的经验向全国推广。2006年12月19日，大兴区农民田间学校学员参加了中国科协、农业部等15部委组织的"全国农民素质论坛"，并向领导表演了反映农民田间学校培训特点和个人学习感受的三句半——《农民田间学校进大棚》，受到了中国科协书记处第一书记邓楠、农业部副部长魏朝安、全国政协常委洪绂曾、中国科协书记处书记程东红等领导亲切接见，给予高度评价和肯定。

2. 农民田间学校北京模式在全国推广

农业部相关部门多次组织全国基层农技推广单位观摩北京市农民田间学校。2010年，农业部科教司分别在2月、6月两次组织省级科教系统管理部门人员交流和观摩北京农民田间学校，并要求各省引进农民田间学校北京模式，结合基层农技人员知识更新和新型农民培训任务，用参与式培训方法培训技术辅导员，每个示范县开办一个农民田间学校，探索加快科技成果"最后一公里"问题的解决的新途径。自2009年以来，农业部管理干部学院组织开办农业部农民田间学校辅导员师资培训班9期，培训543人。2010年，农业部科教司根据《基层农技推广体系改革与建设示范县项目实施指导意见》提出要求，每个示范县围绕区域主导产业，探索开办1所农民田间学校。成立了全国农民田间学校专家指导小组，以指导全国农技推广改革与建设示范县开办农民田间学校，促进参与式农技推广方法在全国推广，加快科技成果"最后一公里"问题的解决。2011年，农业部启动50所农民田间学校示范校。青海、宁夏、重庆、内蒙古、上海、天津、福建、云南等省市，分别举办了辅导员培训班和探索政府推动下的农民田间学校建设。仅重庆就举办了10期农民田间学校辅导员师资培训班，学员达560余人，开办了100所农民田间学校。据不完全统计，全国开办农民田间学校4 000多所。农民田间学校北京模式就像星星之火一样燎原全国各地。

2013年8月，为表彰北京农民田间学校为农业技术推广和农民培训创新作出的贡献，北京农民田间学校以"农民田间学校北京模式的建立与发展"为题,获得了农业部颁发的全国农牧渔业丰收奖。2015 年,农民田间学校北京模式又凭"北京农民田间学校培训模式"被农业部推荐为新型职业农民培育模式之一。

(三) 北京模式的国际影响

2010 年 9 月 12 日至 16 日,联合国塔吉克斯坦项目负责人帕娅女士,率领塔吉克斯坦国家农业部及北部地区农民田间学校协调员和辅导员等 7 人,分别到密云太师屯镇太师庄村蔬菜农民田间学校、昌平区崔村镇真顺村苹果农民田间学校、延庆县康庄镇小丰营村设施蔬菜农民田间学校进行观摩与交流,学习北京经验与模式观摩。2007 年 8 月 30 日第 24 届亚太植保大会召开期间,FAO(联合国粮农组织)植保局局长 Peter 及亚太国家、美国、日本等30 多个国家的 100 多名农业部官员观摩顺义蔬菜农民田间学校时给予了高度评价,国际农民田间学校创始人——FAO 植保局局长 Peter 赞扬了北京农民田间学校的创新性工作,指出 FAO 将把北京的经验带到世界各国。

2007 年 10 月 25 日,农业部国际合作司安排来自美国加州大学昆虫学教授 Frank Zalom、美国康奈尔大学的昆虫学教授兼试验站站长 Michael Hoffmann、病理学教授兼推广站站长 Helen Dillard、美国宾夕法尼亚州立大学昆虫学教授 Edward Rajotte 和华盛顿州立大学病虫害综合防治副教授组成的"美国病虫害综合防治推广方法考察团"专程来观摩北京农民田间学校,给予了高度评价。认为农民田间学校通过动手参与试验实践学习,使农民掌握有害生物综合控制技术并培养食品安全意识,对保障食品安全有重要意义。中加农业发展项目、亚行项目、中德项目、FAO 项目、美国有害生物防治与农业技术推广考察团等先后考察北京的经验和做法,给予了高度好评。

联合国粮农组织 2008 年 8 月在广西"中国 FAO-PRR 项目 TOT 毕业典礼暨农民田间学校现场观摩"会议上也对北京政府推动农民田间学校给予了高度评价,指出这是政府加强农村农民和技术人员能力建设的典范。

三、存在的问题与取得的经验

(一) 存在的问题

农民田间学校的开办,打破了传统的"填鸭式"培训,激发了农民学习的热情,同时也激发了管理者、培训者的热情。同时,在全面推进新型培训与培养新型农民过程中，也发现一些问题。

1. 部门领导比较重视，但尚未形成合力

由于农民田间学校建设是围绕地区主导和特色产业、一村一品产业建设，重点是培养职业新型农民，传播先进、实用的综合性新技术、新产品，公益性比较强，横向上涉及农业、财政、科委、种植、养殖和林业等多部门、多行业，纵向上设计市、区县、乡镇和村。目前各级管理部门和主管领导对开办农民田间学校的重要意义已经形成共识，十分重视农民能力培养。如通州区农业行政和技术主管部门以及乡镇、村的相关人员对农民田间学校都有了比较全面的认识，对村（场）开办学校取得的成效和发挥的作用都给予了充分的肯定，每所学校的开学典礼和结业典礼等重要活动日都有领导参加。区委党校还组织党员领导干部到农民田间学校进行观摩，学习参与式农民培训方式方法。但是，不同区县的各层级领导对工作重视程度不一，特别是有的区县行业主管部门多，各自为政，缺乏有效沟通，很难形成培养和培训农民的合力，出现有钱就都管，没钱就不管，建设轰轰烈烈，管理断断续续，监督指导缺少连贯性，缺乏有效的激励机制。应进一步强化区县部门协调小组工作力度，明确主管理部门和专人负责，加强沟通与交流，统一步骤，形成合力。

2. 学校数量指标基本完成，但质量性指标还存在一定差距

在利好政策支持下，各区县政府重视农民田间学校建设，建校数量快速增加，基本完成了规定的学校建设数量指标，但质量性指标还存在一定差距，出现重数量轻质量的现象。有的区县盲目追求办校数量，导致区县辅导员培养的数量与田间学校建设数量不匹配，有些技术员还没有经过辅导员师资培训，不掌握参与式培训方法，到田间学校仍采用传统的"填鸭式"上大课的方法培训农民。个别学校程序不规范，材料不完整。课件仍主要为技术资料，缺乏对农民培训需求的考虑。为确保农民田间学校办学效果，树立良好的品牌效应，必须重视和保证办学质量。依据《农民培训需求调研指南》和《农民田间学校建设指导》手册，规范调研方法和调研程序，规范辅导员选拔与培养程序，规范田间学校开办程序，规范活动日活动程序。建立公开公示、定期检查与观摩、季度年度报告与交流、档案管理等"四项制度"。定期召开"三会"，即问题会、交流会和总结会，通过"三会"达到宏观问题及时排查、具体问题准确"靶位"、采取措施有的放矢。坚持办校标准，将需求调研、课程系统计划、活动日次数、培训时数、档案管理和"六个一"标准等要求列入硬指标，以规范硬指标来促进软指标的提升。在监督管理体系建设中，保证学校建设质量，规范活动形式，防止办校走样或流于形式，合力推进地区农民田间学校健康发展。

3. 缺少专职且经验丰富的辅导员

面对农民田间学校的快速发展，辅导员明显不足，特别突出的是缺少专职、经验丰富的辅导员。目前农民田间学校的辅导员大部分是兼职，既要做技术推广、又要完成上级部门下达的各项任务，很少专职做培训工作。当实施项目与培训有冲突时，首先保障的是项目，而不是农民的培训，这与当前技术推广行政化和项目化的机制有关，培养农民和教育农民并未列入推广的主要职能。为解决这一问题，有的区县发挥年轻专业技术人员现代工具和方法使用熟练的优势，搭配有高级职称、专业技术扎实、业务经验丰富、综合能力强的辅导员，以老带新，互相借力，提高参与式培训水平和办学质量。拓宽辅导员培养渠道，在充分利用推广人员基础上，发现和培养来自于企业、协会、合作社、农村一线的优秀人才，尽可能吸纳农村的"土专家""田秀才""种植、养殖高手"等到辅导员队伍中，建立一支多元化、多层次的辅导员队伍。既解决辅导员少的问题，又可以拉近农民与辅导员的距离。

4. 辅导员综合素质仍有待提高

督导中发现一些技术指导员缺少参与式、启发式的教学方法的培训，自身设计课件和参与式教学教案能力不足，组织学员参与互动教学技巧缺乏。在培训内容和方式上，存在"三重三轻"的问题，即重讲授轻交流，辅导员讲解时间过多，学员小组讨论、交流时间较少，在收集农民问题时，缺少与农民共同讨论与归纳问题、分析和点评；重理论轻实操，讲授理论知识多，而示范田操作或演示性试验等实操活动偏少；重语言轻工具，辅导员只顾个人台上讲课，往往滔滔不绝，而运用大白纸、实物、样本、模型、图片等可视化工具少，缺少与农民互动。不能做到理论与实践、田间与课堂、传授与共享的有机结合，失去了农民田间学校的应有特色，影响培训效果和教学质量。辅导员是办好农民田间学校的关键，要尽快提高辅导员综合素质，包括专业技能、语言表达、归纳总结、聆听等方面的能力。加大辅导员培训力度，保证培训时间、落实培训内容，组织各区县能力水平高的辅导员进行提高培训，让他们作为本区县田间学校的骨干辅导员和辅导员师资。加强辅导员业务"充电"，扩大知识面，提高调查研究、分析归纳、文字编写、微机操作和档案管理等方面的能力。强化辅导员之间观摩交流，在交流与共享中提升组织与调动、发现与总结、辅导与培养、引导和启发等方面的能力。强化辅导员责任心，建立辅导员负责制，努力引导和鼓励辅导员探索科学实用的培训方法和技巧。建立长效的激励机制，鼓励技术人员主动承担农民田间学校工作，制订辅导员绩效考核制度，考核结果要与评优、职称和岗位聘任相结合。

5. 农民田间学校对产前和产后的培训相对薄弱，社会化办学新机制与新模式有待完善

目前，农民田间学校的培训内容以农业生产的产中技术需求为主。但农业生产的综合效益受产前、产中和产后多个环节影响，而农民田间学校对产前和产后的培训相对薄弱。农民迫切希望获得产前、产中及产后全方位的培训，希望社会化服务能与田间学校结合，缓解农民生产与市场的对接的难题。在此方面，通州区政府进行了积极的探索。依托行业职能单位，调动有积极性的龙头企业、行业协会、合作社到生产基地开办农民田间学校，创立了校企、校协和协社等互动办校机制，取得了很好的成效，总结了不少成功的经验，如万全养殖场田间学校和金展旺养殖场田间学校就是其中的典型。培训辅导员均来自合作社领头人，培训和讨论内容包括养殖技术、饲料采购、生猪屠宰与销售等生产链条上多个环节，深受农民欢迎。农民辅导员开办农民田间学校，对于农民自身能力的提高和政府培养新型农民都是一种挑战。农民辅导员在组织农民学员参加学习活动、讨论交流与经验分享等方面，具有乡情、乡音和乡人缘等方面的优势。但由于农民辅导员自身条件的限制，在培养学员综合素质等方面存在较大的困难和局限性。因此，对于农民辅导员领办农民田间学校模式，项目承担单位要给予更多的关注，在经费、技术和政策上给予更多的支持，必要时指派有经验的辅导员帮助他们组织活动，引导他们规范办校。对有先进实用的核心技术和产品的企业愿意领办农民田间学校，也要积极鼓励与引导，开展优质优价的生产资料、农产品的统购统销，拓展农民田间学校的服务功能。加强农民田间学校开办与各类产业项目和科技项目相结合，将农民田间学校建成人力、物力和财力的集结点，使企业发展校企、校协、校社和校场等办校模式。

（二）北京模式的成功经验

1. 各级领导重视，列为"一把手"工程，是加快农民田间学校建设的前提条件

新型职业农民的培育是一把手工程，领导重视才能通过制度、政策和绩效考核来鼓励和激励，否则，培育工作将流于形式。各层级的主管领导重点抓，加强组织与管理，制定相关管理办法和制度，是办好农民田间学校的重要保障。单位领导重视，可在财力、物力、奖励和时间等各方面给予大力的支持，可有效促进各项考核指标的落实。如昌平区成立了以区农委主任李德海为组长，由区科委、财政、农业服务中心、林业局等部门主要负责人为成员的管理协调小组，下设办公室，设在区农委科教科。农委主管领导重视，管理得力，协调区财政、科委联合发布了《关于昌平区加强农民田间学校建设的管理意见》，结合昌平区"一花三果"的产业发展规划，区领导协调小组，组织管理、资金匹配和监督检查等方面开展了大量细致的工作，制定了优秀辅导员评选办法和方案，举办了专题工作会议 8 次。

对区农民田间学校的规范化、高效化开展起到了保障作用。房山区畜牧局制定出台了《房山区畜牧农民田间学校培训实施方案》《房山区畜牧农民田间学校辅导员管理办法》和《农民田间学校承办单位管理办法》。下发到各个承办单位和辅导员的手中，对照方案和办法，瞄准目标，围绕产业、立足农村，大胆创新，完成各项任务。如平谷区畜牧局制订了《平谷区畜牧农民田间学校辅导员管理办法》《平谷区畜牧田间学校实施方案》《平谷区畜牧农民田间学校建设标准》《平谷区畜牧农民田间学校考核标准》等管理制度，明确工作重点、工作职责、进度安排、评估与考核等内容。如通州区委党校组织全区党员干部到北四堤农民辅导员赵万全开办的生猪农民田间学校进行观摩，使各级领导、主管部门、职能部门，以及乡镇、村的相关人员对农民田间学校都有了比较全面的认识，对农民参与式培训的成效和发挥的作用都给予了充分的肯定，每所学校的开学典礼和结业典礼等重要活动日都有领导参加，有效促进了通州区农民田间学校各项工作的开展。

2. 量化绩效考核，建立奖励激励制度，是激发技术人员深入农村，加快科技成果转化的有效途径

将辅导员进村办学校、培育新型农民等工作与单位和个人业绩及绩效考核挂钩，可调动各级辅导员和技术人员深入基层开班田间学校热情，高质量完成办学任务，促进先进、实用的技术与产品落地。如平谷区农业局与疫控中心和各派出机构建立绩效考评机制，将农民田间学校建设工作纳入系统"五好单位"考核范畴，针对田间学校建设内容，本着"计划性、针对性和有效性"的原则对开展农民需求调研、组织农民活动日、试验示范及推广、信息报送、资金使用、档案管理等重点环节制定了具体、明确的工作标准。

通过标准的制定明确工作任务和具体的工作要求及所需达到的标准。通过工作考评，与年终奖励挂钩，激发了干部职工深入农村、为农民服务的积极性。如大兴区畜牧监督局落实了辅导员的补贴制度，激励了辅导员的工作积极性。延庆、昌平、密云、房山、通州、大兴等区都制定了多种鼓励机制和奖励措施，农民田间学校辅导员在专业技术职称评定时优先推荐并加分，以调动广大辅导员的工作热情。此外，密云区对优秀的农民学员优先推荐参加农民技术职称评定，并在绿色证书、农产品经济人的考试评审中给予一定的加分。按照辐射带动作用和专业技能水平，个别辅导员可以实现越级进行专业技术职称评定。

3. 配备高素质的、专职或兼职辅导员是成功开办农民田间学校的关键

辅导员必须掌握参与式、互动式教学方法和工具，具有一定的生产实践经验和技能，具有较强敬业精神、服务意识，熟悉当地农情、地情和民情。以农民生产的实际问题为辅导内容，自己动手调查、分析、制作课件。有能力组织农民、调动农民，激发农民自主获取新知识的原动力和创造力，提升农民在农业生产中的"自理"能力，增强农民发展生产的信心。

如延庆延庆县动监局、种植业服务中心对农民田间学校的管理工作高度重视，设专职辅导员岗位，选择有强烈责任心和责任感、有吃苦耐劳、有敬业精神、有丰富实践经验和较强的专业技术的高级农艺师专门牵头组织技术团队，使辅导员能够用全部工作时间和精力，深入基层农村，开展农民需求调研，根据农民需求组织农民学习活动日，由于辅导员专心、用心、细心、耐心，进村入户用通俗易懂的语言与农民交朋友，尊重学员，使农民田间学校开办的基本程序落实到位，37 所学校全部在村建立了技术指导小组，学校 100％开展了需求调研，并有问题分析表、培训系统计划、年度总结和BBT 测试等。密云辅导员队伍专职化比例也较高，密云县辅导员 44 名，其中专职辅导员 15 人，专职化比例达到 34％，为密云县农民田间学校高质量开办提供了人才保障。如房山区农业局共有辅导员 53 人，其中畜牧 38 人，种植 9 人，水产 6 人，专职辅导员占全区辅导员的 13％。为提高辅导员自身业务水平，采用多种形式对辅导员进行培训。一是开展辅导员自我培训，组织辅导员结合课堂教学与农民问题反馈，总结经验与教训，达到自我分析、自我学习、自我提高。通过自培自训，营造"工作学习化，学习工作化"的工作氛围，促进职工将学习变为一种习惯、一种自觉的行动，促进业务能力、思考能力、语言表达能力与沟通能力的提高。二是不定期组织召开辅导员座谈会，组织本区和跨区辅导员之间交流，增强辅导员的专业技术和知识，如组织辅导员到大兴植保站贾淑芬辅导员开办的农民田间学校进行观摩交流和学习，查找差距，增进了辅导员之间的交流，提高了辅导员整体工作水平。三是借助首都科技资源优势，聘请了大专院校和科研院所的专家教授为辅导员讲授当前热点、难点问题，使他们的业务水平有一个质的飞跃。开阔了辅导员视野，同时丰富了课堂内容，受到了学员的欢迎和好评。

4. 办学内容与各类产业和科技项目结合，是加快科技成果的落地，促进产业的有效措施

如大兴区农委围绕九大农业主导产业设施农业产业带，与区"科技助农工程""科技入户""新型农民培养"以及"新型农药与药械补贴"等项目相结合，开办农民田间学校，服务大兴主导产业发展。怀柔区农委结合本区主导产业发展，将当前各行业承担的科技入户、蔬菜节水、玉米制种、京承都市型现代农业走廊建设、鹿人工授精、新品种推广等项目与农民田间学校办学内容紧密结合，基本覆盖了各学校。顺义区植保站将农民田间学校开办紧密结合各县试验示范推广项目结合，如甜玉米化学除草示范、赤眼蜂防治玉米螟示范、新药剂防治烟粉虱示范、高毒农药替代防治豇豆豆荚螟试验等，均落户到农民田间学校学员的田间，使学员既是试验的参与者，成果的享受者，也是技术的推广带动者，提高了推广效率和效果。密云区种植业开办的农民田间学校与测土配方施肥、科技入户项目相结合，采取技物结合的形式，为农民提供配方肥、生物有机肥，使农民从理论到实践，深刻领会技术要领，并达到应用新产品、新技术的目的。生猪田间学校与粪污治理项目紧密结合，养殖户全部推广使用化粪池、沼气治理技术，养殖场的面貌和卫生防疫等得到了较大改善。把培训内容与科技项目紧密结合，丰富了授课内容，增加了课堂趣味，提高了生产指导，促进了科技项目的有效落实，起到了互助、互补、共进的作用。

5. 建立农民组织，创新办学模式，是不断提高办学效果可持续性的保证

通州区积极依托政府行业职能单位、龙头企业、行业协会、合作社和生产基地开办农民田间学校，创立了校企、校协和协社等互动办校机制，取得了很好的成效，总结了不少成功的经验，如农民辅导员赵万全领办的万全养殖场农民田间学校和农民辅导员张红英领办的金展旺养殖场农民田间学校，贴近农民、贴近农村，深受当地农民欢迎。昌平区利用协会、合作社、公司等已有的组织平台，开办畜牧业农民田间学校，对农民开展技术与技能培训，解决了农村养殖协会和合作社等发展过程的缺少技术的问题，提高了农民成员的综合素质。在农民田间学校开办过程中，辅导员王凤山引导长陵镇辛庄村成立了柴蛋鸡养殖合作社，注册了商标和品牌，定制了统一包装，后来又在合作社的基础上成立了昌平区柴蛋鸡养殖协会。怀柔在长哨营乡榆树湾村和喇叭沟门乡东岔村与乡养殖业协会结合，开办肉鸡养殖业农民田间学校；在渤海镇田仙峪村，与区冷水鱼养殖专业合作社结合，开办冷水鱼农民田间学校；与北京凯特威鹿业养殖技术开发中心（北京绿神鹿业养殖有限责任公司）结合开办鹿产业农民田间学校。大兴区养殖农民田间学校与大北农等企业结合办校，并探索与镇成人学校相结合培训农民的办校模式。顺义区植保站农民田间学校在选择开办地点中，根据本地区农民合作组织相应的技术需求，把依托农民合作组织办学的方式列为培训方向和重点，并成功开办，取得良好效果。如绿奥合作社、康一品合作社、顺忻祥荣韭菜合作社，通过农民田间学校的开办，凝聚力、技术普及率很快得到大幅度提升。

6. 建立辅导员定期交流和互相学习机制，是不断提高办学水平的很好方法

通州动物监督管理局定期对畜牧业农民田间学校开办情况、进展情况进行检查和督促。管理小组成员每月去农民田间学校听课一次，及时了解发现和解决问题。目前，已进行检查3次，组织观摩2次。组织辅导员和养殖场厂长到养殖生产搞得好的万全生猪养殖场、金展旺生猪养殖场观摩学习，交流先进的管理经验。组织辅导员交流培训会，请优秀辅导员讲课，并示范如何做好一名称职的辅导员。房山区主管副局长付凤生局重视辅导员管理，组织主管科室人员每月到本区各学校的农民活动日检查一次，针对活动日存在的问题，比如发现辅导员某些养殖技术准备不足、点评辅导不到位，就及时提出问题并指导解决，便于学员活动后操作。动监局多次组织辅导员经验交流与观摩，辅导员之间相互学习，取长补短，通过交流与观摩，发现农民的培训需求在不断变化，要求各学校根据农民需求调整培训内容，制定了新的课程表，真正体现了"以农民为中心、尊重农民意愿，突出以农民为本，解决农民生产实际需求"的办校宗旨。种植中心，邀请大兴区植保站副站长（推广研究员、辅导员）张桂娟和昌平植保站田间学校辅导员陈海明为农民田间学校学员讲授了西瓜和草莓的植保综合防治专题知识，受到了学员的欢迎和好评。紧密结合产业发展和农民的需求，组织100余名辅导员和学员到山东省寿光市蔬菜高科技示范园观摩学习。参加专题技术培训并观摩示范园下设的科研开发、工厂化育苗、组织培养、无土栽培、示范种植、保鲜加工、市场销售及科普教育 8 个小区，观摩学习后，辅导员和学员反映收获很大，学到了先进的种植经验和技术，开拓了眼界，创新了思维。

7. 以解决问题为切入点，有针对性地开展田间实操试验是提升学员实践技能和农产品安全意识的重要手段

试验或示范田是新产品、新技术、新品种展示的重要基地，是农民实操、实践科学思想、科学知识、科学技术的重要载体，是非正规成人教育重要手段，没有试验示范田，很难完成参与式教学任务与目标。农民田间学校要培养农民自我发现问题、自我分析问题和自我解决问题的能力。因此，每一所学校都要建立一块试验示范田，在辅导员的指导下开展试验示范。通过农民田间实践，解决生产上的技术问题问题；通过讨论，明确学员间的一些比较有争议的生产管理措施；展示、扩大新品种、新技术、新产品应用效果；培养和提高农民观察、发现和分析问题能力。

比如北京市植保系统在 9 个区县开办了 170 所农民田间学校，建立了 420 个试验示范田，开展新技术、新产品试验活动 1 030 余次。辅导员根据技术种类的不同，指导农民开展了 3 类实操试验。一是演示性试验，主要让农民掌握成熟的技术，如植物导管试验、小菜蛾生活史昆虫园演示实验、自制黄板诱杀白粉虱演示、丝润（展着剂）效果演示实验、精准施药演示实验等，直观形象的演示，更有利于农民理解、接受和掌握；二是示范性试验（适应性试验），选择已经成熟的先进实用技术，围绕农民生产突出的难点技术问题，在本地 7 种主要作物中，开展了 26 项单项技术效果试验，如防治番茄根结线虫病高毒农药替代技术、菇类蛋白多糖防治番茄病毒病技术、生物制剂多抗霉素防治黄瓜白粉病技术、防治菜青虫和小菜蛾生物农药筛选、土壤生物熏蒸消毒防治土传病害技术、防治韭蛆高毒农药替代技术等，有效解决了成熟技术的推广应用；三是安排少量探索性试验研究。重点针对生产中新发现的疑难杂症，尚没有成熟技术解决的难点问题，展开的探索性试验，如甘蓝抗枯萎病品种筛选试验、草莓未知根腐病防治技术试验等。通过农民参与田间观察直观地辨认病虫特征、总结发生规律、掌握防治方法，大大提高了绿色生态植保技术推广到位率，提升了学员专业实践技能和农产品安全意识。

8. 模式成功复制的关键点

政策与管理是保障：新型职业农民的培育是一把手工程，领导重视才能通过制度、政策和绩效考核来鼓励和激励，否则，培育工作将流于形式。抓管理、抓质量是能否将培育工作可持续发展的关键。

规模化和集约化产业发展是基础：没有一村（镇）一品的规模化产业发展，就很难进村（镇）开办农民田间学校。因此，开办学校地点选择，要以产业规模化、集约化村或镇为重点。

辅导员是农民田间学校成功开办的关键。辅导员（师资）必须掌握参与式、互动式教学方法和工具，具有一定的生产实践经验和技能，以农民在生产中的实际问题为辅导内容，自己动手调查、分析、制作课件，推荐的产品和技术要通过农民田间实践检验，让农民自身在实践活动中形成对技术和产品的认可，逐步提升新型职业农民的创造性。

农民试验或示范田是农民田间学校有效培育新型农民的必要条件。试验或示范田是新产品、新技术、新品种展示的重要基地，是农民实操、实践科学思想、科学知识、科学技术的重要载体，是非正规成人教育重要手段，没有试验示范田，很难完成参与式教学任务。

附录1 农民田间学校的影响研究

农民田间学校的影响研究
——以北京市大棚番茄田间学校为例

胡瑞法[1]　肖长坤[2]　蔡金阳[1]　项诚[1]　张涛[2]

（1 中国科学院地理科学与资源研究所农业政策研究中心
2 北京市农业局植保站）

一、研究背景

农业科技进步日新月异，如何将农业科技更有效地传播给农户是我国农业技术推广面临的巨大挑战之一。农民田间学校由于重视以农民参与为主的技术扩散和传播形式，成为自 20 世纪 90 年代以来被学术界广泛推崇的技术扩散方式。世界银行、联合国粮农组织等投入了大量经费推广了农民田间学校这一技术扩散和传播方式（Potinus，2002；Potinus，et al.，2002；Van，Cahyana，2004；Van，Janice，2007；Braun，Graham T.，2000；Braun，2006；Paredes，2001；Simpson，Owens，2002）。

国际经验表明农民田间学校发展早期的投入成本较高，在发展中国家并没有得到广泛推广。现有对其他发展中国家农民田间学校研究表明，针对农民辅导员的培训非常成功，但是农民辅导员把农业技术推广给农户呈现出较强的地域性和差异性，因此农民田间学校在其他发展中国家没有得到全国性的应用（Atkin，Leisinger，2000；Rola，Jamias，2002；Feder，et. al.，2003）。

我国自 20 世纪 90 年代开始，也分别在水稻、小麦、玉米、棉花和蔬菜等作物尝试举办多农民田间学校。一些农民田间学校曾在国际上引起了较大的影响，成为当时一些发展中国家作为经验推广的农业技术扩散和传播方式。尤其以水稻和棉花病虫害综合防治技术（IPM）开展的农民田间学校，在 20 世纪 90 年代曾成为东南亚、非洲及拉丁美洲一些国家学习的典范（夏敬源，2003）。

值得注意的是，过去我国农民田间学校的成功多仅在项目执行期间。到目前为止，主要作物的农民田间学校均停滞活动或者活动很少，仅北京市举办的大棚蔬菜生产农民田间学校是个例外。北京市政府将农民田间学校建设作为创新基层农技推广机制的重要内容写入政府文件，并建立了市农委、科委、财政、农业四委局联动机制和市、区县、乡镇、村四级技术支撑联动机制，围绕都市型现代农业的发展，自 2005 年开始针对郊区蔬菜、瓜果、草莓、食用菌、鲜食玉米、粮繁制种、甘薯、生猪、奶牛、肉羊、肉禽、鱼等 17 个主导产业开办了农民田间学校。北京市农民田间学校培养的农民已经成为当地科技示范户、科技带头人、起到了很好的"传、帮、带"作用。

农民田间学校是在技术人员的辅导下，组织农民开展生产经验交流并找出"最好"的生产经验并相互分享，实现"最佳"生产管理过程的技术推广方式。该方式强调"以人为本、能力为先"，强调以农民为中心，通过参与式的经验交流与相互学习，提高农民的自信心和科学决策能力。

北京市的农民田间学校除保留以上特征外，特别强调了政府的参与。市农业局制定了特别的农民田间学校辅导员培训计划和激励机制，并投入大量的经费用于资助这些辅导员做好对农民田间学校的技术指导与辅导工作。政府的主导有力地推动了农民田间学校的发展。

然而，北京市农民田间学校的发展对参加该学校活动农民的影响到底如何？目前尚缺乏足够的研究。为此，本研究以大棚番茄农民田间学校为例，采用随机抽样的方法，通过对现有北京市开办农民田间学校的村的农民生产情况进行调查，并采用计量经济学分析方法，在通过控制农户特征等非政策性变量的基础上，得到真实反映农民田间学校效果的评估结果。

二、研究目标与研究内容

本研究的总目标是在深入调查北京市农民田间学校农民生产情况的基础上，以植保番茄大棚蔬菜农民田间学校为例，研究农民田间学校对农民生产知识、技能及投入产出的影响；在此基础上，发现目前北京市农民田间学校所存在的问题；并据此提出未来农民田间学校发展的政策建议。

为完成上述研究目标，本研究将就以下内容开展研究：

（1）农民田间学校学员大棚生产知识与技能的影响：

a）生产知识：对调查农户有关大棚生产管理知识和技术认知进行考试。

b）生产技能：分别调查农户大棚生产的施肥技术、灌溉技术和农药施用技术等技能。

（2）农民大棚番茄生产投入、产出的影响：

a）投入：大棚生产的各种投入，包括劳动、化肥、农药、机械等。

b）产出：主要是产量。

c）价格及销售情况。

（3）农民大棚番茄市场参与的影响：

a）产品质量。

b）产品价格。

c）商品率。

d）收入。

（4）农民食品安全生产和环境意识的影响：农民的化肥、农药施肥意识。

三、研究数据

本研究采用随机抽样方法，对密云、大兴、顺义和通州四个区（县）的植保大棚番茄生产专业村进行了调查。在所调查的县分别随机选择两个农民田间学校村和非田间学校村进行调查。在调查时如果所抽取的农民田间学校样本村学员户超过 20 个，随机选择 20 户，否则全部调查；同时，为了比较学员户与非学员户间的差异，在所选择的田间学校样本村也随机抽取非学员户 20 户（对照Ⅰ）进行调查，如果非学员户少于 20 户，则全部调查。另外，考虑到同一个村学员户与非学员户间存在着技术信息的扩散现象，我们在调查时，分别在农民田间学校样本村的附近选择出与该样本村基本情况类似的非田间学校作为对照村（对照Ⅱ）进行调查。同样在这些样本村分别选择 20 个种植大棚番茄的农户作为样本农户进行调查（如果种植大棚番茄的农户少于 20 户，则全部调查）。对所抽取的样本户，如果种植的品种大于两个，随机抽取两个品种（或大棚）进行调查；否则调查一个品种（或大棚）进行生产情况的调查。

本次研究共调查了 16 个村的 365 户 435 个地块（品种）。其中农民田间学校村，共调查了 8 个村的 233 个农户，279 个地块（品种），包括 167 个学员户的 200 个地块和 66 个非学员户的 79 个地块（对照农户Ⅰ）；非农民田间学校村，共调查了 8 个村的 132 个农户，156 个地块（对照农户Ⅱ）。所调查的样本村覆盖所调查区（县）90％以上成规模大棚番茄生产专业村。

调查样本的基本情况如附表 1-1 所示。由附表 1-1 看到，除田间学校样本村非学员户的人均固定资产和种植大棚番茄年龄低于学员户外，其余农户特征三组样本间几乎没有差异。表明本次调查的样本选择具有较强的代表性。而田间学校村非学员户比学员户间的人均固定资产和种植大棚年龄要小，这可能与所调查样本村在田间学校学员的选择上存在一定的误差有关。但这并不影响本研究对田间学校学员和非田间学校村农户大棚生产的对比。

调查内容除上述农户特征变量外，还包括是否参加过培训（包括农民田间学校培训和其他各种类型的培训），大棚番茄生产知识与管理技能，农户生产投入与产出等。

附表 1-1　北京市农民田间学校大棚番茄生产情况调查样本基本情况

	田间学校村学员户	田间学校村非学员户	非田间学校村农户
样本户数	167	66	132
家庭人口（人）	3.8	4.0	3.5
户主年龄（岁）	48.3	48.7	51.5
户主受教育年龄（岁）	8.7	8.5	8.5
户主务农时间比例（％）	94.6	92.1	98.1
非农劳动力比例	0.4	0.5	0.4
人均固定资产（万元）	10.2	8.7	13.6
种植大棚番茄年龄（年）	10.2	8.7	10.5

资料来源：作者调查。

四、研究结果

（一）描述性分析

（1）农民田间学校学员的大棚番茄生产知识和技能高于非田间学校学员。本研究分别对所调查农民的大棚番茄生产的植保知识和技能进行了考试。其中生产知识和技能分别有 10 道考试题。这些考试题主要从与农民大棚生产密切相关的知识与技能方面考察，避免过多涉及培训方面的知识。结果发现（附图 1-1，附图 1-2），农民田间学校学员平均比同村非学员的农业生产知识与技能高 1.5 分，比对照村农户高 2.2 分。若以百分比计算，则农民田间学校学员的大棚番茄生产知识与技能分别比同村非学员高 13.7%，比对照村农户高 21.8%（附图 1-1）。表明田间学校对农民的培训效果提高了农民的大棚番茄综合生产能力。

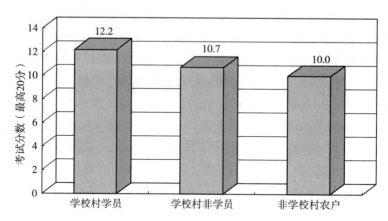

附图 1-1　农民大棚番茄生产知识与技能考试成绩

　　如果分别比较农户的大棚生产知识和技能（附图 1-2），则可以得出与总分基本相同的结果。其中田间学校学员大棚生产知识分别比同村非学员和对照村农户高 0.8 和 1.1 分，分别比同村非学员和对照村农户高 8% 和 11%（附图 1-2a）。田间学校学员大棚生产技能分别比同村非学员和对照村农户高 0.6 分和 1.2 分，分别比同村非学员和对照村农户高 8% 和 11%（附图 1-2b）。表明田间学校对农民的培训效果不仅提高了农民的大棚番茄生产知识，同时提高了其生产技能。

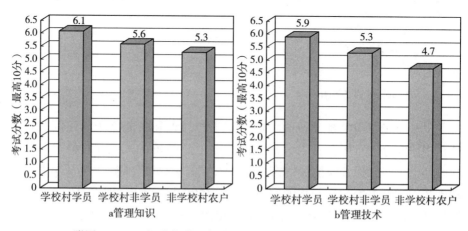

附图 1-2　田间学校学员与非学员大棚管理知识与技术的差异

（2）农民田间学校学员的农药投入略高于非学员和对照村农户，但农民田间学校学员施用农药的时间正确的比例显著高于同村非学员，与对照村农户无显著差异。农民田间学校学员大棚番茄生产的农药施用次数与对照村农户几乎相同（附表 1-2），分别为 13.2 次和 13 次，但高于同村非学员户的 10.4 次；农药投入成本（4 800 元/公顷）和投入量（40.6 千克/公顷）均略高于对照村农户，略高于对照村农户的 4 200 元/公顷农药费用和 39 千克/公顷农药用量，但远高于同村非学员的 3 700 元/公顷农药费用和 33.8 千克/公顷农药用量。同村非学员户农民的农药用量和次数显著低于学员户可能与其管理水平较低有关。调查发现，非学员户农民虽然用药量少于学员户，但平均每次农药施用量则达到 3.24 千克/公顷，高于学员户的 3.08 千克/公顷，比学员户多 5％。表明非学员户在大棚番茄生产管理上较学员户粗放。这可以从非学员户的家庭特征来解释。本研究调查发现，与学员户比较，同村的非学员户的人均固定资产要低于学员户，表明非学员户较学员户穷；同时大棚番茄种植年龄要少于学员户，表明其大棚番茄生产经验少于学员户。这可能表明这些非学员户的智力水平或者农业生产经验等均存在着与学员户的差异。

附表 1-2　农民大棚番茄农药投入

	田间学校学员户	同村比较（增%）		与对照村比较（增%）	
		非学员户	增加%	对照村农户	增加%
观察值数	200	79	—	156	—
施药次数（次）	13.2	10.4	26.3	13.0	1.7
农药成本（元/公顷）	4 800	3 700	30.1	4 200	14.6
农药用量（千克/公顷）	40.6	33.8	20.1	39.0	4.1
平均每次施药量（千克/公顷）	3.08	3.24	−5.0	3.01	2.3

资料来源：作者调查。

与农药施用量不同，农民田间学校学员施用农药时间正确的比例远高于同村非学员户，但与对照村农户无显著差异（附图 1-3）。调查发现，90％以上的学员打药时间在上午 10：00 之前或者下午 4：00 之后（一般认为，这一时间为大棚生产上病虫危害的活跃期，农民防治虫害的效果最好），与之相对应，反映在不确定时间或者在上午 10：00 到下午 4：00 之间打药的农户仅占 10％。对照村农户与田间学校学员具有差不多的数据，即 87.8％的农户打药时间在上午 10：00 之前或者下午 4：00 之后，而在不确定时间或者在上午 10：00 到下午 4：00 之间打药的农户占 12.2％。需要说明的是，有较高比例的田间学校村非学员未能在正确的时间打药，调查发现，25.3％的田间学校村非学员反映其打药时间不确定或者在上午 10：00 到下午 4：00 之间。这一结果可能进一步表明农民防治病虫害的时间与其生产经验或者智力等有关。

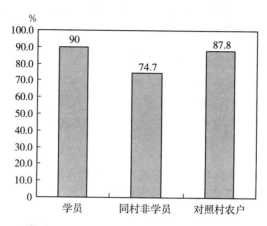

附图 1-3　农民采用正确打药时间的比例

（3）与对照村农户相比，农民田间学校学员氮、磷肥用量显著减少，但钾肥用量显著增加。农民田间学校学员平均大棚番茄生产要施 6.9 次化肥，虽然与同村非学员户（6.8 次）无显著差异，但与对照村农户相比（6.0 次）多 0.9 次（附表 1-3）；但化肥费用分别比同村非学员户和对照村农户高 9.6％和 3.1％。若从施肥品种分析，则可以发现，田间学校学员的纯氮和纯磷用量分别比对照村农户少 19.8％和 7.2％，但纯钾用量多 11.5％，这与田间学校的培训效果相同，即政府试图通过减氮、减磷和增钾来提高作物产量。需要说明的是，田间学校学员比同村非学员纯氮和纯磷用量分别多 4.6％和 28.9％，但钾肥少 5％，这也可能是由于非学员户的管理比学员粗放所造成的。

附表 1 - 3 农民大棚番茄化肥投入

	田间学校学员户	同村比较（增%）		与对照村比较（增%）	
		非学员户	增加%	对照村农户	增加%
观察值数	200	79	—	156	—
施肥次数（次）	6.9	6.8	0.4	6.0	13.6
肥料成本（元/公顷）	13 600	12 400	9.6	13 200	3.1
化肥用量（千克/公顷）	2 893.9	2 362.2	22.5	2 796.4	3.5
N 肥用量（千克/公顷）	429.9	410.9	4.6	536.2	−19.8
P_2O_5 肥用量（千克/公顷）	315.4	244.7	28.9	339.9	−7.2
K_2O 肥用量（千克/公顷）	398.5	419.5	−5.0	357.5	11.5

资料来源：作者调查。

（4）农民田间学校学员虽然增加了灌溉次数，但显著减少了用水量。与同村非学员和对照村农户相比，农民田间学校学员的大棚番茄生产灌溉次数（附图 1 - 4a）平均达到 9.5 次，比同村非学员的 8.7 次高 0.8 次，比对照村农户的 8.1 次高 1.4 次。然而，若从用水量比较（附图 1 - 4b），则田间学校学员用水量为 4.2 吨/公顷，分别比同村非学员的 4.3 吨/公顷和对照村农户的 4.8 吨/公顷减少 4.1%和 12.7%，表明农民田间学校培训显著地减少了农民的大棚番茄生产用水量。

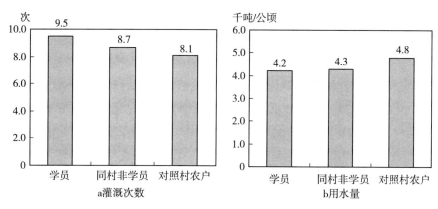

附图 1 - 4 农民大棚番茄灌溉投入

（5）较多的田间学校学员在大棚蔬菜生产中有了环境保护意识。为了研究农民田间学校对学员环境意识的影响，本研究调查时对其灌溉方式和施肥方式分别进行了调查。其中灌溉方式包括漫灌、喷灌、滴灌、膜下暗灌和其

他形式共五种（根据调查结果，本研究也将其他形式灌溉也分别分类到前四
种方式中），并认为除漫灌外，其余四种灌溉方式均考虑了节水及大棚室内
生态环境的改善（三种方式均可有效降低温室内的湿度，从而减少病害的发
生）。研究发现，目前北京市农民大棚番茄生产采用节水灌溉方式的比例仅
为四分之一左右（附图1-5a）。农民田间学校学员采用节水灌溉方式的比
例远高于同村非学员和对照村农户。其中田间学校学员采用节水灌溉方式的
比例（26%）远高于同村非学员的11.4%和对照村农户的10.3%。表明虽
然目前北京市农民大棚番茄生产上节水灌溉的比例仍较低，但较多的田间学
校学员在生产上注意到了使用正确的灌溉方式来节水和改善大棚室内环境。

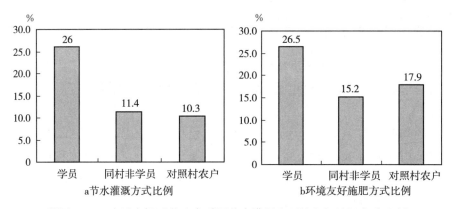

附图1-5 农民大棚番茄生产采用节水灌溉和环境友好施肥方式比例

本研究也调查了农民的大棚番茄生产施肥方式。包括单独施肥、随水
施、灌溉后晾干施和其他共四种（根据调查结果，本研究也将其他施肥方式
也分别分类到前三种形式中），并认为单独施和灌溉后晾干地再施肥可以有
效减少化肥的渗漏，从而降低环境污染。因此被认为是环境友好施肥方式。
研究发现，同采用节水灌溉技术相似，农民田间学校学员采用环境友好施肥
方式的比例仍仅为四分之一左右（附图1-5b），但远高于同村非学员和对
照村农户。田间学校学员采用环境友好施肥方式的比例（26.5%）远高于同
村非学员的15.2%和对照村农户的17.9%。表明较多的田间学校学员在生
产上采用了环境友好生产技术。

（6）农民田间学校学员显著减少了劳动力投入，但资金投入明显增加。
与同村非学员和对照村农户相比，农民田间学校学员的大棚番茄生产平均劳
动投入为1 466天/公顷，比对照村的1 595天/公顷少129天（减少

8.1%），但与同村非学员户（1 468 天/公顷）几乎没有差别（附图 1 - 6a）。
而与之不同，农民田间学校学员资金总投入平均达到 39 700 元/公顷，高于
同村非学员的 37 200 元/公顷和对照村农户的 36 600 元/公顷（附图 1 -
6b），分别增加了 6.5% 和 8.3%。表明相对于同村非学员和对照村农户，农
民田间学校学员较多地投入了资金，并以资金投入替代劳动投入。

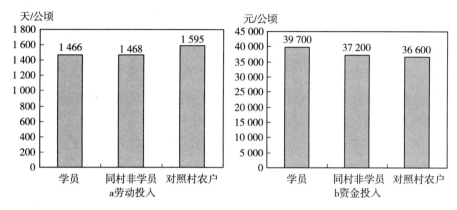

附图 1 - 6　农民大棚番茄资金投入和劳动投入的比较

　　（7）农民田间学校学员大棚番茄生产的产量和产品商品性显著提高，由
此导致净收入和资金、劳动回报率增加。与同村非学员和对照村农户相比，
农民田间学校学员的大棚番茄生产单位面积产量达到 72.7 吨/公顷，比同村非
学员户的 69.1 吨/公顷增产 3.6 吨/公顷，增产 5.2%；比对照村的 67.8 吨/公
顷增产 4.9 吨/公顷，增产 7.2%（附表 1 - 4）。与此同时，农民田间学校学员
的大棚番茄产品商品性也显著提高，番茄价格达到 1.70 元/千克，高于同村非
学员的 1.68 元/千克和对照村农户的 1.57 元/千克，分别高出 1% 和 8.2%。

附表 1 - 4　农民大棚番茄化肥投入

	田间学校学员户	同村比较（增%）		与对照村比较（增%）	
		非学员户	增加%	对照村农户	增加%
番茄产量（吨/公顷）	72.7	69.1	5.2	67.8	7.2
番茄价格（元/千克）	1.70	1.68	1.0	1.57	8.2
净收入（元/公顷）	80 390	71 850	11.9	70 680	13.7
资金回报率（元/元）	2.64	2.58	2.1	2.29	15.2
劳动回报率（元/小时）	8.25	7.66	7.7	6.64	24.4

　　资料来源：作者调查。

与产量和番茄价格提高类似，农民田间学校学员大棚番茄生产的单位净收入和资金、劳动回报率等均高于同村非学员和对照村农户（附表 1 - 5）。其中大棚番茄的单位面积净收入（总收入减去物质投入）田间学校学员达到80 390 元/公顷，分别比同村非学员的 71 850 元/公顷和对照村农户的70 680 元/公顷高 11.9％和 13.7％；而资金回报率分别比同村非学员和对照村农户增加 2.1％和 15.2％；劳动回报率分别增加 7.7％和 24.4％。表明农民田间学校使农民获得了显著的增产和增收效果。

（二）研究模型及估计

上述分析未能控制农户特征等因素对农民田间学校效果的影响。为了研究农民田间学校的净效果，本研究将采用计量经济学方法，研究农民田间学校的影响。本研究将分别采用单方程模型和联立方程组模型估计农民田间学校的影响。其中单方程模型为：

$$Y = f\ (FS,\ VFS,\ Variety,\ Season,\ Farmer,\ Region,\ Others)$$

$$\text{(1)}$$

（1）式模型主要研究农民田间学校对农户投入和产出的影响，并假定农民田间学校学校的培训效果直接影响到农民田间学校学员的投入和产出。式中 Y 表示衡量农民田间学校效果的变量，包括大棚番茄产量；劳动、化肥、农药、灌溉、其他资金等投入变量；劳动生产率、资金生产率、劳动/资金投入比率等生产率变量；以及衡量农民安全生产或环境意识的变量如是否采用节水技术、是否采用环境友好施肥技术等。

FS 表示农民田间学校学员变量。本研究假定在控制其他影响因素变量的条件下，田间学校学员大棚番茄生产的投入和产出等显著不同于非学员。

VFS 表示农民田间学校村非学员变量（对照 I）。本变量用来研究田间学校的技术信息扩散效果。本研究假定在控制其他影响因素变量的情况下，田间学校村非学员大棚番茄生产的投入产出等也显著不同于非田间学校农户。

$Variety$ 表示品种变量，主要为用于水果的樱桃品种和用于蔬菜的其他品种两种。

$Season$ 表示播种季节变量，主要为秋播和春播两种。

$Farmer$ 变量为农户特征变量，包括家庭人口、户主年龄、教育水平、是否村干部、务农时间、家庭非农就业比例和人均固定资产等变量。

Region 变量主要是地区虚变量，包括四个县的地区变量。

本研究所采用的联立方程组模型为：

$$FK = f\ (FS, VFS, Variety, Season, Farmer, Region, Others) \tag{2}$$

$$Pesticide = g\ (FK, PP, Variety, Season, Farmer, Region, Others) \tag{3}$$

$$Yield = h\ (FK, Pesticide, Fertilizer, Labor, Machine,$$
$$Irrigation, Variety, Season, Farmer, Region, Others)\ (4)$$

上式中 *FK* 为农户的知识和技能水平。本研究将通过向农民出考试题的形式测验农民的大棚番茄生产植保技术和技能。

Pesticide 为农民的大棚番茄生产农药施用量。主要用来研究田间学校学员农药施肥量是否有变化。

PP 表示农药的价格。本研究假定农药价格影响到农民的农药施用量。该变量也为上述联立方程模型中 *Pesticide* 方程的工具变量。

Yield 表示大棚番茄的产量；*Fertilizer* 表示化肥投入；*Labor* 表示劳动投入；*Machine* 表示机械投入；*Irrigation* 表示灌溉次数。

上述三个模型用来研究农民参加田间学校的培训后，其生产管理水平提高所带来的效益。该系统模型假定农民田间学校学员的大棚番茄生产植保技术和技能显著不同于非学员和对照村农户，且农户大棚番茄生产的知识和技能水平显著影响了农户的大棚番茄产量。即农户大棚番茄产量除决定于投入等水平外，更决定于其生产知识与技能水平；而农民田间学员的生产知识与技能水平则显著不同于非学员和非田间学校村农户。另外，上述系统模型也假定受田间学校技术信息扩散的影响，田间学校村非学员农户的大棚番茄生产植保技术和技能也显著不同于对照村农户，从而使其生产水平也高于对照村农户。

由于农药投入变量为减少损失变量（农药投入与化肥、劳动等其他要素的投入不同，化肥劳动等生产要素的投入可以有效提高作物的产量，而农药投入则是为了防止作物由于病虫害抽造成的损失，因此，其随着农药用量的增加不会使作物产量增加，但会减少作物由于病虫害所造成的损失），因此，在研究农药投入对产量的影响时［模型（4）］，为了更好地反映该变量的特性，本研究采用风险控制生产函数（Damage control production function）的方式（Lichtenberg，Zilberman，1986；Carrasco-Tauber，Moffitt，1992；Chambers，

Lichtenberg，1994；Saha，et. al.，Shumway，Havenner，1997；Huang，et. al.，2002）估计其对产量的影响。该函数形式为：

$$Yield = F[Z,G(X)] \tag{5}$$

（5）式中 Z 生产投入等变量向量，包括（4）式中 FK，$Fertilizer$，$Labor$，$Machine$，$Irrigation$，$Variety$，$Season$，$Farmer$，$Region$，$Others$ 等变量。X 为风险控制变量向量［例如（4）式中的 $Pesticide$ 变量等］，$G(X)$ 表示风险减少函数。

Lichtenberg 和 Zilberman（1986）提出了方程（5）的一个具体形式：

$$Yield = \chi Z^{\beta}[G(X)]^{\gamma} \tag{6}$$

（6）的简化形式为 Cobb-Douglas 生产函数：

$$Yield = \alpha Z^{\beta} X^{b} \tag{7}$$

上述方程（5）到（7）假定各种生产投入等变量和农药投入变量间无相互间的互作效应。为方便起见，在上述模型的实证估计时，通常假定方程（6）中的参数值 $\gamma = 1$（Babcock，et al.，1988），在该假定下，（6）、（7）两式中农民的边际产量分别为：

$$\frac{\partial Q(Z,X)}{\partial X} = \alpha Z^{\beta} \frac{\partial G(X)}{\partial X} \tag{8}$$

和

$$\frac{\partial Q(Z,X)}{\partial X} = b\alpha Z^{\beta} X^{b-1} \tag{9}$$

由于方程（5）和（6）中的 $G(X)$ 表示了防止风险变量投入 X 后所减少的产量损失的比例，这就使得 $0<G(X)<1$。因此，上述模型可以在清楚研究主要投入变量对产量影响 $Yield = \chi Z^{\beta}$ 的基础上，研究风险减少变量的影响。本研究风险减少模型将采用 Weibull 函数的形式：

$$G(X) = 1 - \exp(-X^{c}) \tag{10}$$

（10）式中 c 为估计的参数。

在生产上，农民对病虫害的防治效果除了决定于农药施用量外，同时也决定于其施用农药的时间是否合适和施用方法是否正确。而这些因素则与农民的植保知识和技能水平有关。为此，本研究假定农民的植保知识和技能水平也属于风险控制变量，应包含在风险控制函数中。具体形式为：

$$G(X) = 1 - \exp(-X^{c+d \cdot FK}) \tag{11}$$

（11）式中 FK 为农民植保知识与技能变量，在模型估计时以农民的考试分数表示，d 为农民知识与技能水平对减少风险的影响参数。

本研究分别从产出效果、投入效果、农民意识效果和农民的知识与技能水平效果四个方面研究田间学校对农民大棚番茄生产的净效果。其中产出效果包括产量和净收入，分别以线性模型和对数模型估计（结果见附表 1-5）；投入效果包括劳动和资金回报率，分别以线性模型来估计（结果见附表 1-6）；农民意识效果包括农民的节水灌溉技术和环境友好施肥技术，分别采用 Probit 模型和 dProbit 模型估计（见附表 1-7）；农民的知识与技能水平变量以对农民的考试分数来研究，本研究采用联立方程组模型［模型（2）（3）（4）（5）］估计，并假定农民田间学校的效果通过影响农户的大棚番茄植保知识和技能而影响到农药投入和产量。在估计时由于农药为减少风险投入变量，其对产量的影响通过风险控制生产函数来反映，因此，本研究对该联立方程组模型的估计，采用非线性估计的方法；另外，作为比较，在估计风险控制生产函数系统模型时，同时估计对数线性系统模型（见附表 1-8和附表 1-9）。

在模型估计时，农民田间学校变量以是否农民田间学校学员户虚变量表示，同时以同村的非农民田间学校学员虚变量估计田间学校技术信息扩散效果，两变量分别以对照村农户作为对照变量。

控制变量中的品种变量在模型估计时樱桃品种虚变量以普通品种为对照；播种季节变量秋播虚变量以春播变量为对照；村干部虚变量以一般农户为对照；地区虚变量以密云县为对照。

（三）模型估计结果

1. 农民田间学校对大棚番茄产出的影响

假定田间学校的培训效果直接影响到农户的大棚番茄产出，大棚番茄产量和净收入模型的计量估计结果（附表 1-5）表明，所有变量的系数均符合我们的预期。其中控制变量中主要变量的系数也达到了显著水平。例如，产量和净收入模型中秋茬番茄变量系数为负值且均达到显著水平，表明秋茬番茄产量和净收入显著低于春茬番茄（分别低 17.4% 和 18.5%）。产量模型中樱桃品种变量系数达到显著水平且为负值，表明樱桃品种的产量显著低于春茬番茄（低 21.5%）；然而，净收入模型中樱桃品种变量系数则未达到显著水平且为负值，表明樱桃品种的净收入与普通品种无显著差异。农户特征变量中，教育水平变量系数在净收入对数模型中达到显著的正值，表明农户教育水平越高，其净收入越高；人均固定资产变量系数在产量模型和净收入模型中也均达到了显著水平，表明农户的富裕程度影响了大棚番茄的产量和净收入，富裕的农户的大棚番茄产量和净收入要高于较贫困的农户。投入变量中劳动投入和灌溉投入对产量的影响均达到正的显著水平，表明在北京市的生产水平下，劳动和灌溉投入是大棚番茄增产的最重要因素之一；而对数模型中农药投入变量系数为负值，表明农药和病虫害发生的程度关系较为密切，病虫害发生程度越重，农户农药量越多。

大棚番茄产量线性模型和对数模型中目标研究变量农民田间学校学员户系数和同村非学员户变量系数均达到显著水平（附表 1-5）。表明与对照村农户相比，在控制其他因素的条件下，农民田间学校对农民大棚番茄生产产量的影响达到极显著水平。其中农民田间学校对产量影响的净效果（农民田间学校学员户变量系数）达到每公顷净增番茄产量 8 649 千克（线性模型结果，比对照村农户平均 67.8 吨/千克增产 12.8%）或者 15.9%（对数模型结果）；农民田间学校的技术信息扩散对产量影响的效果（农民田间学校村非学员户变量系数）达到每公顷净增番茄产量 7 433 千克（线性模型结果，比对照村农户平均 67.8 吨/公顷增产 11.0%）或者 11.9%（对数模型结果），由于田间学校村非学员户大棚生产番茄生产经验差于学员户，经济上相对贫困，因此，这一扩散效果应为最低值。

附表 1-5 农民田间学校学员户的大棚番茄产出效果模型估计结果

	线性模型		对数模型	
	产量 （千克/公顷）	净收入 （元/公顷）	产量 （千克/公顷）	净收入 （元/公顷）
农民田间学校虚变量（非田间学校村农户为对照）：				
田间学校学员户	8 649***	11 801**	0.159***	0.242***
	(2 480)	(5 293)	(0.037 7)	(0.081 9)
同村非学员户	7 433**	6 731	0.119**	0.139
	(3 161)	(6 744)	(0.049 2)	(0.106)
秋茬番茄虚变量（春茬番茄为对照）	−11 716***	−15 798***	−0.174***	−0.185**
	(2 572)	(5 489)	(0.039 6)	(0.086 3)
樱桃品种虚变量（普通品种为对照）	−11 546**	−10 421	−0.215**	−0.131
	(5 760)	(12 291)	(0.093 8)	(0.208)

（续）

	线性模型		对数模型	
	产量 （千克/公顷）	净收入 （元/公顷）	产量 （千克/公顷）	净收入 （元/公顷）
家庭特征变量：				
家庭人口（人）	−1 394	−2 894	−0.047 4	0.031 0
	(1 198)	(2 557)	(0.071 5)	(0.154)
户主性别虚变量（女性为对照）	−721.6	−2 036	−0.020 2	−0.110
	(2 616)	(5 583)	(0.040 2)	(0.087 7)
户主年龄（岁）	81.26	−47.48	−0.000 582	0.019 5
	(155.5)	(331.7)	(0.103)	(0.222)
户主教育年龄（年）	154.6	1 742	0.006 59	0.052 5*
	(509.4)	(1 087)	(0.013 2)	(0.028 1)
村干部虚变量（非村干部为对照）	89.13	5 426	−0.029 7	0.214
	(4 579)	(9 771)	(0.069 7)	(0.151)
户主务农时间（%）	93.65	−121.5	0.001 45	−0.000 560
	(67.54)	(144.1)	(0.001 04)	(0.002 22)
家庭非农就业比例（%）	9 362	5 535	0.073 9	0.088 8
	(7 069)	(15 084)	(0.117)	(0.250)
人均固定资产（元/人）	0.002 47	0.009 44	0.029 4*	0.071 4**
	(0.006 04)	(0.012 9)	(0.015 6)	(0.034 2)
投入变量：				
劳动力投入（天/公顷）	0.524***	−0.266	0.119***	0.123
	(0.179)	(0.383)	(0.038 1)	(0.086 4)
机械投入（元/公顷）	1.002	−6.157*	0.000 851	−0.006 07
	(1.641)	(3.502)	(0.002 32)	(0.005 03)
化肥投入：				
纯氮投入（千克/公顷）	−1.754	−2.648	−0.005 44	0.006 17
	(3.181)	(6.788)	(0.007 44)	(0.016 6)
纯磷投入（千克/公顷）	−1.092	−0.882	0.003 90	0.001 99
	(2.474)	(5.279)	(0.005 59)	(0.012 3)
纯钾投入（千克/公顷）	1.653	−7.088	−0.006 22	−0.002 42
	(2.742)	(5.852)	(0.005 05)	(0.011 1)

（续）

	线性模型		对数模型	
	产量 （千克/公顷）	净收入 （元/公顷）	产量 （千克/公顷）	净收入 （元/公顷）
农药投入（千克/公顷）	−0.028 4	−0.088 5	−0.010 5 *	−0.031 9 **
	(0.029 6)	(0.063 2)	(0.006 04)	(0.012 9)
灌溉次数（次）	464.9 *	426.0	0.081 3 **	0.029 8
	(237.2)	(506.2)	(0.034 5)	(0.075 4)
常数项	33 976 ***	92 524 ***	9.255 ***	9.201 ***
	(12 353)	(26 362)	(0.554)	(1.218)
R-squared	0.217	0.190	0.258	0.167

注：表中括号内数字为相应系数的估计标准误；***，**，* 分别表示所估计系数在 1%，5%和 10%水平上显著；上述模型的观察值数均为 435，模型估计时均放入了县虚变量，但考虑篇幅本表未列入。

与产量模型估计结果不同，净收入线性模型和对数模型中农民田间学校学员户变量系数均达到显著水平（附表 1-5），而非学员户变量系数则未达到显著水平。表明与对照村农户相比，在控制其他因素的条件下，农民田间学校对农民大棚番茄生产净收入的影响达到显著水平。其中农民田间学校对净收入影响的效果（农民田间学校学员户变量系数）达到每公顷番茄生产净收入净增 11 801 元（线性模型结果，比对照村农户平均 70 680 元/公顷增 16.7%）或者 24.2%（对数模型结果）；农民田间学校对大棚番茄生产的技术信息扩散效果（农民田间学校村非学员户变量系数）与对照村农户生产相比，则无显著差异。

2. 农民田间学校对大棚番茄投入效果的影响

假定田间学校的培训效果直接影响到农户的大棚番茄投入回报率，大棚番茄资金和劳动投资回报率计量估计结果（附表 1-6）表明，仅少数变量系数的估计结果达到了显著水平。其中控制变量中，秋茬番茄变量系数在资金回报率和劳动回报率模型中均达到显著水平且为负值，表明秋茬番茄的资金回报率和劳动回报率显著低于春茬番茄，这与产出效果模型的估计结果一致（附表 1-5）；户主教育年龄变量在两个模型中也达到了显著水平，且为正值，表明户主教育水平越高，其大棚番茄生产的资金和劳动投入回报率也越高；另外，资金投入回报率模型中村干部变量系数也达到显著水平，表明村干部大棚番茄生产的资金回报率也高于一般农户。

目标研究变量农民田间学校学员户系数在大棚番茄资金回报率模型和劳动回报率模型中的表现不同（附表 1-6）。其中在资金回报率模型中未达到显著水平，但在劳动回报率中达到极显著水平，表明与对照村农户相比，在控制其他因素的条件下，农民田间学校学员的资金投入与对照村农户无显著差别。与此不同的是，在控制其他因素的条件下，农民田间学校学员的劳动投入回报率显著高于对照村农户，田间学校学员户的劳动投入回报率比对照村农户高 1.649 元/天，表明田间学校学员户的大棚番茄生产有较高的劳动回报率。

需要说明的是，农民田间学校村非学员户系数在大棚番茄资金回报率模型和劳动回报率模型中均未达到显著水平（附表 1-6）。表明与对照村农户相比，在控制其他因素的条件下，农民田间学校村非学员的资金投入和劳动投入回报率与对照村农户均无显著差别。尚不能证明农民田间学校技术信息的扩散可以增加农户大棚番茄生产的资金回报率或者劳动回报率的效果。

附表 1-6　农民田间学校大棚番茄投入效果模型的估计结果

	资金回报率（元/元）	劳动回报率（元/天）
田间学校虚变量（非田间学校村农户为对照）：		
田间学校学员户	0.376	1.649**
	(0.261)	(0.676)
同村非学员户	0.446	1.217
	(0.337)	(0.874)
秋茬番茄虚变量（春茬番茄为对照）	−0.659**	−1.426**
	(0.275)	(0.715)
樱桃品种虚变量（普通品种为对照）	−0.669	−0.758
	(0.617)	(1.600)
农户特征变量：		
家庭人口（人）	−0.128	−0.137
	(0.129)	(0.334)
户主性别虚变量（女性为对照）	0.011 0	−1.082
	(0.279)	(0.724)
户主年龄（岁）	0.002 16	−0.015 1
	(0.016 7)	(0.043 3)

（续）

	资金回报率（元/元）	劳动回报率（元/天）
户主教育年龄（年）	0.177***	0.345**
	(0.054 7)	(0.142)
村干部虚变量（非村干部为对照）	0.912*	2.013
	(0.492)	(1.276)
户主务农时间（%）	−0.005 94	−0.019 4
	(0.007 08)	(0.018 4)
家庭非农就业比例（%）	0.102	−0.293
	(0.757)	(1.965)
人均固定资产（元/人）	−0.000	−0.000
	(0.000)	(0.000)
常数项	1.874	7.729**
	(1.251)	(3.245)
R-squared	0.092	0.063

注：表中括号内数字为相应系数的估计标准误；***，**，*分别表示所估计系数在1%，5%和10%水平上显著；上述模型的观察值数均为435，模型估计时均放入了县虚变量，但考虑篇幅本表未列入。

3. 农民田间学校对农民大棚生产环境意识的影响

大棚番茄生产环境意识模型计量估计结果（附表1-7）表明，除田间学校学员户变量在环境友好施肥技术模型和节水灌溉技术模型中达到显著水平外，控制变量中仅村干部变量系数在灌溉方式模型中达到显著水平。表明农户的大棚生产环境意识主要决定于田间学校培训的效果。在控制其他因素的条件下，标准化后（dProbit模型）田间学校学员采用环境友好方式施肥农户的比例比对照村农户高8.32%，而采用节水灌溉并改变大棚室内环境方式农户的比例比对照村农户高14.7%。表明在农民采用环境友好施肥和灌溉技术的比例仍然较低的条件下，田间学校农民的大棚生产采用这些技术的比例显著提高，田间学校对农民的培训活动有效提高了农民的环境意识，使其在生产活动中开始采用这些技术。

需要说明的是，与投入回报率模型估计结果相似，农民田间学校村非学员户系数在环境友好施肥技术模型和节水灌溉方式模型中均未达到显著水平（附表1-7）。表明与对照村农户相比，在控制其他因素的条件下，农民田间学校村非学员的环境意识与对照村农户均无显著差别。尚不能证明农民田间学校技术信息的扩散可以增加农户大棚生产环境意识的效果。

控制变量中仅村干部变量系数在节水灌溉技术模型中达到显著水平（附表1-7），其他控制变量系数均未达到显著水平。表明除田间学校的培训效果可以显著提高农民的环境意识，从而使较多农户在其生产中采用环境友好施肥技术和灌溉技术外，农户特征等的影响并未达到显著水平。仅较多的村干部在大棚番茄生产中采取了节水灌溉并改善大棚室内环境的技术。绝大多数农户（四分之三）在其生产中仍未能考虑环境问题。

附表1-7　农民田间学校对农民生产环境意识影响模型的估计结果

	Probit 模型估计结果		dProbit 模型估计结果	
	环境友好施肥技术	节水灌溉技术	环境友好施肥技术	节水灌溉技术
田间学校虚变量（非田间学校村农户为对照）：				
田间学校学员户	0.292*	0.634***	0.083 2*	0.147***
	(0.161)	(0.210)	(0.046 0)	(0.050 7)
同村非学员户	−0.116	−0.117	−0.031 9	−0.025 2
	(0.219)	(0.278)	(0.058 0)	(0.057 7)
秋茬番茄虚变量（春茬番茄为对照）	0.008 30	0.230	0.002 35	0.049 5
	(0.169)	(0.193)	(0.047 7)	(0.040 2)
樱桃品种虚变量（普通品种为对照）	−0.243	−0.325	−0.062 2	−0.061 7
	(0.387)	(0.387)	(0.088 5)	(0.061 4)
农户特征变量：				
家庭人口（人）	0.054 4	−0.012 3	0.015 4	−0.002 76
	(0.077 0)	(0.102)	(0.021 8)	(0.022 8)
户主性别虚变量（女性为对照）	0.062 5	−0.028 8	0.017 4	−0.006 52
	(0.172)	(0.212)	(0.047 2)	(0.048 5)
户主年龄（岁）	0.000 689	−0.007 71	0.000 195	−0.001 73
	(0.010 3)	(0.011 7)	(0.002 91)	(0.002 64)
户主教育年龄（年）	−0.008 32	0.049 7	−0.002 35	0.011 2
	(0.033 9)	(0.043 1)	(0.009 59)	(0.009 65)
村干部虚变量（非村干部为对照）	−0.235	0.587*	−0.060 5	0.168*
	(0.317)	(0.355)	(0.074 0)	(0.121)

（续）

	Probit 模型估计结果		dProbit 模型估计结果	
	环境友好施肥技术	节水灌溉技术	环境友好施肥技术	节水灌溉技术
户主务农时间（%）	0.003 91	−0.002 49	0.001 10	−0.000 559
	(0.004 79)	(0.005 18)	(0.001 35)	(0.001 16)
家庭非农就业比例（%）	0.154	−0.664	0.043 7	−0.149
	(0.472)	(0.582)	(0.133)	(0.131)
人均固定资产（元/人）	−0.000	−0.000	−0.000	−0.000
	(0.000)	(0.000)	(0.000)	(0.000)
常数项	−1.302	−0.166		
	(0.809)	(0.919)		

注：表中括号内数字为相应系数的估计标准误；***，**，* 分别表示所估计系数在1%、5%和10%水平上显著；上述模型的观察值数均为435，模型估计时均放入了县虚变量，但考虑篇幅本表未列入。

4. 农民生产知识和技能提升对大棚生产的影响

假定农民的投入和产出决定于农民的生产知识与技能，在此条件下，田间学校通过影响到农民的知识与技能水平，并最终影响到大棚番茄的投入和产出。本研究分别选择农民大棚番茄生产的农药用量（投入）和产量（产出）研究田间学校对农民大棚番茄生产的影响。模型的估计结果表明，无论是对数线性估计（附表1-8），或者采用风险控制函数替代系统模型中的产量方程来估计（附表1-9），均显示出主要变量的系数达到了显著水平，表明该系统模型有一个较好的估计结果。

知识技能方程中田间学校学员变量和同村非学员户变量系数分别达到1%和10%的显著水平且为正值（附表1-8，附表1-9）。表明农民田间学校显著提高了农民的大棚番茄生产知识和技能。田间学校学员变量系数为0.212，表明田间学校学员的大棚生产知识与技能水平比对照村农户高21.2%；田间学校村非学员变量系数分别为0.076和0.079，表明其大棚番茄生产知识与技能水平比对照村农户高7.6%～7.9%，这一差距是由田间学校技术信息扩散的效果所引起的，即田间学校技术信息的扩散使非学员户的生产技能水平比对照村农户提高了7.6%～7.9%。

知识技能水平的提高并不一定反映在农户的农药用量上。农药方程中考试分数变量未达到显著水平（附表1-8，附表1-9），表明农民的大棚番茄生产中，农药的用量并未与其知识和技能水平相联系，即使具有较高生产知识和技能的农户，也可能使用较多的农药。这进一步表明，农民大棚番茄生产对病虫害的防治是根据其发生严重程度而采用不同种类或用量的农药；同时，一些农民选择低毒高效但浓度较低的农药。这也可能是农药方程中农户技能水平变量系数不显著的原因。

需要注意的是，附表 1-8 中农药投入变量系数为负值且达到显著水平，附表 1-9 中反映减少风险的农药用量和农民知识技能水平变量系数不显著。这可能进一步证明了农民的病虫害防治效果不一定与农药用量相联系。生产上的经验往往是病虫害发生越重，打药越多；与此同时，对作物产量的影响也越大，产量也越低。

农户的知识技能水平显著影响大棚番茄的产量。产量方程中考试分数变量达到极显著水平且为正值（附表 1-8，附表 1-9），对数线性模型（附表 1-8）和风险控制生产函数模型（附表 1-9）中考试分数变量的估计系数分别为 0.732 和 0.784，表明农户的考试分数提高 1%，大棚番茄产量将提高 0.732%～0.784%。说明农户的知识和技能水平对大棚番茄产量有非常敏感的影响，农户大棚番茄生产知识和技能水平较小的提高便可使产量有较大比例的提高。这一结果的政策含义在于，通过培训等措施提高农民的生产知识和技能，便可有效提高农户的大棚番茄产量。

附表 1-8　农民知识、农药用量和大棚番茄产量模型的估计结果

	知识技能方程 Lg（考试分数）（最高 20 分）	农药方程 Lg（农药）（千克/公顷）	产量方程 Lg（产量）（千克/公顷）
常数项	1.295**	−1.960	8.570***
	(0.575)	(6.989)	(0.834)
农民田间学校虚变量（非田间学校村农户为对照）：			
田间学校学员户	0.212***		
	(0.046)		
同村非学员户	0.076*		
	(0.049)		
Lg（考试分数），（最高 20 分）		1.608	0.732***
		(2.529)	(0.236)
Lg（农药价格），（元/千克）		−1.114***	
		(0.309)	

（续）

	知识技能方程 Lg（考试分数） （最高 20 分）	农药方程 Lg（农药） （千克/公顷）	产量方程 Lg（产量） （千克/公顷）
秋茬番茄虚变量（春茬番茄为对照）		0.666*	−0.144***
		(0.368)	(0.042)
樱桃品种虚变量（普通品种为对照）		−1.467*	−0.251**
		(0.764)	(0.103)
家庭特征变量：			
Lg（人口），（人）	0.075	0.087	−0.105
	(0.094)	(0.734)	(0.114)
户主性别虚变量（女性为对照）	0.128***	−0.498	−0.117*
	(0.049)	(0.557)	(0.062)
Lg（户主年龄），（岁）	0.016	1.374	0.017
	(0.136)	(1.113)	(0.146)
Lg（户主教育年龄），（年）	0.032	−0.036	−0.016
	(0.051)	(0.469)	(0.021)
村干部虚变量（非村干部为对照）	−0.114	0.303	0.058
	(0.078)	(1.328)	(0.111)
户主务农时间（%）	0.003***	−0.004	−0.001
	(0.001)	(0.012)	(0.002)
家庭非农就业比例（%）	−0.026	0.039	0.067
	(0.152)	(1.447)	(0.175)
Lg（人均固定财产），（元/人）	0.033*	0.002	0.009
	(0.019)	(0.245)	(0.022)
投入变量：			
Lg（劳动），（天/公顷）			0.108***
			(0.041)
化肥投入：			
Lg（纯氮用量），（千克/公顷）			−0.007
			(0.010)
Lg（纯磷用量），（千克/公顷）			0.002
			(0.006)
Lg（纯钾用量），（千克/公顷）			−0.004
			(0.005)

（续）

	知识技能方程 Lg（考试分数） （最高 20 分）	农药方程 Lg（农药） （千克/公顷）	产量方程 Lg（产量） （千克/公顷）
Lg（机械投入），（元/公顷）			0.002
			(0.002)
Lg（灌溉次数）			0.076 **
			(0.037)
Lg（农药），（千克/公顷）			−0.043 **
			(0.020)

注：表中括号内数字为相应系数的估计标准误；***，**，* 分别表示所估计系数在 1%，5% 和 10% 水平上显著；上述模型的观察值数均为 435，模型估计时均放入了县虚变量，但考虑篇幅本表未列入。

附表 1 - 9　农民知识、农药用量和大棚番茄产量风险控制生产函数模型的估计结果

	知识技能方程 Lg（考试分数） （最高 20 分）	农药方程 Lg（农药） （千克/公顷）	产量方程 Lg（产量） （千克/公顷）
常数项	1.293 **	−1.871	8.790 ***
	(0.570)	(6.986)	(0.844)
农民田间学校虚变量（非田间学校村农户为对照）：			
田间学校学员户	0.212 ***		
	(0.046)		
同村非学员户	0.079 *		
	(0.048)		
Lg（考试分数），（最高 20 分）		1.551	0.784 ***
		(2.530)	(0.260)
Lg（农药价格），（元/千克）		−1.118 ***	
		(0.311)	
秋茬番茄虚变量（春茬番茄为对照）		0.668 *	−0.167 ***
		(0.369)	(0.040)
樱桃品种虚变量（普通品种为对照）		−1.464 *	−0.175 *
		(0.764)	(0.094)
家庭特征变量：			

（续）

	知识技能方程 Lg（考试分数） （最高 20 分）	农药方程 Lg（农药） （千克/公顷）	产量方程 Lg（产量） （千克/公顷）
Lg（人口），（人）	0.075	0.092	−0.126
	(0.093)	(0.734)	(0.109)
户主性别虚变量（女性为对照）	0.128***	−0.492	−0.113**
	(0.050)	(0.557)	(0.058)
Lg（户主年龄），（岁）	0.016	1.371	−0.020
	(0.136)	(1.117)	(0.136)
Lg（户主教育年龄），（年）	0.032	−0.034	−0.014
	(0.052)	(0.474)	(0.029)
村干部虚变量（非村干部为对照）	−0.113	0.297	0.041
	(0.080)	(1.331)	(0.094)
户主务农时间（%）	0.003***	−0.004	−0.001
	(0.001)	(0.012)	(0.002)
家庭非农就业比例（%）	−0.026	0.037	0.095
	(0.151)	(1.443)	(0.170)
Lg（人均固定财产），（元/人）	0.033*	0.004	0.006
	(0.019)	(0.245)	(0.021)
投入变量：			
Lg（劳动），（天/公顷）			0.110***
			(0.041)
化肥投入：			
Lg（纯氮用量），（千克/公顷）			−0.008
			(0.009)
Lg（纯磷用量），（千克/公顷）			0.002
			(0.006)
Lg（纯钾用量），（千克/公顷）			−0.005
			(0.005)
Lg（机械投入），（元/公顷）			0.002
			(0.002)
Lg（灌溉次数）			0.075**
			(0.038)

（续）

	知识技能方程 Lg（考试分数） （最高 20 分）	农药方程 Lg（农药） （千克/公顷）	产量方程 Lg（产量） （千克/公顷）
风险控制函数参数估计：			
c（Weibull 模型中的农药用量估计参数，千克/公顷）			0.001
			(0.001)
d（Weibull 模型中的知识技能水平参数，千克/公顷）			−0.001
			(0.001)

注：表中括号内数字为相应系数的估计标准误；***，**，*分别表示所估计系数在 1%，5%和 10%水平上显著；上述模型的观察值数均为 435，模型估计时均放入了县虚变量，但考虑篇幅本表未列入。

　　若将知识技能方程的估计结果和产量方程的估计结果结合分析，则可以得出农民田间学校的效果及其技术信息扩散的效果。由于田间学校学员和同村非学员分别比对照村农户的生产知识与技能高（附表 1-8，附表 1-9），从而有田间学校的培训效果所引起的增产作用 15.5%（=0.212 * 0.732）到 16.6（=0.212 * 0.784）之间；农民田间学校技术信息的扩散效果所引起的增产作用为 5.5%（=0.076 * 0.732）到 6.2%（= 0.079 * 0.784）之间。这一结果与附表 1-5 得出的结果虽略有出入，但出入不大。

　　除上述研究的目标变量外，一些控制变量也显示了有意思的估计结果（附表 1-8、附表 1-9）。农户家庭特征变量中，男性户主的知识与技能达到显著水平且为正值（系数为 0.128），表明在控制其他因素的条件下，男性户主农户的大棚番茄生产知识和技能平均比女性户主农户高 12.8%，这也与目前农村的实际情况相符合。户主务农时间变量系数为显著的正值（系数为 0.003），表明户主务农时间越多，其大棚番茄生产的知识和技能水平越高，这主要与其生产经验有关。农户的人均固定资产变量系数为正值（系数为 0.033），表明人均固定资产越高的农户，其大棚生产知识与技能也越高，这也与实际情况相符合。通常情况下，目前中国农村地区居民的收入水平与智力水平密切相关，智力水平越高农户，其赚钱能力越强，其具有比其他农户更高的接受新知识和技能的能力。

　　秋茬番茄变量系数在农药方程中为正值且达到显著水平（附表 1-8，附表 1-9），表明秋茬番茄生产上农民用了更多的农药。该变量系数为 0.666 表明在控制其他因素的条件下，秋茬番茄比春茬番茄平均要多用

66.6%的农药。然而,即使在多用农药的情况下,该变量系数在产量方程中的极显著负值表明,秋茬番茄比春茬番茄产量也低14.4%~16.7%。

虽然樱桃品种变量系数在农药方程和产量方程中分别为负值且达到显著水平(附表1-8、附表1-9)。表明在控制其他因素的条件下,与普通品种相比,樱桃品种的产量显著低于普通品种(比普通品种低17.5%~25.1%),但普通品种的农药用量要比樱桃品种高1.464~1.467倍。如果结合附表1-5和附表1-6模型的结果进行分析,则可发现,对于种植樱桃品种的农户而言,其大棚番茄的净收入与种植普通品种无显著差异;其资金投入的回报率、劳动投入的回报率与普通品种也无显著的差异。

需要特别注意的是,主要投入变量中除农药投入外,仅劳动投入和灌溉投入变量的系数达到了显著水平(附表1-8、附表1-9)。一方面表明大棚番茄生产需要较多的劳动投入和灌溉投入,劳动密集型及科学的灌溉是大棚生产的重要特点;同时也表明目前北京市的大棚番茄生产存在着化肥过量施用的现象,农民增加化肥投入不能显著提高番茄的产量。这也表明减少化肥投入将是未来北京市大棚番茄生产技术应该重视的环节。

五、结论与政策建议

1. 农民田间学校对北京市农民的大棚番茄生产影响显著

本研究通过对大棚番茄植物保护农民田间学校的研究表明,农民田间学校显著提高了农户的作物产量和农户的净收入。与对照村农户相比,在控制其他因素的条件下,田间学校学员户的大棚番茄产量提高了约12%~16%,净收入提高了约16%~24%。该数字相对于北京市政府投入到农民田间学校的各项培训经费而言,无疑具有较高的回报率。因此,继续扩大农民田间学校的规模,加强对农民田间学校的培训投入,不仅对于促进北京市郊区农村的经济发展,提高农民的收入具有重要的现实意义,而且对于全国其他地区也具有重要的借鉴意义。

2. 农民田间学校显著提高了农户的生产知识与技能

研究发现,农民田间学校显著地提高了农户的基本生产知识与技能,而这些能力的改进有效提高了农户的生产水平和生产效率。为此,通过各种措施提高农民的生产知识与技能,将是未来北京市政府最好的政策选择之一。本研究也发现,农民田间学校学员能力的提高不仅可能来源于政府相关部门对农民田间学校学员的培训活动,而且也可能来源于农民田间学校学员日常活动间的相互交流。从这一意义上讲，作为一有效提高农民基本生产知识与技能的机制，农民田间学校发挥了重要作用。为此，将农民组织起来，通过加强其相互间的交流，可以有效提高农民的生产知识和技能，从而有利于提高其农业生产水平和生产率。

3. 农民田间学校显著提高了农民的劳动回报率

虽然本研究发现农民田间学校显著提高了农户的产量和净收入，但却未能显著提高农户的资金投入回报率，仅劳动投入回报率显著提高。表明农民田间学校在使农民采用了提高产量的技术的同时，其资金投入的效率并未改善。这可能是由于田间学校农户所接受的技术信息中，有关提高资金投入效率的技术稍显缺乏；也可能是由于这些学员户在生产上采用了以资金投入替代劳动投入的技术，其结果导致劳动回报率提高，而资金回报率未能改善的状况。这一结果的政策涵义在于，应加强对目前田间学校学员采用的技术规范进行研究，探索进一步提高其劳动回报率的同时，提高其资金回报率的可能性，并在未来相关田间学校的各项培训活动中，加强这一方面的培训。

4. 农民田间学校改善了农民的环境保护意识

虽然本研究发现更多的农民田间学校学员采用了节水灌溉和环境友好施肥技术，但若从采用这些技术的人数比例来看，即使农民田间学校学员，也仅才占其农户总数的四分之一左右。表明农民采用环境友好技术的比例仍有巨大的潜力，政府应就这些技术开展研究，在不增加农民劳动和资金投入的同时，使更多的农民采用这些技术。需要特别指出的是，目前北京市农民的大棚番茄生产的化肥投入效率低的问题并未解决，如何使农民科学合理地施用化肥，有效提高其利用效率，也是未来影响大棚技术发展的重要内容。

5. 农民田间学校学员大棚番茄生产的农药施用量并不低于对照农户

虽然更多的农民田间学校学员采用了正确的打药时间，但其打药次数、农药成本和农药用量均是最高的。表明大棚番茄农民田间学校在提高农药施用效率的技术上仍有较长的路要走。虽然政府部门曾对农民在施用低毒高效农药上做了大量工作，但这并未使农民的农药施用成本大幅度降低，如果在短期里这一相关技术部门无法拿出高效低毒低成本的技术，农民的农药施用技术可能会走回头路。为此，科学地选择出相对高效低毒低成本的农药，并尽快向农民推广成为当前优先的政策选择。

附录2 北京农民田间学校"图片集"模拟教学方法

一、《图片集》的意义

农业推广和农民培训方法创新主要体现在农业推广人员或辅导员根据产业发展需求和农民培训需求，认真总结农业生产经验和农民学习经验所努力提炼和总结出来的一些发明创造成果。这些成果很鲜活、接地气，具有一定的科学道理，又散发着十足的乡土气息，是促进产业发展和新农村建设的重要推动力。

几年来，在北京市各级政府的大力支持下，通过广大技术干部特别是农民田间学校辅导员的努力工作，北京市农民田间学校积极贯彻以农民为中心、以产业为主线、互动式培训、参与式学习的原则，无论在需求调研，还是在农民田间学校开办程序和方法上都积累了丰富的经验，作出了显著的成绩。尤其是当现代农业产业技术体系北京市创新团队成立后，农民田间学校作为创新团队中的一个层级，在推动农业技术落地，解决科技推广"最后一公里"问题上发挥了积极的作用，成为了研究、推广和农民之间的重要桥梁和纽带。

作为一名农民田间学校辅导员的代表，王凤山同志在农民田间学校的培训过程中，勇于实践，勤于思考，善于钻研，在工作过程中发明了"图片集"的模拟教学方法，并在工作中通过运用这种方法，总结出一套使用"图片集"开展农民田间学校参与式培训的具体做法和经验并编写了《图片集模拟教学》一书。本书说明，"图片集"不但可以规避技术观摩的防疫风险，还不受时间和空间限制。比起身临其境观摩来，能够使学习内容更全面、更系统、更能体现参与式学习过程。因此，即使可以观摩的项目，应用"图片集"模拟教学形式也不失于一种提高学习效果的学习方法。

学习《图片集》的意义在于：①从事不同产业发展的广大农民田间学校辅导员能够学习和应用这种推广和培训方法，推动北京市农民田间学校在满足农民需求，提高培训质量上更上一个新的台阶；②鼓励工作在基层生产第一线的农业推广人员和农民田间学校辅导员不断努力学习，积极探索，求实创新，为推动北京市都市型现代农业的发展和学习型农村建设作出突出的贡献。

二、《图片集》的概念和作用

1. 什么是图片集？

"图片集"就是把内容相互关联的照片或绘制的图片，粘贴到展示板上形成的图片集合。它既是现实场景关键要素的记录，也是某一现象或技术关键环节的视觉描述。

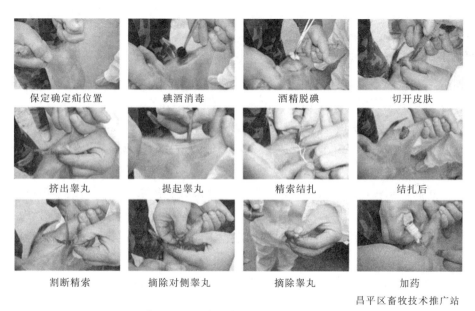

保定确定疝位置	碘酒消毒	酒精脱碘	切开皮肤
挤出睾丸	提起睾丸	精索结扎	结扎后
割断精索	摘除对侧睾丸	摘除睾丸	加药

昌平区畜牧技术推广站

附图 2-1　猪阴囊疝去势手术图片集

农民田间学校的培训经验证明，利用"图片集"代替现场观摩，作为辅助教学的工具来模拟现实场景，是向农民传播知识和技能的一种新的有效的培训方法。这种方法形象、生动，虽然农民田间学校的学员不在现场，但却犹如身临其境，给人以现场实际观摩的感受、提示和启发。

2. 图片集有什么作用？

（1）可以解决培训中需要实地观察但又担心所带来的传染风险问题。目前，饲养动物的主体由规模化和集约化的养殖场，还有大部分养殖专业户构成。生产比较分散，防疫基础薄弱，疫病种类多，蔓延范围广。尤其是传染性的疫病，具有传染扩散的特点，一旦发生很难扑灭，给经济造成灾难性后果，人畜共患传染病还会威胁人类的健康。因此，客观实际要求养殖者采取封闭式的饲养管理。

农民田间学校在对农民进行培训时，要围绕生产实际情况，以农民现有的知识和技能为基础，采取参与式、互动式和启发式的教育培训活动。核心问题是不能脱离生产实践，要求培训者和被培训的对象对生产现状有全面而清楚的了解，

附图2-2 农民培训1

这样制定的培训计划才能有的放矢，培训效果才能明显。因此，主观要求培训者或者培训者联合被培训对象，要经常深入生产一线，能够随时、全面客观地掌握生产实践的动态信息变化。

3. 观摩是获得第一手资料的有效方法，却有防疫风险。

获得全面可靠的第一手生产资料，最佳的途径之一就是观摩，亲自到养殖场或养殖专业户去观察去了解。

然而，畜牧业封闭式的管理，限制了外来人员的进入，因为很多传染性疫病会通过接触而传播，所以畜牧业农民田间学校进行现场观摩，有潜在的防疫风险。受防疫风险的影响畜牧业仅有少部分畜种（如羊），和部分畜种的某些阶段可以观摩（如成年散养蛋鸡）。缺少现场观摩时，凭借语言对生产现状进行描述空洞，而且同一现象因不同人的主观认识不同也容易出现较大的偏差。借助动物解剖模型来说明，很多知识也不能直接表达，只能是间接地描述。缺乏详实准确的生产一线的信息和资料，影响了田间学校办学效果。因此如何在确保动物安全生产的情况下，获得全面、真实、系统的生产一线资料，成了推广培训工作者要解决的难题。

作物种植受季节的制

附图2-3 农民培训2

约，并不是每个季节都能观摩培训所需要的作物，农闲时农民的时间比较充裕，是组织培训的好时机，可以用"图片集"来组织农民学习。也可以在某一作物播种前，先用"图片集"组织农民培训，先让农民有一个整体上的认识，然后在其生长季节跟踪培训，增强培训效果。对于新品种可以从引入地获取技术资料，尤其是图片类的视觉资料，转化成图片类信息提供给农民，让农民根据已经有的知识和技能做出判断，并制作成图片集，辅导员据此进行点评。

种植业随着国际间交流与合作的加强，我国也从国外引入了很多植物的新品种，这些品种也要求将新品种种植在相对封闭的环境中，进行封闭式的管理，建设疫病的感染和外来疫病的传播，这样同畜牧业一样面临相同的防疫问题，受其影响阻碍了获得足够的第一手资料，致使培训效果不显著。

利用图片集的方法，可以解决上述种植业和养殖业培训中需要实地观察但又担心所带来的传染风险问题。

可以避免现场观摩考察局限性，提高培训针对性，从而提高学习效果。

进行现场观摩和考察时，种植业和养殖业也存在两个问题。

一是典型症状不容易捕捉。动物或者作物的典型症状或表现，不容易在短暂的观摩考察过程中就被捕捉到，尤其是疫病的典型症状不容易找到。如动物大部分疾病只有到发病后期才出现示病症状，其他的时间看不到。对于农民知识和技能的培训要求对某一品种的动物或作物进行全面而系统的培训，因此很多内容不能通过观摩而解决。见附图 2-4 小麦茎蜂病的典型症状。

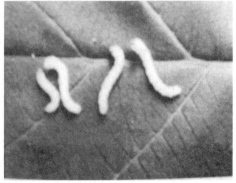

附图 2-4　小麦茎蜂病的典型症状

二是不容易观察到技术过程的全貌。一项技术的有很多关键环节，会分布在不同的时间段内，它随时间的推移逐一表现出来，受观摩时间的限制很难观察到整个过程的全貌。如青年羊的育肥技术，育肥前期、育肥中期和育肥后期，不同的阶段要根据生理和生产的需要，有针对性地采取相应措施。该项技术从育肥准备工作开始，到育肥羊出售全程需要 4 个月的时间。见附图 2-5 羊的舍饲育肥技术程序。

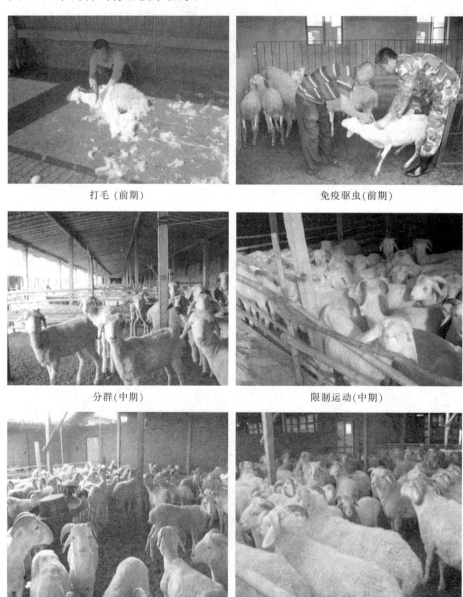

打毛（前期）　　　　　　　　　　免疫驱虫（前期）

分群（中期）　　　　　　　　　　限制运动（中期）

羊膘情（育肥前）　　　　　　　　羊膘情（育肥后）

附图 2-5　羊的舍饲育肥技术程序

（2）有助于收集农民智慧，总结乡土知识。农民参与生产实践，对于某一行业中应用的技术和技能有切身的体会，虽然没有接受过系统的培训和教育，但是生产实践经验丰富，是技术或技能的应用者，他们最有发言权。技术培训和推广人员要善于发现并捕捉到农民智慧的闪光点，通过文字或图片的方式记录下来，制作成"图片集"和更多的人分享，提高生产效率和增加经济收入，同时也能启发和引导农民进行发明创造，为某一行业或某项技术的发展产生积极影响。

田间学校培训的过程中，组织农民进行参与式培训，对于同一问题农民、辅导员和专业技术人员会从多个角度来考察，提出不同的意见和建议，对其进行有益补充和完善，其中很多观点和建议的内容都可以通过图片来表达，如产蛋箱多层、单层、立体式等。这些材料和图片通过长时间的积累，就可以编辑成图文并茂的图书，书中的内容来自于生产一线，是经过实践证明和检验的，可以作为农民生产实践的指南，深受农民欢迎。

三、《图片集》的特点和分类

1. 图片集的特点

（1）针对性。"图片集"围绕一个主题来组织安排图片，反映的是一个问题，主题明确。如一项技术的关键环节或一种现象的典型特征。产蛋箱的图片集，所有的图片都是产蛋箱，不掺杂任何其他内容，这样容易对比，便于总结和发现问题。

（2）实效性。图片的采集或绘制来源于一线的生产现状，反映的是当前生产的状况。很多图片采集于被培训对象的养殖场，他们亲身经历了生产实践，熟悉的图片能激发农民的兴趣，他们也最有发言权。另外，对于一项技术按时间的发展演变过程通过图片展示，还能总结其中的经验和教训，给人以启发。如饲养柴鸡雏鸡垫料的变化：最初用稻壳或锯末，缺点是易燃有火灾发生的隐患，另外鸡还采食垫料，引起消化不良；然后改用体积较大的木屑或刨花，虽不容易发生火灾，但是不吸湿比较容易板结，鸡趴卧不舒服；后来用稻壳或锯末上面铺硬纸板，纸板能吸湿，还遮挡了下面的垫料鸡不能采食，而且纸板下面填充的物质只要保证干燥柔软，就可以就地取材降低材料成本。

（3）实用性。就"图片集"本身而言，制作简便，成本低廉，使用方便，深受农民和技术人员欢迎。将图片粘贴到纸板、泡沫板或白纸等载体上，图片可以根据培训内容而随时更换，不需要很多的资金，就可以制作成不同内容的"图片集"，作为辅助教学的工具。另外，"图片集"体积小重量轻，携带和教学应用时都很方便。

就"图片集"培训效果而言，因图片形象直观，反映了当前的生产现状，容易和农民产生共鸣，农民能从中获得解决问题的答案或得到有益的启示和启发。

"图片集"打破了时间和空间的限制，它将某项技术或者某些知识进行了总结和提炼，浓缩到图片上。可以在作物休闲期间通过图片进行培训，也可以对引进的新品种自引入地采集图片，制作成专题图片集，通过这些一手资料组织农民进行参与式培训，农民根据以往的知识和技能进行判断，从而掌握新品种的生产知识和技能。另外，对于有相关经验的知识点，制作成图片集减少了组织农民到生产现场观摩所需要的资金，也节省了的观摩时所需要的时间。

"图片集"还可以作为分析某些问题的工具，图片集合会给人以提示和启发，从不同角度分析问题，还能创造性的解决问题，或者发明创造新的技术和新的产品。

如在实践中的"盲肠性球虫病快速诊断技术"。见附图2-6。

 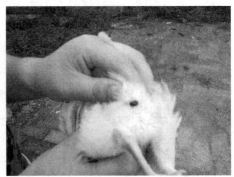

步骤1　肛门洁净　　　　　　　　　　步骤2　挤压腹部肛门出血

附图2-6　"隐蔽式产蛋箱"和"盲肠性球虫病快速诊断技术"

（4）系统性。能够全面、系统反映一个现象的不同侧面，或者一项技术的全貌。便于对某一专题的内容进行总结归纳，提炼并能进行升华到理论的高度。

例如通过把室内和室外的产蛋箱，单层、多层和立体式的产蛋箱，不同材料制作的产蛋箱等的图片集合起来，通过总结提炼出制作和放置产蛋箱的原则：鸡在产蛋时能感觉到安全，能够自由出入，并能隐藏不易被人发现；产蛋箱内光线要暗；产蛋箱最好做成扇面形门；产蛋箱内要有柔软的垫料，鸡趴窝舒服；产蛋箱放置的位置要安静。

将某一产业的"图片集"综合起来，能形成系统的培训教学资料，便于对根据不同产业特点，对推广培训工作进行总结。例如就散养蛋鸡产业做成系统的"图片集"，《图说散养蛋鸡养殖技术》作为培训材料。

（5）安全性。

①摄取照片做好防护，降低防疫风险。辅导员深入到生产一线搜集照片时，心中要有防疫意识，具体操作时做好相应的防护工作，除本场工作人员以外，均要穿隔离服，以确保卫生防疫安全。辅导员还可以让农民自己拍摄照片，帮助农民对照片进行整理，并指导农民拍照，达到通过图片把要表达的内容记录下来的目的。

②减少了到现场观摩的人数和次数，降低防疫风险。制作成"图片集"进行模拟场景，不用组织农民现场参观考察也能获得一线的信息，而且更典型更全面，弥补了教学中缺乏现场观摩而脱离生产实际的不足，规避了畜牧业和种植业现场观摩可能发生的防疫风险。

③采纳应用"图片集"中的技术和技能有安全保障。照片所表达的知识、技能以及方法和措施，是农民生产实践的总结，已经被采纳应用，实践证明是安全可行的，农民内心进行尝试时可能存在风险的疑虑就被打消了。这样会增加农民接受新知识和技能的信心，提高采纳应用率。

2. 图片集的分类

（1）现象表达类。将这一现象的典型特征性照片都粘贴到纸板上，侧重于表达某一现象的全貌，从不同侧面或角度反映同一现象。

如鸡蛔虫病，鸡外观"孔雀开屏"症状、鸡肛门的症状、解剖后肠道内的虫体、蛔虫虫体。

蛔虫病症状

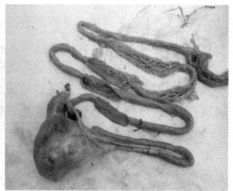
肠道内有虫体

附图2-7 鸡蛔虫病的症状及蛔虫虫体

例如：不同植物需要的水量不同，相同土壤中有不同表现。

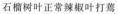
石榴树叶正常辣椒叶打蔫

石榴树叶和辣椒叶正常

附图2-8 不同水量下的石榴树叶和辣椒叶

例如：小麦发生根腐病时，小麦的叶片、成株根系、茎和穗的典型病理变化。

麦田根腐病小麦

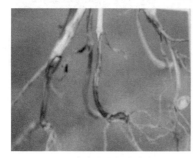

根腐病小麦根病变

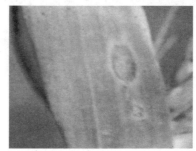

根腐病叶片病变

附图 2-9　小麦根腐病状

　　(2) 技术表达类。把一项技术的关键环节，按照逻辑关系排列，通过照片（或图片）系统地表达出来，侧重于技术要点和逻辑关系。例如柴鸡发酵床制作方法：地面铺 20 厘米厚稻壳—撒菌种—铺 20 厘米锯末—撒菌种，以上重复一次达到 80 厘米厚 4 层菌种。

　　(3) 比较表达类。根据田间学校活动日培训的内容，提前将原则性错误的反面典型材料或者错误的做法用图片记录下来（有时需要辅导员有目的地拍照或自行设计现场），集中粘贴到纸板上。如柴鸡栖架——用木板或粗木头制作上下垂直。正确的方法——用细木棍做成斜面。将两种形式的栖架都制作成"图片集"，让农民观察明显错误的，使之产生争论，点评时再用正确的，通过资源人介绍，总结出做栖架的原则：利用斜面增大表面积并防止

附图 2-10　柴鸡发酵床制作

鸡粪落到鸡身上；用细木棍便于鸡抓握。

错误做法　　　　　　　　　　　　　正确做法

附图 2-11　柴鸡栖架的做法

附录3 新型职业农民培养模式

——北京农民田间学校模式

**摘自农业部 2015 年编辑出版《新型职业
农民十种培养模式》一书**

一、背景

2005 年，北京农业发展进入都市型现代农业发展阶段，由于北京农业生产资源禀赋匮乏，生产投入成本高，产品市场竞争力弱。农业从业人员少，文化程度低，年龄偏大。从事一产的农民初中以下（含初中）文化程度占 80.6%，40~50 岁及以上劳动力占 80%，从整体上看，京郊农民的科学文化素质不高。非政府的农业社会化服务组织尚处于初步发展阶段，尚不能满足以农民需求为导向的综合服务。基层农业技术推广体系机制不新，队伍不活，人员知识结构老化，推广方式落后，服务方式单一，"灌输"式培训，行政化推广，导致农业科技成果转化率低，不能满足农民技术需求和产业多元化发展的需求。

为克服上述制约因素，实现首都农业的可持续发展，北京进一步加大体制与机制、技术与方法、政策与组织等方面的创新力度，转变发展方式，破解发展难题，加快培育和形成了一支有文化、懂技术、会经营新型农民队伍，推动都市型现代农业又好又快发展。

二、做法

（一）明确目标任务

（1）目标。按照优势主导产业和特色产业发展要求，结合高产创建、无公害安全生产、标准化生产，开展一村一品的农民田间学校建设。采取整村推进的方式，连续支持三年，探索建立长效运行机制，并努力将农民田间学校逐步建设成为农村科技成果转化站、提升农民素质的培训站、现代科技与市场对接的信息站以及乡风文明的辐射站。帮助农民树立人与人、人与社会、人与自然合作互助、共同发展、和谐相处的意识，培养农民科学思想和科学精神，提高科学素质和健康文明的生活能力，造就一支有文化、懂技术、会经营的新型农民队伍。

（2）任务。三年新建农民田间学校 500 所，培养新型职业农民或农村乡土专家 1.2 万人左右，辐射带动 30 万左右农民采用新技术，使农民的科学知识和生产技能显著提高，农产品综合生产能力显著增强，农产品检测合格率 100％，农民户均收入平均增加 15％以上。培养 1 400 名农民田间学校辅导员。完善辅导员再培训机制，定期组织辅导员知识更新与技能提升培训，并实施资格准入制。每所农民田间学校建设，要逐步实现"六个一"的标准，即在一村里组建一个技术指导小组（或新型职业农民活动俱乐部），培养一名农民田间学校辅导员（村技术推广员或科技协调员），带动一批科技示范户，建立一个科学试验示范田（场），发展农民田间学校互联网（建立新型职业农民微信平台），建立一个农业技术信息宣传栏。

（二）明确实施主体

明确区县政府主管部门为组织推进农民田间学校的实施主体，负责组织与管理。市、区县农业、科技、财政等有关部门联合推动，农民田间学校建设资金，采取市、区县两级筹措，集中专项使用，充分发挥各职能部门积极性，多渠道筹措资金，因地制宜，统筹规划，以加快区县农民田间学校发展。

新型职业农民培育以公益性推广机构为主导，坚持多元化办学。鼓励和支持各级推广机构、在京农业大专院校、农业科研院所、涉农企业、服务型中介、农村合作组织、农业专业协会、种养殖规模场、科技园区、农村专业生产大户、科技示范户等参与开办农民田间学校。

（三）打造辅导员队伍

辅导员队伍的建设是农民田间学校快速发展的人才保障，是新型农民培养的重要师资。每期对辅导员集中脱产培训 10 天，考核合格者颁发培训证书，持证上岗。要求辅导员规范掌握五部分内容：一是学习掌握参与式农民需求调研的程序、方法（小组访谈、观察、问卷等）、工具（头脑风暴、打分排序、季节历、问题收集分析表、问题树、目标树等）；二是学习掌握农民田间学校的办学流程；三是学习掌握参与式培训方法及工具（演示性试验、农田生态系统分析、小组讨论、案例分析、经验分享、角色扮演、团队游戏等）应用；四是学习掌握农民活动组织的方法与技巧，主持能力及沟通表达能力；五是学习掌握培训效果的评估方法等。

三、特色

（一）组织方式

农民田间学校在农民自愿、政府扶持、上下联动、服务产业、科技支撑、管理规范的原则下开办。由市、区（县）农业行政或行业管理部门统一管理，由农业技术推广部门牵头组织，鼓励科研院所、协会、企业、合作组织等积极参与。

（1）市、区（县）农业行政或行业管理部门负责制定发展规划，实施管理。负责本行业农民田间学校辅导员的培养，提供条件支持，总结开办模式，探索长效机制。

（2）市、区（县）农业技术推广部门（含农广校）、科研机构、大专院校、协会、企业、合作组织等是农民田间学校办学的技术依托单位，要严格按照管理规范操作，为辅导员的素质提升和工作开展提供必要的环境和条件。农民田间学校开办实行合同制管理，明确各方责任。

（3）在农民田间学校结业后一个月内，由技术依托单位向有关市、区（县）农业行政或行业管理部门及技术依托单位技术及管理部门提交总结，并将全套教学教案与学员档案全部资料存档备查，由技术及管理部门统一对农民田间学校开办效果进行考核评估。

（二）培训特点

（1）参与式。所有学员是自愿和积极主动参与各项活动，积极动脑、动口、动手，在活动中辅导员扮演组织管理和协助的角色。

（2）启发式。基于生产中的实际问题，辅导员引导农民进行分组集体讨论、综合分析，寻找解决途径。

（3）互动式。针对生产中的实际问题，农民学员之间，农民学员与辅导员之间平等交流，共同讨论，寻求共识。

（4）实践式。以农田为课堂，以农田生态系统为对象，以实践为手段。

将专业知识和实践观察、实际操作紧密结合。

（5）经验式。农民根据自己以往的经历，通过讨论交流，相互分享经验来达到互相学习，取长补短的目的。

（6）循环式。学习过程循环往复，前一期的学习结束是下一期学习的开始。

四、流程

北京农民田间学校开办程序统一规范，在四部门联合发布的《关于加快京郊农民田间学校建设实施意见》（京农发〔2008〕45 号）中，明确提出农民田间学校开办程序：

（1）开展农民需求调研。农民田间学校开办前，要围绕当地优势主导产业，采用快速农村参与式评估方法，进村与农民共同讨论与分析产业发展问题与技术需求，并形成农民技术与培训需求调研与分析报告。

（2）确定学员、制订培训计划。在农民自愿的基础上，确定 30～50 名学员，吸收当地科技示范户、种植养殖规模大户。依据农民需求调研结果，编制培训计划，并与全体农民学员共同讨论确定。培训时间一般根据产业的不同特点来定，每个产业都要完成一个生产季。

（3）进行技能与知识测试。采取票箱（BBT）的方法，组织农民学员进行训前、训后知识水平和技能测试，包括农业生产常识、合作协作意识、食品安全意识、环境保护意识、田间自理能力等，以掌握农民知识和技能现状。根据测试结果，调整教学内容。

（4）组织农民学习活动日。围绕村主导或特色产业，开展全生育期技术指导与培训。根据农民需求和生产季节，一般每 1 至 2 周举办一次农民学习活动日。活动日内容主要包括建立试验示范田、农民参与科学试验、农民专题讨论、团队建设活动、种植、养殖生态系统调查分析等，组织互动式交流，共享技术与经验。

（5）指导农民总结学习成果。种植、养殖整个生育期结束前，辅导员指导农民学员对全过程培训的关键技术内容进行总结，由农民学员分组完成学习成果展板制作。

（6）进行效果评估与需求分析。农民田间学校开办过程中和结束前后，分别组织来自不同层次的管理者、辅导员及农民学员参与的开办效果评估，随时掌握农民对技术与培训内容变化的需求，并有针对性地调整教学内容。

（7）评选优秀学员，建立技术指导小组。田间学校开办过程中，协助村级逐步建立技术指导小组，培养1～2名农民辅导员（村级推广员或科技协调员），确定科技示范户，建立宣传栏。

（8）举办开学和结业典礼。农民田间学校首次开办前，可组织开学典礼，以确立农民主体意识和增强农民自信心。学习结束时，组织结业典礼，邀请非学员参加，农民学员分别汇报学习成果，分享经验，宣传效果，提高认识，促进辐射带动。

五、评估

培训效果是农民田间学校是否具有吸引力和凝聚力、科技成果是否落地产生效益的重要依据。除农民培训前和培训后进行的票箱测试（BBT）外，制定了外部评估、内部评估指标体系及操作方法。内部评估是辅导员和学员对推广培训效果的评估；外部评估是科研院所和大专院校的独立评估，独立评估包括样本村和非学员的对照样本。为此，在农民田间学校效果评估方面，具体考核评估指标分两级，一级指标包括需求评估、计划评估、实施评估。二级指标包括：①需求调查计划、方法、过程与培训间距分析；②培训内容与农民需要解决的问题的联系性、学习安排的适应性、培训时间与地点；③培训方法与技巧适应性（包括学员课堂参与度、讨论提问、教学辅助设备、发放图画＋文字的材料或光盘、课后作业与应用安排、知识技能要点等）；④效果评估，包括理解率（懂不懂）、应用率（用没用）、效益率（好不好）以及学员独立获取信息、自我组织与自我决策能力等。上述指标体系用于农民评估、辅导员评估、管理与实施单位评估、网络评估。

六、机制

农民田间学校建设与新型职业农民培育工作能够长期运行，关键是建立了上下互动的管理工作机制、运行与技术支撑工作机制。

（1）管理机制。依据《北京市人民政府贯彻国务院关于深化改革加强基层农业技术推广体系建设意见的实施意见》（京政发〔2007〕22号）、《关于加快京郊农民田间学校建设实施意见》（京农发〔2008〕45号）和《现代农业产业技术体系北京市创新团队建设实施方案（试行）》（京农发〔2009〕44号），构建了高效的农民田间学校建设管理工作机制，成立了由市农委、市科委、市财政、市农业局参加的市级农民田间学校建设管理协调小组，负责农民田间学校统筹工作，研究制定相关政策；各区县分别成立了由区县农委、农业、科委、财政等区县农民田间学校建设管理协调小组，负责本区县农民田间学校建设统筹规划，制定扶持政策，落实资金匹配，进行监督检查。

（2）运行机制。由市级推广机构和各区县种植与养殖技术服务中心、乡镇的农业推广部门组成市、区县、乡镇三级农民田间学校建设与新型农民培育执行工作小组，并明确各级、各部门的职责与分工，负责促进农民田间学校开办，按照"六个一"标准加快建设和落实新型农民培育工作。

（3）技术支撑。农民田间学校建设与新型农民培育需要有强大的技术团队作支撑。通过北京现代农业产业技术体系北京创新团队以及农民田间学校工作站的构建，将中国农业大学、中国农科院、北京市农学院、北京市农林科学院、北京农职院等科研院所、大专院校等部门专家资源整合到农民田间学校平台。区县、乡镇推广机构、协会、合作社、企业等将技术指导员培养为田间学校辅导员，形成了上下互动的技术支撑工作机制。

七、成效

（一）获得了农民的广泛好评

自 2005 年至 2013 年，北京市围绕一村一品主导产业在 937 个村开办农民田间学校，培训新型农民学员 27 974 名，举办农民活动 33 728 期。其中，畜牧产业开办 351 所，蔬菜产业开办 297 所，粮经产业开办 182 所，果品产业开办 69 所，水产业开办 38 所。每所农民田间学校连续开办 3 年，受到广大农民的热烈欢迎，农民称赞这种培训方式：看得见、摸得着、用得上、记得牢。

（二）受到了国际 FAO 高度评价

2007 年 8 月 30 日，第 24 届亚太植保大会召开期间，美国、日本、泰国等 30 多个国家的 100 多名农业部官员观摩顺义蔬菜农民田间学校时给予了高度评价。2007 年 10 月 25 日，美国昆虫学教授、试验站和推广站站长等组成的"美国病虫害综合防治推广方法考察团"，观摩了北京农民田间学校，认为这种动手参与、田间实践学习，使农民掌握了有害生物综合控制技术，对保障食品安全有重要意义。2008 年 8 月在广西"中国 FAO - PRR 项目 TOT 毕业典礼暨农民田间学校现场观摩"会上，联合国粮农组织亚洲区域负责人也对北京政府推动农民田间学校模式给予了高度评价，指出这是政府加强农村农民和技术人员能力建设的典范。

（三）加快了新型农民能力建设

据统计，到 2012 年全市共培养新型职业农民"乡土专家"3 708 名，新型职业农民"示范户"13 295 名。在蔬菜高产创建中，农民田间学校学员连续 2 年获得第 1 名，获奖人数占全市获奖比例的 46.4%，为周边农民解决生产中的实际问题，起到了很好的"传、帮、带"作用。根据 103 所农民田间学校学员 BBT 票箱测试统计结果显示，训前训后学员成绩平均提高 40.3%。其中，识别病虫害准确率由 35% 提高到 61%，配置农药准确率由 50% 提高到 82.5%。畜禽疫病免疫成功率由不足 40% 提高到 95% 以上，鸡白痢发生率由 30% 降低到 10% 以下，畜禽舍消毒药配比和使用准确率达到 98% 以上。

农民学员生产方式明显转变，生态、安全、环保意识显著提高。学员普遍采用环保安全投入品和确保质量安全的生产技术，掌握了识别保护常见天敌和使用物理及生物防治技术。设施蔬菜一个生长季使用农药减少 3~10 次，养殖农户自发拒绝使用违禁药物，减少抗生素使用，严格执行休药期，安全使用药物比率达到 100%。

（四）提高了农技推广人员能力

到 2012 年全市培养辅导员 1 220 名，培养出骨干辅导员 153 名。协助农业部管理干部学院举办全国辅导员师资班 9 期，培养了辅导员师资共 543 人。在开办农民田间学校过程中，农技人员普遍提高了参与式推广与培训的 8 种能力：调研与编写能力、沟通和协调能力、组织与调动能力、辅导与培养能力、学习与创新能力、评估与总结能力、汇报与宣传能力、运行与管理能力。辅导员在实践参与式推广与培训中，对农民学员用"心"投入、用"心"感染、用"心"调动、用"心"发掘，获农民好评，对辅导员培训满意率打分平均为 9.6 分（满分为 10 分）。

（五）促进了科技成果有效落地

据统计，8 年来，通过农民田间学校推广的新品种、新产品 635 个，覆盖率达 85% 以上；新技术 572 项，覆盖率达 80% 以上。为加快先进实用技术推广，还录制了 30 部实用技术片，制成光盘由北京出版集团出版，政府购买，免费向 3 945 个村发送，在北京公共频道播出，获农民好评，促进了农民学技术、用技术。根据郊区 16 个村的 365 户 435 个地块（品种）设施番茄种植农户的调查显示，田间学校学员的大棚番茄产量比非学员高15%～18%，综合管理更加精细化。据不完全统计，通过农民田间学校培训的种植业户，产量提高 8%～25%，户增收 0.3 万～0.8 万元。生猪养殖户通过人工授精技术，使母猪配种年成本由每头 190 元降到 15.2 元。母猪生产能力显著提高，仔猪成活率由 70% 提高到 90%。

八、经验

（1）政策与管理是保障。新型职业农民的培育是一把手工程，领导重视才能通过制度、政策和绩效考核来鼓励和激励，否则，培育工作将流于形式。抓管理、抓质量是能否将培育工作持续推进的关键。

（2）规模化和集约化产业发展是基础。没有一村一品或一镇一品的规模化产业发展，就很难进村或镇开办农民田间学校。因此，开办学校地点选择，要以产业规模化、集约化村或镇为重点。

（3）辅导员是关键。辅导员必须掌握参与式、互动式教学方法和工具，具有一定的生产实践经验和技能，具有较强敬业精神、服务意识，熟悉当地农情、地情和民情。以农民生产的实际问题为辅导内容，自己动手调查、分析、制作课件。有能力组织农民、调动农民，激发农民自主获取新知识的原动力和创造力，提升农民在农业生产中的"自理"能力，增强农民发展生产的信心。

（4）农民试验或示范田是载体。试验或示范田是新产品、新技术、新品种展示的重要基地，是农民实操、实践科学思想、科学知识、科学技术的重要载体，是非正规成人教育重要手段，没有试验示范田，很难完成参与式教学任务与目标。

附录4 北京市"农民田间学校"
建设项目管理办法

第一章 总 则

第一条 宗旨。为加强对全市农民田间学校建设项目的规范化管理,确保办学质量,提高运行效率,探索总结经验,推动农民田间学校建设有序发展,特制定本办法。

第二条 定义。农民田间学校是联合国粮农组织发起的一种参与式、互动式农民素质教育模式。提倡以人为本、能力为先、自下而上的培训理念,鼓励农民动口、动脑、动手,增强农民的自信心、生态意识和团队精神,提高农民主动学习、自主生产和决策能力。

第三条 指导思想。以"三个代表"重要思想为指导,贯彻落实党的十六届五中、六中全会精神,围绕实施《全民科学素质行动计划纲要》,开办农民田间学校,有效发挥市、区县、乡镇农业管理部门主导作用,国有农业技术推广体系的带动作用,充分调动社会力量参与,全力推进农民科学素质行动,培养造就有文化、懂技术、会经营的新型农民。

第四条 基本原则。农民田间学校的开办要坚持政策引导,政府推动,农民自愿,科技支撑,支持多元化发展,有效履行政府公益性职能,充分发挥各方面积极性;坚持从实际出发,围绕产业标准化、规模化、现代化发展,因地制宜,统筹兼顾,协调发展;鼓励在办学实践中进行探索与创新,鼓励办学与实施各类科技项目如试验研究、示范推广项目、科技入户、农村实用人才培养等结合,鼓励办学与农民合作组织建设、法规政策宣传、道德健康教育等相结合。积极探索农民田间学校建设的长效机制,使其在探索中增活力,在创新中求发展。

第五条 总体目标。要努力将农民田间学校逐步建设成为农村科技成果对接的桥梁、政策法规和信息交流的中心、科技成果的转化站、农村科普的活动站、提升农民素质的培训站、帮贫扶困的致富站、先进实用技术的示范站,以及乡风文明的辐射站。帮助农民树立人与人、人与社会、人与自然合作互助、共同发展、和谐相处的意识,培养科学思想和科学精神,提高科学素质和健康文明的生活能力，造就有文化、懂技术、会经营的新型农民。

第二章　开办基本条件

第六条　开办农民田间学校应具备的基本条件

（一）开办农民田间学校的单位和相关区县、乡镇、村领导重视，积极支持；

（二）开办地点已形成或有潜力形成具有区域优势的主导产业；

（三）有经过系统培训、具备农民田间学校辅导技能的辅导员 1～2 名，并明确 1 名责任辅导员；

（四）农民学员愿意参加培训学习，有共同的技术需求；

（五）有相对固定的学习活动场所，有能够开展实操性试验示范场所。

第三章　技术依托单位

第七条　技术依托单位选择范围

市、区（县）、乡（镇）各级农业技术推广机构；在京农业大专院校、农业科研院所；涉农企业、服务型中介、农村合作组织、农业专业协会等。

第八条　技术依托单位职责

（一）单位领导重视农村农民培训工作，将农民田间学校建设作为重要的公益性职责，将开办农民田间学校业绩列入考核内容。

（二）重视农民田间学校辅导员培养，至少拥有 2 名以上经过系统培训、具备农民田间学校辅导技能的辅导员。

（三）为农民田间学校开办提供必备的人员、时间、资金、场地、交通、教具等。

（四）主管领导和负责人掌握和了解本单位开办的田间学校情况，负责办校质量监督检查和控制，积极主动与有关部门协调沟通。

（五）建立健全田间学校的运行管理档案，及时将相关资料收集、归纳、系统整理、汇总、存档。

（六）积极组织、参与或协助本系统或各级管理部门召开的总结交流会、示范观摩、书籍编写和影像资料制作等工作。

（七）积极探索与创新，及时总结成功经验，长效运行机制，充分利用各种媒体，积极宣传报道。

第四章　辅　导　员

第九条　辅导员选择范围和基本条件

（一）选择范围：市、区（县）、乡（镇）各级农业技术推广人员；在京大专院校、科研院所、非盈利性组织、企业、服务型中介等单位的专业技术人员；农村专业生产大户、农民专业合作组织带头人等。

（二）基本条件：具有较扎实的专业技术功底，并熟悉当地农业生产情况及农民需求；具有一定的敬业奉献精神、吃苦耐劳精神，尊重农民学员，具有良好的语言沟通能力和亲和力，能保证基本的工作时间。

第十条　辅导员培养

辅导员开办农民田间学校前必须接受不少于 10 天的系统培训，每年的技能提升培训不少于 5～10 天；培训采用参与式、启发式、互动式培训方法，以农村参与式评估调研方法、培训课程设计、辅导手段和技巧、经济分析与风险评估等内容培训为主，采取理论培训与实际操作相结合、辅导技巧与生产实践相结合的方式进行。

第十一条　辅导员应具备的素质和能力

（一）掌握参与式农村评估调查方法；

（二）编制教学方案和教材能力；

（三）调动农民积极参与活动的能力，指导和提高农民观察、分析、解决问题的能力；

（四）多手段、多途径、多学科、全方位辅导农民的能力；

（五）具有自我学习、自我提高，自我监控与自我评估的能力；

（六）具有良好的全面沟通和协调能力；

（七）农民田间学校运行设计与管理能力；

（八）捕捉学员思想和行为变化、典型案例和问题的发现能力；

（九）培训资料和总结报告的撰写能力；

（十）挖掘农民潜能，培养农民辅导员的能力。

第十二条　辅导员职责

（一）严格按照农民田间学校运行与管理技术规范实施细则，有步骤、有计划地开展工作。

（二）掌握开办地点产业发展和农民需求，有针对性地编制教学大纲。根据产业链延伸需求，不断丰富技术、加工、销售、市场等方面专题内容。

（三）及时与不同层次部门领导汇报与沟通，组织论证教学大纲可操作性，协调必备的人员、资金、场地、交通、教具等条件。

（四）遵守学习约定；按照教学大纲实施操作。

（五）积极、热情地投身于引导、调动、组织、辅导农民参与学校的各类活动，帮助农民提高观察、分析、解决问题的能力，提高农民生产、生活水平。

（六）认真总结每所学校的办学经验，发现并及时积累农民学员的典型案例、动态信息和图片；及时对农民田间学校运行情况和效果进行全面总结并上报。

（七）建立每所田间学校的运行档案，及时将相关资料收集、归纳、系统整理、汇总，并存档。

（八）积极组织、参与或协助本校、本部门、本系统或各级管理部门召开的总结交流会、示范观摩、书籍编写和影像资料制作等工作。

第五章　开办程序与运行管理

第十三条　开办程序

（一）农村参与式评估调研：农民田间学校开办前，要围绕当地优势主导产业，进村入户开展农民培训需求调研分析，并形成农民培训需求分析报告。

（二）制订培训计划：依据农民培训需求调研结果分析，编制培训计划，并与全体农民学员共同讨论制定。

（三）开学典礼：有办学所在村、乡镇主管领导、市区县有关行业部门领导、辅导员及全体农民学员参加的农民田间学校开学典礼，充分体现领导的重视，并使农民学员确立主体意识和自信心，增强辅导员的责任感。

（四）票箱测试（BBT）：组织进行训前/训后农民学员知识水平测试，包括农业生产常识、合作协作意识、食品安全意识、环境保护意识、田间自理能力等。

（五）学习活动日：围绕目标产业，开展全生育期培训。根据培训对象情况，一般每1～2个星期举行一次，活动日主要包括农民学用科学试验；就农户关心的生产生活问题展开的农民专题讨论；学员团队建设活动；学员种植/养殖生态系统调查分析等内容。

（六）成果总结：辅导员指导农民学员就培训全过程的核心内容与农民

学员共同讨论，总结完善。在辅导员指导下，由农民学员分组完成学习成果展板制作。

（七）效果评估与需求分析：农民田间学校全部培训结束前，应进行由不同层次的管理者、辅导员及农民学员共同参与的开办效果评估，并进行农民学员再培训需求分析。

（八）结业典礼：农民田间学校活动结束时，辅导员代表和农民学员代表汇报学习成果，目的是总结经验、宣传效果、提高认识、辐射带动。

第十四条 运行管理

（一）农民田间学校的开办由市、区（县）农业行政或行业管理部门统一管理，由农业技术推广部门牵头组织，鼓励科研院所、协会、企业、合作组织等积极参与。

（二）市、区（县）农业行政或行业管理部门负责制定发展规划，实施管理。负责本行业农民田间学校辅导员的培养，提供条件支持，总结开办模式，探索长效机制。

（三）市、区（县）农业技术推广部门、科研机构、大专院校、协会、企业、合作组织等承担农民田间学校办学的单位（简称技术依托单位），要实施严格规范的管理，为辅导员的素质提升和工作开展提供必要的环境和条件。充分发挥事业单位培训农民的公益性职能作用，发挥企业、合作组织等带动农民规模化、标准化生产，产销一体化经营的作用，加快农民增收、农民综合素质提高。

（四）承担单位，应在开办田间学校前15天提交农民田间学校建设申请书，市、区（县）农业行政或行业管理部门批准后开办。农民田间学校开办实行合同制管理，明确各方责任。

（五）在农民田间学校开办前期、中期、后期应积极参与关键环节活动，实施监督和质量监控职责。

（六）在农民田间学校结业后一个月内，由技术依托单位向有关市、区（县）农业行政或行业管理部门及技术依托单位技术及管理部门提交总结及其他全套档案材料，并由技术及管理部门统一对农民田间学校开办效果进行考核验收。

（七）农民田间学校的开办过程中，在总结经验、挖掘潜力的同时，要充分发挥电视、广播、报纸、网络等媒体及各类信息简报的作用，对取得的成效和经验、农民的反映及典型案例进行宣传报道，逐步提高其社会认可度，营造良好的社会氛围。

第六章　质量监控与评估

第十五条　辅导员应在开办过程中自觉对照自我质量监控指标开展工作，针对农民生产实际及时调整工作内容，及时与管理部门沟通汇报调整信息。

第十六条　管理部门不定期抽查农民田间学校辅导情况，进行阶段性考核，组织农民学员进行效果评估。农民田间学校结业后，进行总体效果评估，内容包括农民行为意识改变、综合能力提升、经济社会与生态效益等。

第十七条　根据考核与评估结果，对于管理规范、组织得力，办学效益显著的相关集体和个人予以表彰；对于未能充分发挥应有作用，并连续两次未通过考核的，将取消开办资格。

附录 5 北京农民田间学校 2005—2010 年发展概况

一、北京农民田间学校发展概况

1. 2005 年全市农民田间学校发展概况

在市财政、市农委及市科委等部门支持和农业部全国农业技术推广服务中心的指导下，北京市农业局于 2004 年首次引进并开展了以蔬菜有害生物综合治理为核心的农民田间学校建设项目。由于世界上鲜有在经济较发达地区开展田间学校的实例可以借鉴，因此当时北京市植物保护站的技术人员参加了全国农业技术推广服务中心举办的"中国/FAO 蔬菜 IPM 农民田间学校辅导员在培训班"，在掌握农民田间学校办学程序和开展方法后，结合北京实际开展了农业生产发展和农民需求调研，制定了详尽的北京农民田间学校发展计划和目标。2005 年 6 月 1 日，延庆县启动了北京首个农民田间学校培训班，农业部科教司、农业部全国农业技术推广服务中心、市妇联、市农委、市科委、市农业局、区县农业种植中心、植保植检站和四川、山东省的领导和技术人员以及各区县农民田间学校辅导员、延庆县永宁镇前平房村的农民学员等 150 多人参加了开学典礼。随着延庆县吹响了农民田间学校起步的号角，北京农业局于 2005 年先后在在延庆县永宁和康庄、房山区大石窝、昌平区兴寿的 5 个村开办了农民田间学校 5 所，入校的农民学员 126 名。学员中初中及初中以下的农民占 74%，45 岁以上的农民占 35%，其中女性学员占 60%，男性学员占 40%，男女构成比例约为 2∶3。2005 年全年共组织开办 5 所农民田间学校和 1 期辅导员培训班，组织农民田间活动日 206 次，辅导员到农户指导 275 次，培训 77 次，举办大型活动 16 次，不同层次的领导观摩考察 30 次，编发市级简报 4 期，新闻媒体报道 8 次。通过田间学校学习，学员减少打药 3～5 次以上，亩节约用药成本 80～126 元，平均亩增收 235 元，户均增收 1 180 元，在为市场提供无公害蔬菜的同时，降低了农药残留并有效防止了面源污染。

2. 2006 年全市农民田间学校发展概况

随着 5 所探索性农民田间学校取得阶段性成功，农民田间学校的建设工作逐渐步入正轨，并在 2005 年建校的基础上于 2006 年在全市 8 个区县开办农民田间学校 24 所，培养农民学员 626 名，共辅导农民 1.8 多万人次，带动农户 3 600 余户，辐射面积 8 500 余亩，组织现场观摩 12 次，举办大型活动 19 次，编发简报、信息宣传报道、新闻媒体报道等近百次。北京农民田间学校在积极开办的同时也邀请市农委、市科委、市财政、市人事以及农业局主要领导到现场观摩与指导。北京市副市长牛有成在现场调研观摩后，充分肯定了农民田间学校调动农民主体上取得的破题性成果和市农业局在新农村建设中围绕农民素质提升、都市型现代化农业发展所做的大量工作和取得的积极成效。此外，京市农业局还主动引进国际项目办学经验，充分发挥国际专家的指导优势，积极探索中加合作办学模式；农业局还主动与加拿大中国项目专家讨论辅导员培养方案和教学大纲，共组织全国农民田间学校辅导员培训班 2 期，北京辅导员培训班 3 期，培养北京辅导员 108 名，外地辅导员 60 名，为田间学校提供了人才基础。为了保证农民田间学校项目获得充足的资金支持，市农业局力求多渠道申请经费支持，2006 年分别从市财政、市农委、市科委等部门争取经费 260 万元，并且保证经费全部落实到校。从 2006 年开始，农业局在农民田间学校试行成功的基础上组织相关人员制定管理办法，探索发展长效机制：一方面组织有关人员讨论制定农民田间学校建设项目管理办法及实施细则，规范程序、内容、行为并及时开展评估与监督工作；另一方面，组织召开农民田间学校发展研讨会，市、区县农委、种植、养殖中心及技术推广部门 180 多人参加会议，按不同层面、不同职能、不同专业等分成 6 个小组现场问卷调查，掌握了不同单位对田间学校作用的认识与看法、制约发展的关键问题及采取的对策。

3. 2007 年全市农民田间学校发展概况

2007 年，北京市农业局科教处在组织实施农民田间学校项目上实现了"两个突破"：一方面，2007 年北京农民田间学校开办所数突破了 100 所，达到 103 所，其中种植业 67 所，畜牧业 32 所，水产业 4 所，主要分布在远郊 9 个区县，涉及生猪、奶牛、肉鸡、肉鸭、肉羊、乌鸡、柴蛋鸡、观赏鱼、食用鱼、瓜菜、食用菌、草莓、甘薯、药材、林下经济、高效节水、粮繁制种、鲜食玉米等 17 个产业，结合农民生产实际需求，制定教学课件（教案）1 120 份，教学与指导农民 2 703 天，平均每所学校教学与指导 26 天。针对田间学校开办过程中遇到的突出技术问题，北京农业局联合相关单位制作了北京市农民田间学校系列宣传片，分别是《种子里的学问》《防治植物癌症》《叶子为何焦了边》《猪妈妈坐月子》和《治疗转圈羊》，并于 2007 年 3 月 12 日在科技苑栏目播放，提高了田间学校的知名度，扩大了新型农民培养工作的影响力。另一方面，北京市农民田间学校辅导员突破 200 人，全年开展辅导员培训 7 期，其中养殖行业由市畜牧兽医总站牵头，开展 3 期培训班，培养辅导员 133 名；种植行业分别由市植保站和农业技术推广站牵头，共举办 4 期，培养辅导员 112 名，全年培养辅导员 245 名，为今后农民田间学校建设提供了人才保障。

2007 年全年农民田间学校共组织农民专题讨论 668 期，参与田间实操试验 477 次，学员训前和训后的 BBT 测试成绩平均提高 40.3%，农民户收入平均增加 52.9%。通过农民田间学校主推新技术 501 项、主推新产品 273 个、主推新品种 238 个，辐射带动农户 11 452 户。为了规范农民田间学校建设标准，农业局颁布试行了《农民田间学校项目建设管理办法》和《农民田间学校项目实施细则》，并提出了农民田间学校"六个一"的建设标准，即"一组""一员""一批""一田""一栏""一网""一组"：每所田间学校要建立一个能够长期运行的技术指导小组（由市级专家指导、区县或乡镇人员协调、村技术员或科技示范户实施）；每所田间学校要培养一名辅导员或技术推广员；每所田间学校要培养一批农民科技示范户；每所田间学校要建立一块试验田（场或基地）；每所田间学校要建立一个信息发布栏；每所田间学校要发展一个运行有效的互联网。通过"六个一"的标准建设，力求确保田间学校质量和长期有效运行。

为了规范田间学校管理，2007 年市农业局联合相关单位建立了农民田间学校和村级推广员档案管理和信息管理平台（附图 5-1）。该系统突出农民田间学校、村级推广员、科技示范户等活动信息的采集、分析与积累，突出农民学员问题与需求信息的及时反馈、形成技术需求与问题自下而上的快速反馈机制，协调有关部门及时有效地调整科研和推广方向，使市场信息、

附图 5-1　农民田间学校信息系统平台

技术成果、物资有效地、及时地反馈给农民，加快技术及产品市场转化效率，有效地解决技术、信息入户"最后一公里"。

4. 2008 年全市农民田间学校发展概况

2008 年 3 月份北京市农业局联合市农委、市科委、市财政局等部门印发《关于加快京郊农民田间学校建设的实施意见》。为贯彻落实《实施意见》，北京市农业局进一步提出区县在今后农民田间学校发展上要做到"五个明确"：一是明确到 2010 年新建 500 所、续建 800 所农民田间学校的规划目标和建设任务；二是明确"一村一品一校"办校思路，即以村为单位，以产品为单元，整村推进、连办三年；三是明确市、区县、乡镇、行政村各级职责，要求每所学校成立技术指导小组，在农村常年开展"承诺制"办学服务；四是明确田间学校开办程序，训前农民需求调研、技能和知识水平测试（BBT）、组织农民学习活动日、辅导农民总结学习成果、开展效果评估等九个方面工作内容；五是明确建设经费标准和使用。

为全面部署实施方案，扎实稳步推进农民田间学校建设，2008 年 6 月 30 日北京市农业局组织召开了由区县农委，种植、畜牧、水产等中心主管领导和主管科长参加的 120 人会议。会上提出了《农民田间学校建设与管理实施方案》及《2008 年度农民田间学校建设与管理任务书》，重点围绕构建管理与实施体系和建立九项工作制度进行了部署。会上进一步突出了农民田间学校的三个办学特点：一是构建高效的组织管理体系。成立了市、区县两级的农民田间学校项目协调小组，明确责任领导，明确责任部门，明确专人负责，明确小组职责；二是构建高效的技术实施体系。建立了市级行业部门和区县种植、养殖、水产等行业服务中心（局）项目实施技术保障体系，明确了不同层次技术实施管理小组的具体职责，明确在京科研院所、大专院校与农民田间学校技术对接的工作要求；三是建立九项工作制度，包括需求调研、人才培养与考核、定期检查与观摩，工作季度与年度报告，档案化管理与维护、经验总结与典型宣传等工作制度，以确保田间学校发展环境不断得到优化，确保各项考核指标顺利完成。

2008 年全年共开办辅导员培训班 16 期，培养辅导员 355 人，其中种植行业 178 人，畜牧行业 159 人，水产行业 18 人，确保了师资与建设同步发展、同步提高。建立了市、区县四级监督管理与维护的信息管理员队伍（54名），开展了技能培训和网上填报工作，近 280 所学校进行了网上填报。农业局于当年统一编印了《农民需求调研指南》和《农民田间学校建设指南》，统一制作了农民田间学校标识、牌匾和辅导员证书（附图 5-2）。

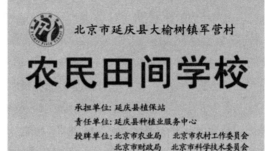

附图 5-2 农民田间学校标识和牌匾

2008 年全年共计开办农民田间学校 303 所，涉及蔬菜、瓜果、草莓、食用菌、鲜食玉米、粮繁制种、甘薯、生猪、奶牛、肉羊、肉禽、鱼等 12 个主导产业，涉及乡镇 109 个，开展各类形式培训 3 728 次，举办活动日 3 009 次，开展田间试验操作 1 689 次，组织团队建设 936 次，开展农民专题讨论 1 385 次，举办观摩交流活动 323 次，培养村级示范户、农民技术带头人、乡土专家、种植养殖能手 8 001 人；全年多渠道解决市级配套资金 881 万元，督促区县落实建设资金 881 万元。

5. 2009 年全市农民田间学校发展概况

2009 年北京市财政局安排专项资金 3 325 万元，启动了果类蔬菜、生猪和观赏鱼三个优势产业的创新团队建设。北京市农业局和北京市财政局于 2009 年 4 月 10 日联合召开了现代农业产业技术体系北京市创新团队建设启动大会，并联合制定了《现代农业产业技术体系北京市创新团队建设实施方案（试行）》，明确了体系架构由研发中心（内设功能研究室）、综合试验站和农民田间学校工作站三个层级构成。和国家级产业技术体系相比，北京市创新团队建设增加了农民田间学校工作站这一层级，这既有利于真正了解农民的需求，又能促进科技成果落地转化，有效解决农技推广"最后一公里"问题，是北京市创新团队建设的亮点。2009 年果类蔬菜、生猪和观赏鱼三个创新团队共设研发中心 3 个、功能研究室 14 个，聘用岗位专家 33 名，其中中央在京科研、教学机构专家占 36.3%，市级科研机构专家占 24.3%，市级推广机构专家占 39.4%；在 8 个区县设立综合试验站 14 个，聘用综合试验站站长 14 名，在 10 个区县设立农民田间学校工作站

119 个，聘用农民田间学校工作站站长 119 名。三个创新团队成员达 166 人，此外，创新团队成员所在单位共配备长期参与创新团队工作的助手 672 人，其中岗位专家助手 127 人、综合试验站站长助手 69 人、农民田间学校工作站站长助手 476 人。2009 年，各创新团队在启动一批应用性研究的基础上，重点加强了对现有技术的集成和试验示范，14 个综合试验站共建立试验示范点 48 个，试验示范技术 75 项、试验示范品种 959 个次，119 个农民田间学校工作站共设立试验田 145 块、试验场 33 个。三个创新团队 2009 年共组织各类培训 200 期，培训 1.25 万人次，组织观摩活动 150 次，参加 7 569 人次。119 个农民田间学校工作站共培养农民学员 6 128 人，其中示范户 811 个，组织农民活动日 2 658 次，示范推广实用技术 701 项次、新品种 467 个次。

2009 年，北京市政府将农民田间学校列入市政府办实事工程，全年针对郊区设施瓜菜、草莓、食用菌、甘薯、生猪、奶牛、肉羊、肉禽、食用鱼、观赏鱼等 17 个主导产业，开办农民田间学校 481 所，比上年度增加了 51.7%，举办活动日 6 707 次，田间调查 1 064，田间试验操作 850 次，演示试验 1 723 次，举办观摩交流活动 607 次，培养农民乡土专家、科技示范户、新型农民 1.2 万人，直接推广新技术 1 326 项次、新产品 2 129 个次。全年共开办辅导员培训班 14 期，其中初级培训班 7 期，培训初级农民田间学校辅导员 221 名；提高培训班 7 期，培训中级农民田间学校辅导员 228 名。据统计，全市近年来已参加过农民田间学校辅导员培训的辅导员超过了 600 人。

2009 年 8 月，北京市农业局吴建繁处长出席在京召开的第 8 届世界大豆研究大会并在分组研讨会上作了题为"北京市农民田间学校的实践与发展"的专题报告，向来自欧美的十多个国家的三十多位代表介绍了北京市发展农民田间学校的做法和经验。2009 年，北京市农业局组织录制了《田间学校，科技助农》《生态养猪，铸就"双标"》《"绿奥"蔬菜达标记》等 9 部"科技助农"系列电视节目，并从 12 月底开始分别在北京电视台公共频道和远郊 10 个区县有线电视台播出。此外，北京市农业局和市委宣传部联合在《北京日报》《京郊日报》和《北京晚报》三大报纸设立"三下乡"专刊，重点宣传了以农民田间学校为代表科技下乡活动。

6. 2010 年全市农民田间学校发展概况

2010 年，现代农业产业技术体系北京市创新团队建设被列入 2010 年直接关系群众生活方面拟办重要实事之一，市财政局为此安排专项经费 3 695

万元用于果类蔬菜、生猪和观赏鱼三个产品的现代农业产业技术体系北京市创新团队建设。2010 年三个团队共建设产业技术研发中心 3 个，聘任首席专家 3 人，建设功能研究室 16 个，聘任岗位专家 37 人，建设综合试验站 14 个，农民田间学校工作站 119 个。三个团队综合试验站与农民田间学校工作站重点加强了试验示范田（场）的建设，14 个综合试验站共建立试验示范点 48 个，119 个农民田间学校工作站建设试验田 164 块，总面积 451.6 亩，建设试验场 42 个，总规模达 50 722 头。

2010 年全年共举办农民田间学校辅导员培训班 2 期，其中初级辅导员培训班 1 期，培训学员 33 人；辅导员提高班 1 期，培训初级辅导员 35 人。针对郊区蔬菜、瓜果、草莓、食用菌、生猪、奶牛、肉羊、肉蛋禽、鱼、粮食作物、花卉、中草药以及果树等 13 个主导产业，开办农民田间学校 627 所，其中新建学校 232 所、续建学校 395 所，培养农民学员 17 117 人，举办活动日 4 150 次，培训农民 10 8141 人次，推广新技术 1 552 项次，推广新品种 1 165 个次。

2010 年 6 月 11 日，市委书记刘淇在昌平区调研时专门考察了南口镇李庄村农民田间学校，对此项工作给予了高度评价。他指出，农民田间学校这种互动式、非常生动的、切合实际的教学方式对于教育革命具有启发意义，农民田间学校是推动农业和科学技术相结合的特别好的形式，应该大力推广。2010 年，北京市农业局共协助农业部举办全国农民田间学校辅导员师资培训班四期，共为全国为 29 个省市的 71 个县（市、区）培养农民田间学校师资 185 人。近一年来，农业部科教司已先后组织 4 个观摩团 200 余人观摩北京农民田间学校。另外，孟加拉国农业技术推广考察团、联合国粮农组织驻塔吉克斯坦代表团观摩了顺义区、密云县、昌平区、延庆县等区县多所农民田间学校。

自 2005 年至 2010 年，北京农业局在各相关结构部门的配合下，围绕区域优势产业和特色产业全面推进农民田间学校建设工作，先后在京郊开办了 627 所农民田间学校（附图 5-3），培训农民学员 2 万余人（附图 5-4），培养农民乡土专家、科技示范户、技术带头人 1 万余人，覆盖全市 12 个区县（附图 5-5），涉及西瓜、甜瓜、韭菜、生菜、芹菜、番茄、西洋参、食用菌、甘薯、鲜食玉米、奥运特供菜等优势产业，并在种植业取得成功基础上向其他领域整体推进，如测土配方施肥、节水、种羊、生猪、奶牛、肉鸭、肉鸡等（附图 5-6）。

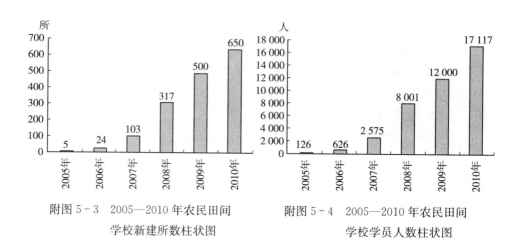

附图 5-3 2005—2010 年农民田间
学校新建所数柱状图

附图 5-4 2005—2010 年农民田间
学校学员人数柱状图

附图 5-5 北京郊区农民田间学校分布图（以乡镇为单位）

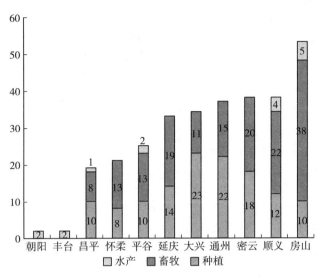

附图 5-6　北京各区县农民田间学校产业分布

　　为了办好农民田间学校，北京市农业局组织了具有丰富培训经验的专家和优秀市级辅导员成立辅导员师资队伍，分别对辅导员进行初级、中级和高级培训。截至 2010 年，累计举办培训班 39 期，培养包括农技推广人员、农广校教师、农业企业和农民合作组织技术人员等在内的农民田间学校辅导员 869 名（附图 5-7）。2005 年以来，全市积极整合各类培训资金和科技项目资源，截至目前，各级财政直接投入经费达 4 200 万元，有力地保证了农民田间学校项目的顺利推行（附图 5-8）。

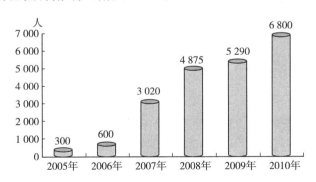

附图 5-7　2005—2010 年农民田间学校辅导员人数柱状图

　　农民田间学校对农民的知识水平和能力具有明显提高作用，通过对 103 所农民田间学校 2 575 名学员的调查显示，培训后学员平均成绩由 62.2 分

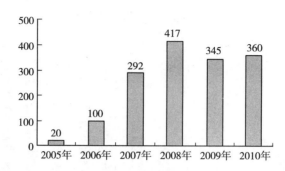

附图 5-8　2005—2010 年农民田间学校落实经费情况柱状图

提高到 85.1 分，平均提高 40.3%（附图 5-9）：其中，识别病虫害准确率由 35% 提高到 61%，配置农药准确率由 50% 提高到 82.5%。畜禽疫病免疫成功率由不足 40% 提高到 95% 以上，鸡白痢发生率由 30% 降低到 10% 以下，畜禽舍消毒药配比和使用准确率达到 98% 以上。5 年来，通过农民田间学校共推广优质、高产、抗病虫品种 238 个，推广环保安全投入品等产品 273 个，普及农作物及动物产品产量和品质提升技术、环境友好型种养技术等先进技术 501 项，其中既有来自专家的科技成果，也有农民自己摸索的"土技术"和"小窍门"。通过参与农民田间学校，学员的生态意识、无公害生产意识普遍提高，学员普遍采用环保安全投入品和质量安全提升技术，设施蔬菜一个生长季使用农药减少 3～10 次，减少用量 20%～70%。学员生产的蔬菜、畜禽产品质量全部达到无公害标准。2009 年本市生产的蔬菜农药残留检测合格率为 99.1%，动物及其产品合格率为 99.99%，水产品合格率为 100%。调查显示，通过农民田间学校培训，瓜菜、食用菌、花卉等种植业户，产量提高 15%～25%，每户增收 0.3 万～0.8 万元：柴蛋鸡养殖户通过采用合理混配日粮、分群管理等技术，产蛋率提高 20%，每户增收

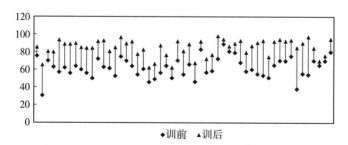

附图 5-9　农民田间学校学员知识水平测试成绩对比

1.5 万～2.0 万元；生猪养殖户通过人工授精技术，使母猪配种年成本由每头 190 元降到 15.2 元；母猪生产能力显著提高，仔猪成活率由 66% 提高到 90%，百头母猪养殖场多成活仔猪 400 头，年增收约 6 万元；通过科学配方，每 100 千克生猪节约饲料 20 千克，万头养殖场年节约饲料 48 万元。

二、北京市各区县农民田间学校发展概况

（一）远郊区县

1. 顺义区

为了在全区推广农民田间学校，顺义区成立了以主管农业副区长为组长的领导小组，协调农民田间学校项目建设与管理，制定扶持政策，落实资金匹配，监督检查项目落实，把农民田间学校工作纳入重要议事日程。2006 年至 2010 年，全区开办生猪、奶牛、蔬菜、西甜瓜等优势、特色产业农民田间学校 89 所，其中种植业农民田间学校 55 所，畜牧农民田间学校 32 所，水产农民田间学校 2 所。目前，全系统已有 79 名技术人员参加市农业局、市站组织的辅导员培训班，并具备了田间学校辅导技能。89 所农民田间学校共培训农民学员 2 612 名，辐射带动周边 15 800 户，组织农民学习活动日 6 520 次，其中农民专题讨论与辅导 931 次，团队建设及游戏活动 472 次，试验示范田实操与观察研究 316 次，推广或传播实用技术 750 项、新品种 200 余个。截至 2010 年，顺义区共落实农民田间学校经费 294 万元。顺义区农民田间学校概况见附图 5-10～附图 5-17。

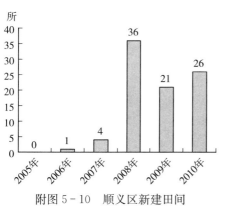

附图 5-10　顺义区新建田间
学校增长趋势图

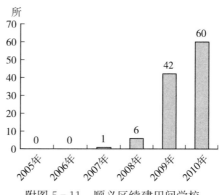

附图 5-11　顺义区续建田间学校
增长趋势图

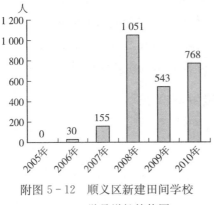

附图 5-12 顺义区新建田间学校
学员增长趋势图

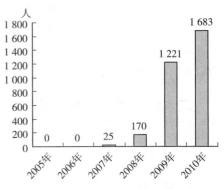

附图 5-13 顺义区续建田间学校
学员增长趋势图

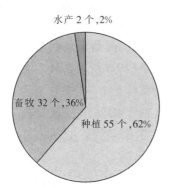

附图 5-14 顺义区新建田间
学校产业分布图

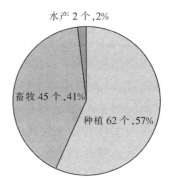

附图 5-15 顺义区续建田间
学校产业分布图

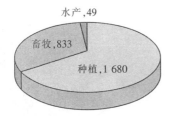

附图 5-16 不同产业新建田间
学校学员分布图

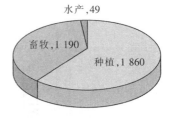

附图 5-17 不同产业续建田间
学校学员分布图

　　为确保农民田间学校的顺利实施，顺义区种植业服务中心成立了以主任为组长的领导小组，协调项目的执行，并将农民田间学校工作纳入重要议事日程。确定北京市农业技术推广站、市土肥站和市植保站为市级技术指导单位，顺义农科所、植保站、蔬菜服务中心为区级技术指导单位，负责项目的全面实施，相关镇农业科协助开展工作。顺义区种植业服务中心于 2006 年在大孙各庄镇绿奥蔬菜合作社成立了第 1 所农民田间学校，截至 2010 年，已建立农民田间学校 55 所，共有种植业农民田间学校辅导员 33 名，共有学员 1 650 名，涉及全区 14 个镇，55 个村。五年来全区农民田间学校共开展农民活动日 5 325 次，培养新型农民 1 620 人，辐射带动周边菜农 10 000 余人，推广实用技术 100 余项，优新品种 200 余个。2009 年顺义种植业服务中心共落实农民田间学校开办经费 72 万元。

为了落实农民田间学校项目，顺义区动监局成立了农民田间学校建设项目领导小组，组长由局长担任，副组长由主管局长担任，下设办公室在畜牧管理科，负责协调项目建设与管理及资金管理，监督检查项目落实。2006—2010 年顺义区在张镇、大孙各庄等 13 个镇 77 个村开办农民田间学校共计 77 所，其中新建 32 所，续建 45 所。截至 2010 年，全区共计 39 人参加了市农业局、市站组织的辅导员培训班，其中 5 人完成初级班培训，6 人完成中级班培训，8 人完成高级班培训。5 年中，77 所农民田间学校共培训农民学员 2 023 名，培养村级农民辅导员 79 名，村级示范户 578 名，辐射带动近 5 800 户农户使用先进技术，推广先进实用技术、新知识和理念共计 650 项，学员采用累计 19 560 人次、非学员采用累计 3 490 人次、村辐射推广使用累计 33 000 人次。2009 年动监局落实农民田间学校落开办经费总计 140 万。

为了在全区顺利开展水产农民田间学校，顺义区水产服务中心专门成立了技术工作办公室，主要承担田间学校建设、管理与实施工作，并且定期组织农民田间学校观摩交流活动。2008—2010 年，顺义区共计建水产农民田间学校 2 所，这 2 所田间学校分布在 2 个乡镇，涉及村均是各乡镇水产养殖面积较大的村庄，涉及养殖面积 1 230 亩，学员总计 49 人。全区共有水产农民田间学校辅导员 5 人，全部参加了北京市水产技术推广站组织的初级辅导员培训班。3 年来共计组织农民学习活动日 45 次，推广或传播实用技术 15 项，新品种 12 个，新产品 6 个，辐射带动周边 200 户水产养殖户增收致富，户均增收 6 000 元。2008 年，5 所农民田间学校的 21 名学员全部通过了农业部淡水水生动物初级工考试，并且实现了顺义区水产农民田间学校学员全部持证上岗。2009 年北京顺义区水产服务中心共落实农民田间学校办学经费总计 10 万元。

2. 通州区

通州区开展农民田间学校项目的责任单位分别为通州区养殖中心（后改为通州区农业局）、通州区种植中心和通州区园林绿化局，承办单位分别为通州区动物疫病控制中心、通州区水产技术推广站、通州区农业技术推广站、通州区植保站、通州区种子管理站、通州区种业中心和通州区果树协会。全区共建各类农民田间学校 78 所（不含续建和停办），培训学员共计358 人，开展培训 7 160 人次，推广技术 45 项，辐射带动农户 1 197 户。通州区农民田间学校概况见附图 5-18～附图 5-25。

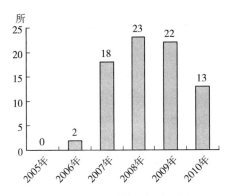

附图 5-18 通州区新建田间
学校增长趋势图

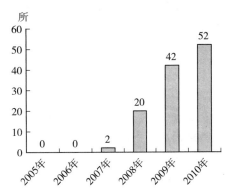

附图 5-19 通州区续建田间
学校增长趋势图

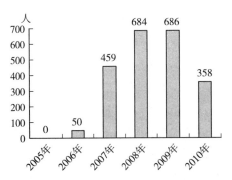

附图 5-20 通州区新建田间学校
学员增长趋势图

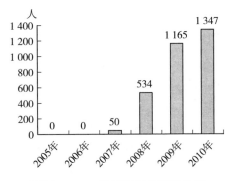

附图 5-21 通州区续建田间学校
学员增长趋势图

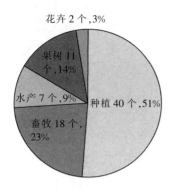

附图 5-22 通州区新建田间
学校产业分布图

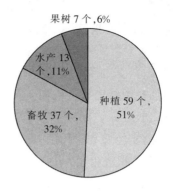

附图 5-23 通州区续建田间
学校产业分布图

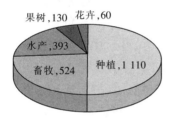

附图 5-24 不同产业新建田间
学校学员分布图

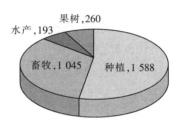

附图 5-25 不同产业续建田间
学校学员分布图

通州区养殖中心于 2007 年开始承办农民田间学校,并在通州区农业委员会的主持下成立了农民田间学校建设领导小组,成员包括区农委、养殖中心等单位,由中心统一领导负责农民田间学校的统筹协调和组织实施工作。自 2007 年至 2010 年,中心系统新建农民田间学校 19 所,续建 50 所,合计建设农民田间学校 69 所(包括新建和续建,其中 24 所为开办中)。其中 2007 年新建 7 所;2008 年新建 12 所、续建 7 所;2009 年新建 6 所、续建 19 所;2010 年续建 24 所。24 所农民田间学校中涉及观赏鱼产业 5 所、生猪产业 11 所、禽类产业 3 所、肉羊产业 3 所、食用鱼产业 1 所、犬产业 1 所。现有田间学校主要分布在通州区 9 个镇的 24 个自然村,其中漷县镇 5 个村、张家湾镇 4 个村、永乐店镇 4 个村、宋庄镇 3 个村、马驹桥镇 2 个村、台湖镇 2 个村、西集镇 2 个村、潞城镇 1 个、于家务乡 1 个村。截止到 2010 年 11 月,全区农民田间学校共培训 480 期,培训学员 687 人,辐射带动农户 468 余户，共开展农民活动日 480 次，累计培训农民 13 740 人次，辅导员进行入户指导 120 次，培训中解决技术问题 100 个，推广或传播实用技术 40 项、新品种 10 个、新产品 15 个。目前全区现有养殖业农民田间学校辅导员 25 人（其中优秀辅导员 2 人），其中 20 人参加了初级辅导员培训，5 人参加过中级辅导员培训。在中心落实农民田间学校经费方面，2007 年落实经费 21 万元，2008 年落实经费 100 万元，2009 年落实经费 56 万元，2010 年落实经费 48 万元，截至 2010 年落实经费合计 225 万元。在宣传方面，通州区养殖业服务中心配合市农业局科教处拍摄了《从养猪能手到致富带头人》《敢为人先的女猪倌》《美丽的财富》《敖淑明的乌鸡事业》电视节目 4 期，分别在北京电视台公共频道播出。

通州区种植中心于 2006 年开始承办农民田间学校，并在通州区农委的主持下成立了农民田间学校建设领导小组，成员包括农业技术推广站、区植保站、区种子管理站、区种业中心等单位，由中心统一领导负责农民田间学校的统筹协调和组织实施工作。自 2006 年至 2010 年，中心系统新建农民田间学校 41 所，续建 61 所，合计建设农民田间学校 102 所（包括新建和续建，其中 31 所为开办中）。其中 2006 年新建 2 所；2007 年新建 11 所、续建 2 所；2008 年新建 11 所、续建 13 所；2009 年新建 9 所、续建 23 所；2010 年新建 8 所、续建 23 所。31 所农民田间学校中涉及食用菌产业 8 所、果类蔬菜产业 21 所、粮食产业 1 所、樱桃产业 1 所。现有农民田间学校主要分布在通州区 9 个镇的 31 个自然村，其中潞城镇 4 个村、马驹桥镇 4 个村、宋庄镇 6 个村、张家湾镇 3 个村、漷县镇 3 个村、台湖镇 3 个村、西集镇 2 个村、永乐店镇 4 个村、于家务乡 2 个村。截至 2010 年 11 月，全区农民田间学校共培训 620 期，培训学员 828 人，辐射带动农户 1 000 余户，共开展农民活动日 372 次，累计培训农民 16 560 人次，辅导员进行入户指导 155 次，培训中解决技术问题 26 个，推广或传播实用技术 30 项、新品种 50 个、新产品 30 个。目前全区现有种植业农民田间学校辅导员 40 人（其中优秀辅导员 3 人），35 人参加过辅导员初级培训，5 人参加过辅导员中级培训。在中心落实农民田间学校经费方面，2006 年落实经费 6 万元，2007 年落实经费 37 万元，2008 年落实经费 118 万元，2009 年落实经费 73 万元，2010 年落实经费 65 万元，合计落实经费 299 万元。在宣传方面，配合通州区电视台拍摄了相关电视节目 10 期。

通州区园林绿化局于 2009 年承办农民田间学校，已开办农民田间学校

13 所（其中新建 6 所，续建 7 所）。13 所学校主要分布在通州区 7 个镇的 13 个自然村，其中漷县镇 2 所、台湖镇 1 所、西集镇 3 所、永乐店镇 2 所，潞城镇 1 所、张家湾镇 3 所、宋庄镇 1 所，基本覆盖了通州区主要种植区域。2009 年至 2010 年间，13 所农民田间学校共举办培训 260 期，培训学员 450 人，辐射带动农民 450 人。辅导员入户指导 65 次，解决技术问题 4 个，推广传播实用技术 4 项、新品种 9 个。2010 年新办、续办的 13 所田间学校全年共组织培训活动 260 次，其中农民专题讨论与辅导 156 次，团队建设及游戏活动 26 次，试验示范田实操与观察研究 13 次，知识水平测试 26 次，组织镇、村农民观摩交流 26 次，现场技术辅导 13 次，解决技术问题 4 个，推广或传播实用技术 4 项。在区县落实农民田间学校经费方面，2010 年合计落实办学经费 24 万元。在宣传工作上，田间学校配合通州区电视台拍摄了 2 期科教节目。

3. 大兴区

大兴区是北京最早试行农民田间学校项目的区县之一，并且规模逐年发展壮大。大兴区农民田间学校项目的责任单位分别为大兴区种植业服务中心和大兴区动监局，产业涉及果蔬种植、肉羊、肉鸽、肉鸭、生猪、奶牛蛋鸡和水产等领域。全区共建各类农民田间学校 86 所（不含续建和停办），培训学员共计 6 288 人，共计推广新技术新品种 427 项，辐射带动农户 1 676 户。大兴区农民田间学校概况见附图 5 - 26～附图 5 - 33。

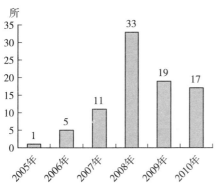

附图 5 - 26 大兴区新建田间
学校增长趋势图

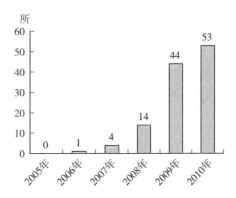

附图 5 - 27 大兴区续建田间
学校增长趋势图

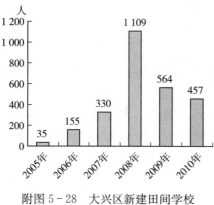

附图 5-28　大兴区新建田间学校
学员增长趋势图

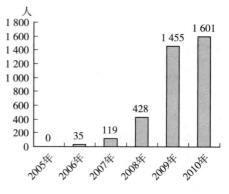

附图 5-29　大兴区续建田间学校
学员增长趋势图

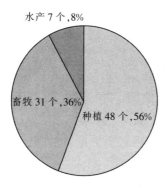

附图 5-30　大兴区新建田间
学校产业分布图

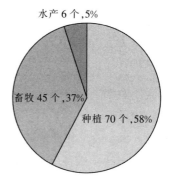

附图 5-31　大兴区续建田间
学校产业分布图

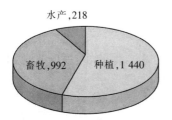

附图 5-32　不同产业新建田间
学校学员分布图

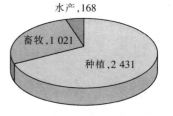

附图 5-33　不同产业续建田间
学校学员分布图

　　大兴区种植服务中心于 2006 年开始承办农民田间学校，并在区农业局的领导下和市农业技术推广站、市植保站、市土肥站的大力支持下成立了农民田间学校建设领导小组，由领导小组统一负责农民田间学校的统筹协调和组织实施工作。自 2006 年至 2010 年，中心系统新建农民田间学校 48 所，续建 70 所，合计建设农民田间学校 118 所，主要涉及种植业和水产养殖业。其中 2006 年新建 4 所；2007 年新建 11 所；2008 年新建 18 所、续建 2 所；2009 年新建 6 所、续建 27 所；2010 年新建 9 所，续建 29 所。现有农民田间学校主要分布在大兴区 4 个镇，即：礼贤镇、臧村镇、庞各庄镇、青云店镇。截至 2010 年 11 月，全区农民田间学校共培训 2009 期，培训学员 2 431人，辐射带动农户 152 余户，共开展农民活动日 2009 次，累计培训农民 2 431人次，辅导员进行入户指导 30 次，培训中解决技术问题 443 个，推广或传播实用技术 409 项、新品种 252 个。目前全区现有种植业农民田间学校辅导员 27 人（其中优秀辅导员 21 人），7 人参加过辅导员初级培训，21 人参加过辅导员中级培训。在区县落实农民田间学校经费方面，2008 年落实经费 76 万元，2009 年落实经费 144 万元，2010 年落实经费 166 万元，合计落实经费 384 万元。在宣传方面，开办田间学校 5 年间，共接受电视台采访 30 余次，制作田间学校授课模式、新型技术推广应用、两圃试验田等专题性宣传教育光盘 20 余张。

　　大兴区动监局自 2005 年至 2010 年共建畜牧农民田间学校 49 所，涉及肉羊、肉鸽、肉鸭、生猪、奶牛、蛋鸡和水产 7 个畜种。49 所学校主要分布在礼贤镇、魏善庄镇、安定镇、北臧村镇、采育镇、长子营镇、庞各庄镇、青云店镇和瀛海镇等 10 个乡镇，基本覆盖了养殖业发达的山区和半山区地域。目前，农民田间学校累计培训农民 85 738 人次，推广实用技术 18 余项，为农户解决实际问题 98 个，培养农民辅导员 106 人，跟踪服务科技示范户 338 户，辐射和带动 7 类畜种养殖户共 1 676 户，训后平均每户增收 1 500 元。大兴区动监局在开办畜牧农民田间学校过程中采用了符合本区发展实际的办学模式，即由各镇动物防疫站承办，这种模式基本保证了机构转轨过程中学校的办学质量和可持续发展。在区县落实农民田间学校经费上，2005 年落实经费 3 万元，2006 年落实经费 5 万元，2007 年落实经费 4 万元，2008 年落实经费 49 万元，2009 年落实经费 73 万元，2010 年落实经费 82 万元，6 年合计落实学校建设经费 216 万元。在宣传方面，畜牧农民田间学校配合中央电视台、大兴电视台录制了《生态发酵床养猪技术》《肉鸽养殖技术》等专题科教片，取得了良好的宣传、示范效果。

4. 房山区

2005 年至 2010 年，房山区共开办农民田间学校 108 所，涉及房山区 22 个乡镇，108 个村，学员共计 2 975 名，辐射带动种养殖农户 55 000 户。全区共培养农民田间学校辅导员 77 名，并着力创建了"一校多点、以点带面"的办学模式，农民综合素质、技术创新与应用能力、辐射带动能力显著提高。从 2005 年至 2010 年，房山区共建农民田间学校 108 所（2010 年正在开办的田间学校 101 所），涉及 22 个乡镇 108 个村。五年间全区 108 所农民田间学校共组织农民活动日 3 607 次，其中农民专题讨论与辅导 1 816 次，团队建设及游戏活动 374 次，演示实验 265 次，组织交流与观摩 182 次，知识水平测试 184 次，现场技术辅导 353 次，解决技术问题 320 个，推广传播实用技术 84 项、新产品 64 个、新品种 7 项，发现窍门 62 个，农民反馈问题 97 个，推广实用技术 35 项，新技术 18 项，推广并被农民采用的新品种 111 余个、实用技术 60 多项。2008 年房山区落实农民田间学校经费 113 万元，2009 年落实 163 万元，2010 年落实 363.5 万元，三年共落实经费 639.5 万元。在宣传方面，北京市电视台新闻频道、房山电视台新闻频道、房山电视台《"三农"零距离》曾先后对房山区田间学校启动仪式、开办过程进行详细报道，并在北京市农委、首都之窗、房山区信息网发表农民田间学校信息多篇。房山区农民田间学校概况见附图 5 - 34～附图 5 - 41。

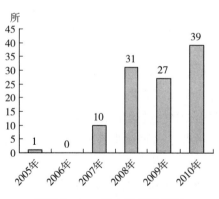

附图 5 - 34　房山区新建田间
学校增长趋势图

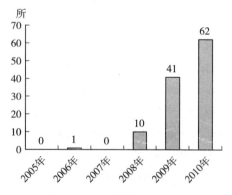

附图 5 - 35　房山区续建田间
学校增长趋势图

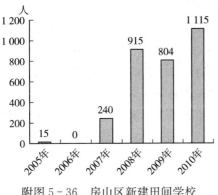

附图 5-36　房山区新建田间
学校学员增长趋势图

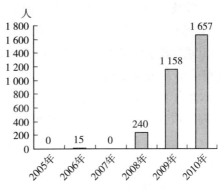

附图 5-37　房山区续建田间
学校学员增长趋势图

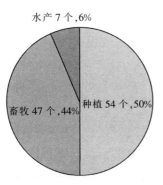

附图 5-38　房山区新建田间
学校产业分布图

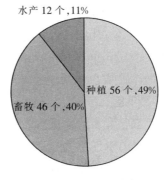

附图 5-39　房山区续建田间
学校产业分布图

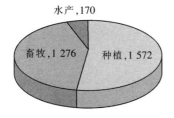

附图 5-40　不同产业新建田间
学校学员分布图

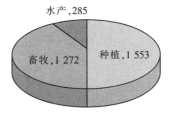

附图 5-41　不同产业续建田间
学校学员分布图

　　房山区种植中心成立了以中心主任为组长、总农艺师任副组长的项目实施管理小组，由承担单位区农科所、区植保站、区农机化学校负责种植业农民田间学校的具体实施工作。5 年间，房山区共开办种植业农民田间学校 54

所，涉及 12 个乡镇、54 个村，包括大田作物 20 所、蔬菜 21 所、中药材 2 所、食用菌 8 所、草莓 1 所、磨盘柿 1 所、西甜瓜 1 所。54 所学校共有种植业农民田间学校辅导员 14 名，共培养学员 1 548 名。5 年间共推广种植新技术 100 余项，推广种植新技术 100 余项，推广新品种 60 多种，辐射带动 5 万余户。

为了构建健全的畜牧水产农民田间学校管理体系，房山区动物卫生监督管理局成立田间学校项目领导小组，组长由动物卫生监督管理局主管局长担任，办公室设在畜牧科，专人负责田间学校管理、协调组织、督导各项工作的落实；成立了以服务中心副主任为组长，水产推广站的站长、副站长以及各承担单位组成的领导小组，水产推广站派专人负责田间学校管理、协调组织督导各项工作的落实。自 2005 年至 2010 年，全区共建畜牧水产农民田间学校 53 所，涉及 22 个乡镇，53 个村，包括生猪 25 所、肉鸭 6 所、肉鸽 1 所、肉鸡 2 所、奶牛 1 所、蛋鸡 2 所、柴鸡 9 所、肉羊 1 所、水产品 7 所。53 所学校共有农民田间学校辅导员 74 名，其中畜牧农民田间学校辅导员 68 人，水产农民田间学校辅导员 6 人，共培养学员 1427 名。2005 年至 2010 年，畜牧水产农民田间学校累计推广新技术 178 项，累计推广新品种 19 种。

5. 昌平区

昌平区是北京最早试行农民田间学校的区县之一，并且规模逐年发展壮大。昌平区的责任单位分别为昌平区农服中心、昌平区农业局和昌平区园林绿化局，承办单位分别为区水产公司、区牧工商总公司、花卉办、植保站、土肥站、推广站、菜办和农机学校。全区共建各类农民田间学校 45 所（不含续建和停办），培训学员共计 1 183 人（新建），30 922 人次，推广技术 117 项，辐射带动农户 6 487 户。昌平区农民田间学校概况见附图 5-42～附图 5-49。

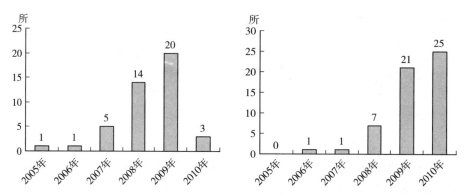

附图 5-42　昌平区新建田间学校增长趋势图　附图 5-43　昌平区续建田间学校增长趋势图

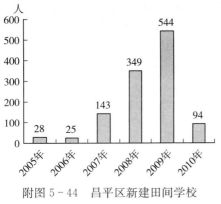

附图 5-44 昌平区新建田间学校
学员增长趋势图

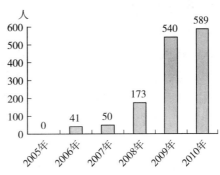

附图 5-45 昌平区续建田间学校
学员增长趋势图

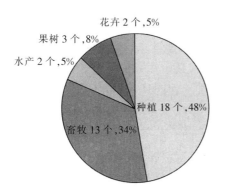

附图 5-46 昌平区新建田间学校
产业分布图

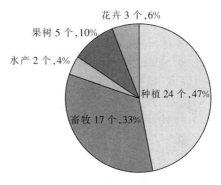

附图 5-47 昌平区续建田间学校
产业分布图

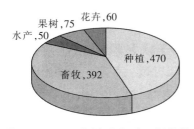

附图 5-48 不同产业新建田间学校
学员分布图

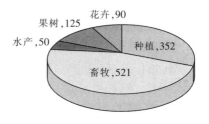

附图 5-49 不同产业续建田间学校
学员分布图

昌平区农业服务中心于 2005 年开始承办农民田间学校，并在昌平区农民科技培训工作领导小组的主持下成立了农民田间学校建设领导小组，成员包括中心标准化办公室、区蔬菜办、植保站、推广站、土肥站、农业机械化学校等单位，由中心统一领导负责农民田间学校的统筹协调和组织实施工作。自 2005 年至 2010 年，中心系统新建农民田间学校 23 所，续建 32 所，合计建设农民田间学校 55 所（新建和续建，其中 14 所为开办中）。其中 2005 年新建 1 所；2006 年续建 1 所；2007 年新建 5 所；2008 年新建 8 所、续建 5 所；2009 年新建 9 所、续建 13 所；2010 年续建 13 所。55 所农民田间学校中涉及草莓产业 35 所、苹果产业 8 所、百合产业 5 所、食用菌产业 2 所、蔬菜产业 5 所。现有田间学校主要分布在昌平区 8 个镇的 24 个自然村，其中兴寿镇 8 个村、崔村镇 5 个村、南邵 4 个村、小汤山镇 3 个村、沙河镇、马池口镇、流村和十三陵镇各 1 个村，基本覆盖了昌平区"一花三果"的主要种植区域。截至 2010 年 11 月，全区农民田间学校共培训 56 期，培训学员 1 172 人，辐射带动农户 5 000 余户，共开展农民活动日 585 次，累计培训农民 14 550 人次，辅导员进行入户指导 232 次，培训中解决技术问题 58 个，推广或传播实用技术 22 项、新品种 6 个、新产品 12 个。目前全区现有种植业农民田间学校辅导员 11 人（其中优秀辅导员 3 人），全部参加过辅导员初级培训，半数参加过中级培训。在区县落实农民田间学校经费方面，2007 年落实经费 15 万元，2008 年落实 34 万元，2009 年落实 53 万元，三年合计落实经费 102 万元。在宣传方面，昌平区农业服务中心配合市农业局拍摄了《"真顺"苹果富真顺》《小草莓引领大发展》电视节目 2 期，分别在北京电视台公共频道农民田间学校系列电视节目中播出；配合区农委和昌平区电视台拍摄了《农民大课堂》讲述《草莓种植技术》和《草莓主要病虫害防治》节目 2 期；辛庄和西营田间学校配合北京电视台拍摄了《如何识别新鲜草莓》节目，并在北京电视台 7 套《快乐生活一点通》节目播出。

昌平区动监局自 2005 年至 2010 年共建畜牧农民田间学校 14 所，涉及肉羊、生猪、柴鸡蛋和奶牛四个畜种。14 所学校主要分布在长陵镇、阳坊镇、流村镇、兴寿镇、南口镇、十三陵镇、崔村镇、百善、小汤山、马池口和南邵等十一个乡镇，基本覆盖了养殖业发达的山区和半山区乡镇。目前，农民田间学校累计培训农民 1.5 万人次，推广实用技术 60 余项，为农户解决实际问题 90 个，培养农民辅导员 32 人，跟踪服务科技示范户 46 户，辐射和带动四个畜种养殖户共 800 户，农民平均每户增收 5 000 元。由于农民田间学校开办期间正值北京盛世富民清真食品有限责任公司处于机构改革的特殊时期，致使畜牧业农民田间学校的辅导员分散在多家单位，为此公司专门组织全区 14 名畜牧系统的辅导员成立了培训教学培训室，每名辅导员分工明确，并责任到人。昌平区动监局在开办畜牧农民田间学校过程中采用了四种办学模式，即公司承办、行业协会办学、业务部门办学和合作社办学，基本保证了机构转轨过程中学校的办学质量和可持续发展。在区县落实农民田间学校经费上，2006 年落实经费 6 万元，2007 年落实 10 万元，2008 年落实 38 万元，2009 年落实 64 万元，2010 年落实 38 万元，5 年合计落实学校建设经费 150 万元。在宣传方面，畜牧农民田间学校配合昌平区电视台录制了《农民发明的多用途农机》《新建村学校同安徽省交流》《产蛋箱和栖架》《田间学校建设》《柴鸡冬季产蛋率低的原因》《柴鸡冬季提高产蛋率的措施》《雏鸡的饲养与管理》共七期节目；配合市和中央电视台录制了《农民做脑包虫手术》《慧眼识柴鸡》《柴鸡园里巧安家》《节本增效做饲料》共四期节目。

　　昌平区水产农民田间学校的承办单位是京郊温水鱼产业化龙头企业昌平区水产公司，该公司拥有市级罗非鱼良种场、罗非鱼饲料厂、鱼产品加工厂，并形成了供种、供料、技术服务、产品回收和加工销售等为一体的产业化发展格局。为更好开办农民田间学校，水产公司专门成立了田间学校领导小组和技术实施管理小组，并同北京市水产技术推广站及大专院校建立了良好的合作关系。2008 年和 2009 年昌平区水产公司共开办农民田间学校两所（其中 1 所因学员分散而停办），培训学员 50 人，涉及兴寿、崔村、小汤山、阳坊和沙河 10 个镇 32 个村。学员均为罗非鱼养殖专业户，户均养殖面积 20 亩左右。截止到 2010 年 10 月底，水产农民田间学校 3 年共组织不同形式的培训及活动 64 次，其中开展集中培训、专题讨论、现场指导、观摩及团队建设等活动 44 次，实操性实验 12 次，知识水平测试 8 次（BBT 票箱测试），编辑动态信息 30 余期。累计培训农民 300 人次，有 70％以上的学员成为当地生产能手，带动和辐射养殖户 100 余户。水产公司安排 2 名水产技术人员作为学校辅导员，并培养了农民辅导员 4 名。2008 年水产农民田间学校落实开办经费 3 万元，2009 年落实 10 万元，两年总计落实 13 万元。

　　昌平区园林绿化局于 2009 年初承办百合农民田间学校，已开办农民田间学校 10 所（其中新建 6 所，续建 4 所）。10 所学校主要分布在昌平区西部四镇的 6 个自然村，其中南口镇 3 所、流村镇 1 所、阳坊镇 1 所、马池口镇 1 所，基本覆盖了昌平区"一花三果"中百合花的种植区域。两年间，百合农民田间学校共举办培训 10 期，培训学员 145 人，辐射带动农民 587 人。辅导员入户指导 1 072 次，解决技术问题 58 个，推广传播实用技术 20 项、新品种 17 个。2009 年新办的 4 所学校共组织培训活动 41 次，其中农民专题讨论与辅导 4 次，团队建设及游戏活动 2 次，试验示范田实操与观察研究 4 次，知识水平测试 3 次，组织镇、村农民观摩交流 2 次，现场技术辅导 5 次，解决技术问题 20 个，推广或传播实用技术 3 项。2010 年新办、续办的 6 所田间学校全年共组织培训活动 84 次，其中农民专题讨论与辅导 12 次，团队建设及游戏活动 6 次，试验示范田实操与观察研究 6 次，知识水平测试 6 次，组织镇、村农民观摩交流 6 次，现场技术辅导 48 次，解决技术问题 20 个，推广或传播实用技术 3 项。在区县落实农民田间学校经费方面，2009 年合计落实办学经费 18 万元。在宣传工作上，田间学校配合区农委和区电视台拍摄了《农民大课堂》两期节目，分别介绍了"百合籽球的栽培方法"和"百合切花冬季管理"，并得到了广大百合花种植户的欢迎。

6. 怀柔区

为了落实农民田间学校建设工作，怀柔区专门成立了"农民田间学校建设项目技术实施管理小组"。领导小组由区农委副主任任组长，区种植中心、区动监局主管领导任副组长，区农委产业规划发展科、区种植中心蔬菜科、区动监局生产科等科室为成员。项目技术实施管理小组重点承担农民田间学校建设、管理与实施工作，负责落实完成农民田间学校建设的各项考核指标；组织农民田间学校观摩、考核与评优、总结与交流；负责农民田间学校信息管理系统的数据填报与维护等工作。自 2006 年至 2010 年，怀柔区总计开办农民田间学校 50 所，培训农民学员共 1 436 人。5 年中，全区共有 59 人参加市里组织的初级、中级及高级辅导员培训班，并且每所农民田间学校配备 1 至 2 名助理辅导员，协助辅导员完成办学工作。2006 年至 2010 年，怀柔区农民田间学校共落实办学经费 267 万元。怀柔区农民田间学校概况见附图 5-50～附图 5-57。

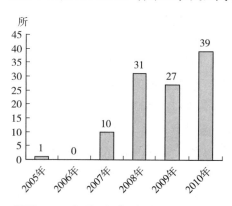

附图 5-50　怀柔区新建田间学校增长趋势图

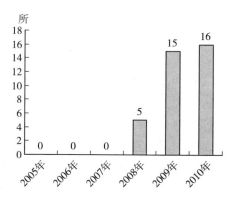

附图 5-51　怀柔区续建田间学校增长趋势图

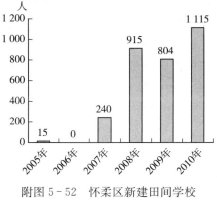

附图 5-52 怀柔区新建田间学校
学员增长趋势图

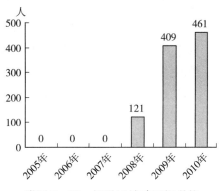

附图 5-53 怀柔区续建田间学校
学员增长趋势图

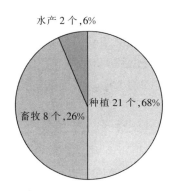

附图 5-54 怀柔区新建田间学校
产业分布图

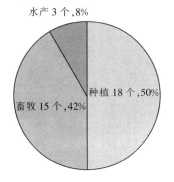

附图 5-55 怀柔区续建田间学校
产业分布图

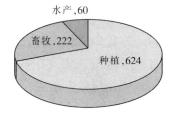

附图 5-56 不同产业新建田间
学校学员分布图

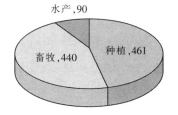

附图 5-57 不同产业续建田间
学校学员分布图

作为责任单位之一,怀柔区农业局专门成立了由主管局长任组长、生产科科长任副组长、各承办单位负责人为成员的农民田间学校建设项目技术实施管理小组,负责完成农民田间学校建设的各项工作任务。同时为了整合人力资源，农业局将怀柔区内养殖业的专家充实到农民田间学校专家体系中，为办学提供技术支撑。从 2007 年以来，区农业局共开办农民田间学校 28 个，基本围绕全区优势主导产业，涵盖冷水鱼、肉鸡、茸鹿、生猪、柴蛋鸡、奶牛等养殖业。截至 2010 年底总计培训农民学员 812 人次，组织农民学习活动日 420 次。4 年中共培训农民田间学校辅导员 38 人次，同时每所学校还配备 1 到 2 名助理辅导员协助辅导员开展工作。自 2007 年以来农民田间学校共解决技术问题 150 个，推广新技术 55 项，推广新品种 20 个。2009 年全区落实办学经费 46 万元，2010 年落实经费 94 万元，合计落实经费 150 万元。

责任单位之一的怀柔区种植业服务中心自 2006 年 7 月启动农民田间学校项目，为了更好推进农民田间学校项目，中心成立由中心主任任组长，主管主任任副组长，植保站站长、推广站站长、蔬菜科副科长为成员的项目管理小组。项目管理小组严格规定，为了保证田间学校开办质量，自 2008 年以后每位辅导员最多只能开办 3 所田间学校。截止到 2009 年底，中心共开办 21 所农民田间学校，培养农民学员 594 人。2010 年，由于区机构改革，怀柔区植保站被划归怀柔区农业局管理，因此 2010 年只有种植中心在长哨营老西沟村新建 1 所食用菌田间学校，培养农民学员 30 人，其余 7 所为中心和推广站续建（中心 4 所、推广站 3 所）。从 2006 年至 2010 年，中心先后培养辅导员 10 名，其中高级辅导员 2 名，初级辅导员 8 名，培养农民辅导员 21 名。5 年来 22 所农民田间学校共培训农民学员 624 名，组织农民学习活动日 754 次，其中农民专题讨论与辅导 606 次，团队建设及游戏活动 316 次，试验示范田实操与观察研究 222 次，演示性实验 74 次，知识水平测试 75 次，组织区县乡镇、村农民观摩交流 125 次，现场技术辅导 323 次，解决技术问题 99 个，推广或传播实用技术 74 项。宣传工作方面，中心在北京农技推广网、北京果类蔬菜创新团队网、北京广播电台、怀柔农委网、怀柔信息网、怀柔电视台、怀柔区种植业服务中心网、怀柔报等多家媒体宣传报道相关信息 122 篇，并且取得了良好的社会反响。2009 年中心落实农民田间学校经费 33 万元，2010 年落实经费 84 万元，合计落实经费 117 万元。

7. 平谷区

自 2007 年以来，平谷区共新建农民田间学校 129 所，续建农民田间学校 76 所；新建学校学员 3 553 人，续建学校学员 1 972 人。其中新建农民田间学校中种植业农民田间学校 27 所、畜牧田间学校 34 所，水产农民田间学校 5 所；续建农民田间学校中种植业农民田间学校 20 所，畜牧业农民田间学校 27 所，水产农民田间学校 10 所。全区共有各类产业农民田间学校辅导员 89 人，四年间共推广新技术 194 项，推广新品种 91 个，辐射带动农户总计 6 340 户。全区 2007 年落实农民田间学校经费总计 2 万元，2008 年落实经费总计 4.244 5 万元，2009 年落实经费总计 120.746 2 万元，2010 年落实经费总计 205.649 万元，四年落实经费总计 332.338 7 万元。平谷区农民田间学校概况见附图 5-58～附图 5-65。

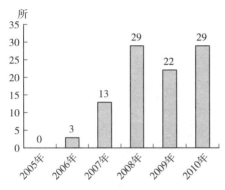

附图 5-58　平谷区新建田间学校
增长趋势图

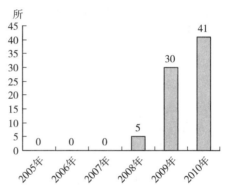

附图 5-59　平谷区续建田间学校
增长趋势图

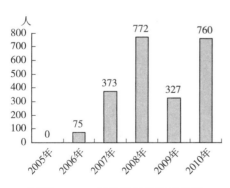

附图 5-60　平谷区新建田间学校
学员增长趋势图

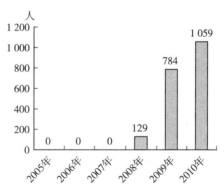

附图 5-61　平谷区续建田间学校
学员增长趋势图

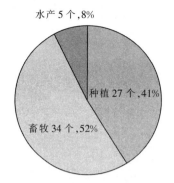

附图 5-62　平谷区新建田间学校
产业分布图

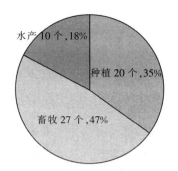

附图 5-63　平谷区续建田间学校
产业分布图

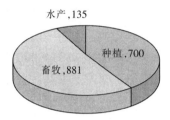

附图 5-64　不同产业新建田间学校
学员分布图

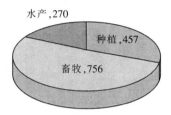

附图 5-65　不同产业续建田间学校
学员分布图

在平谷区建设畜牧农民田间学校方面，区动物卫生监督管理局成立了农民田间学校项目领导小组，组长由动监局局长担任，副组长由动监局副局长担任；办公室设在畜牧科，负责农民田间学校协调管理、检查、验收等各项工作；动物疫病预防控制中心技术推广室负责田间学校的具体落实工作。同时平谷区还建立了综合试验站，下设 8 所农民田间学校工作站，形成了由行政主管部门到区级、乡镇级科技推广机构的三级科技推广与管理体系，为农民田间学校的顺利开办提供组织保障。2007 年至 2010 年全区共建畜牧农民田间学校 34 所，涉及生猪、蛋鸡、肉鸡、肉羊、獭兔等 6 个畜种，其中，生猪学校 19 所、肉鸡学校 4 所、肉羊学校 4 所、蛋鸡柴蛋鸡学校 6 所、獭兔 1 所，主要分布在 15 个乡镇，辐射带动了 126 个自然村。平谷区现有经过正式培训的田间学校辅导员 56 人，其中本科学历 29 人，大中专学历 27 人。4 年来 34 所畜牧农民田间学校共培训农民辅导员 122 人，培训农民学员 32 760 人次，培养乡土专家 98 人，解决生产实际问题 98 个，推广实用技术 62 项，新品种 5 种，户均增收近万元。2009 年落实农民田间学校经费

47.89 万元，2010 年落实经费 87.79 万元，合计落实 135.68 万元。在宣传方面，《中国畜牧兽医报》《北京日报》《京郊日报》《平谷信息》《京东绿谷信息网》《平谷新闻》等报刊先后刊登、发表有关平谷区畜牧农民田间学校的文章250 余篇，宣传报道了畜牧田间学校工作进展情况和典型做法 36 篇。

作为责任单位之一的平谷区农广校，为保证农民田间学校各项活动顺利进行，学校专门成立了以校长为组长的领导小组，并由业务副校长主抓农民田间学校工作，学校培训部负责具体实施。平谷区农广校于 2009 年开始在张各庄、甘营、大庄户、周村、大官庄和北定福 6 个村成功创办农民田间学校，2010 年又在洙水、小北关、后罗庄、坨头寺、天井、南埝头新建了 6 所，农广校目前共开办农民田间学校 12 所。自 2008 年 9 月，农广校 2 次共派 12名骨干教师参加了北京市农业局组织的田间学校辅导员培训班，并且 12 名辅导员已经在每所学校培养出了 10 名农民"辅导员"。两年间，农广校开办的农民田间学校共培训学员 335 人，组织开展农民活动日 260 次，其中农民专题讨论与辅导 43 次，团队建设及游戏活动 63 次，试验示范田实操与观察研究 21 次，演示性实验 16 次，知识水平测试 18 次，组织区县乡镇、村农民观摩交流 4 次，现场技术指导 64 次，解决技术问题 268 个，推广或传播实用技术 36 项，新品种 21 个，新产品 12 个，发现培养"土专家"14 名。2009 年落实农民田间学校经费 26.2 万元，2010 年 48.5 万元，合计 74.4 万元。

平谷区农民专业合作社指导服务中心承担了水产和部分种植业农民田间学校的建校工作。为了保证农民田间学校的顺利开办，中心成立了以中心主任为组长、副主任为副组长的项目领导小组。领导小组主要负责争取政策扶持，协调各部门合作，并不定期监督、检查田间学校的开办情况，进而保证全区农民田间学校的平稳、高效运行。自 2007 年至 2010 年，平谷区共计建水产农民田间学校 5 所，基本分布在水产养殖面积较大的 5 个乡镇，涉及养殖面积 2 668 亩，学员 135 个，均为男性学员。中心共有水产田间学校建设区级辅导员 5 人，全部参加了北京市水产技术推广站组织的初级辅导员培训班，另培养出村级辅导员 5 名。四年来水产农民田间学校共组织农民学习活动日 310 次，推广或传播实用技术 20 项，新品种 12 个，新产品 6 个。培养和发现 10 名区级和村级辅导员，评选出 10 名优秀农民学员代表，辐射带动周边 800 户水产养殖户增收致富，户均增收 6 000 元。2007 年北京市平谷区农民专业合作社指导中心落实水产农民田间学校专项经费 1 万元，2008 年为 2 万元，2009 年落实 11.295 万元，2010 年落实 8 万元，总计落实

22.295 万元。2007 年至 2010 年，平谷区农民专业合作社指导中心共建蔬菜农民田间学校 4 所，分布在蔬菜栽培面积较大的大兴庄镇大兴庄村和西柏店村、山东庄镇桥头营村和南独乐河镇新农村，涉及种植面积 3 020 亩。目前已有 4 名村级辅导员接受初级田间学校辅导员培训，每所种植业农民田间学校培养出 1 名农民辅导员。4 所学校共计培养学员 80 个，其中男性学员 39 名，女性学员 41 名。四年来共计组织农民学习活动日 276 次，解决技术问题 56 个，推广或传播实用技术 14 项，新品种 5 个，新产品 7 个。培养和发现 7 名村级辅导员，评选出 14 名优秀农民学员代表，辐射带动周边 920 户蔬菜栽培户增收致富，人均增收 2 000 元。2007 年北京市平谷区农民专业合作社指导中心落实种植业农民田间学校专项经费经费 1 万元，2008 年落实经费 2 万元，2009 年落实经费 10.076 万元，2010 年落实经费 6 万元，总计落实 19.076 万元。

平谷区农科所专门为农民田间学校项目成立了项目领导小组，组长由所长担任，副组长由副所长担任，办公室负责管理农民田间学校、制定农民田间学校实施方案，并组织、督导各项工作的落实。为了顺利实施开展农民田间学校工作，单位又抽调了 4 名技术人员担任农民田间学校辅导员，并着重培养农民辅导员。三年来农科所共开办农民田间学校 33 所，分布于平谷区王辛庄、南独乐河、东高村、大华山等 12 个乡镇，涉及鲜食玉米、杂粮、果树、中药材等产业，直接参与学员 962 人，带动农户 2 000 余人，开办农民活动日 400 余次，推广传播实用技术 20 项。2008 年平谷区农科所落实农民田间学校经费 0.244 5 万元，2009 年落实 6.284 2 万元，2010 年落实 30.359 0 万元，合计落实 36.887 7 万元。

在平谷区农业局的指导监督下，平谷区植物保护站成为平谷区种植农民田间学校的具体实施组织之一，并且构建了以市、区植保专家为技术顾问小组的组织管理体系，制定了农民田间学校学员管理守则、绩效考评管理办法以及田间学校全年实施方案。2007 年 12 月，平谷区植物保护站在市、区领导的高度重视和大力支持下，开办了第一所以蔬菜病虫综合防治为主要内容的植保农民田间学校，随后于 2008 年 5 月在金海湖镇郭家屯村开办的北京市第一所果树植保农民田间学校。2008 年植保站逐步推进农民田间学校建设进程，2008 年新建农民田间学校 5 所、2009 年新建农民田间学校 3 所。为了适应农民田间学校建设的发展速度，植保站共培养辅导员 8 名，全部参加了市级组织的专业培训。截至 2010 年底，植保站共开办了 11 所农民田间学校，其中新建 2 所，续建 9 所，涉及全区 8 个乡镇 11 个村；培养农民辅导员 2 人、乡土专家 4 人。参加培训在编的农民学员 279 人，推广果树技术 3 项，蔬菜防治技术 3 项，生物药剂 13 个品种。2009 年植保站落实农民田间学校经费 19 万元，2010 年落实 25 万元，合计落实 44 万元。

8. 密云县

为了在密云县推广农民田间学校，密云县农委、县农业局、县农业服务中心的主管领导及具体科室负责人组建"密云县农民田间学校建设项目管理协调小组"，办公室设在农委信息培训科，并由专人负责协调农民田间学校建设与管理、拟订扶持政策、落实项目匹配资金、监督检查项目落实等工作。各项目承担单位也成立了农民田间学校管理领导小组，由行政一把手任组长、主管领导为副组长，相关科室负责人和田间学校辅导员为成员。县农业植保站和推广站还专门成立了农民田间学校建设办公室，由田间学校高级辅导员负责具体建设管理工作。截至 2010 年底，密云县共开办农民田间学校 210 所，新建 96 所、续建 114 所。其中农业服务中心承办 132 所，新建 59 所、续建 73 所；农业局（原动物卫生监督管理局）承办 78 所，新建 37 所、续建 41 所。全县共有辅导员 55 名，其中农技术推广站 11 名，植保站 7 名，水产技术推广站 6 名，农业局 31 名。2006 年至 2010 年，全县共培训农民学员 2 307 人，培养农民辅导员 104 名、科技示范户 542 户，辐射带动农户 3.25 万户、户均增收 3 000 多元。推广新技术 12 项，推广新品种 16 种。2006 年全县落实农民田间学校经费 15 万元，2007 年落实经费 80 万元，2008 年落实经费 210 万元，2009 年落实经费 151 万元，2010 年落实经费 161 万元，合计落实经

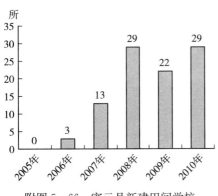

附图 5-66　密云县新建田间学校
增长趋势图

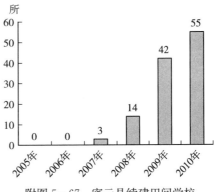

附图 5-67　密云县续建田间学校
增长趋势图

费 617 万元。密云县农民田间学校概况见附图 5-66～附图 5-73。

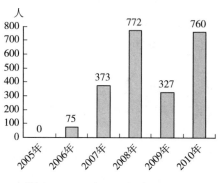

附图 5-68　密云县新建田间学校
学员增长趋势图

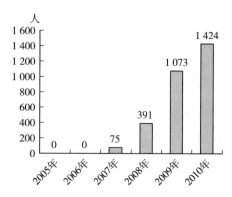

附图 5-69　密云县续建田间学校
学员增长趋势图

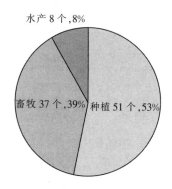

附图 5-70　密云县新建田间学校
产业分布图

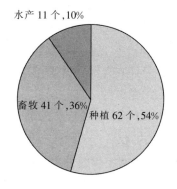

附图 5-71　密云县续建田间学校
产业分布图

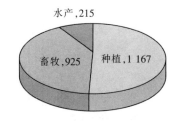

附图 5-72　不同产业新建田间学校
学员分布图

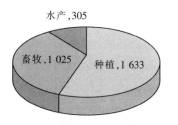

附图 5-73　不同产业续建田间学校
学员分布图

作为责任单位之一，密云县农民局专门成立了农民田间学校项目领导小组，办公室设在农业局畜牧管理科。2005 年至 2010 年密云县农业局共开办田间学校 36 所，其中已结业 7 所，生猪 15 所，肉鸡 7 所，柴蛋鸡 12 所，奶牛 2 所。培训工作量共计 1 846 小时，培养辅导员共 31 名，培养和带动示范户 196 户，共培训农民学员 930 名。2006 年至 2010 年，农业局共有 31 名田间学校辅导员顺利完成了在昌平举办的初级、中级辅导员培训，其中专职辅导员 8 名。2010 年全年推广新技术 5 项，推广新品种 7 项，辐射实用技术农民 39 人。农业局 2006 年落实农民田间学校经费 3 万元，2007 年落实 30 万元，2008 年落实 50 万元，2009 年落实 30 万元，2010 年落实 40 万元，总计落实 153 万元。

自 2005 年至 2010 年，县农服中心共开办农民田间学校 131 所，其中：新建 59 所，直接参与学员 1 382 人，续建 72 所，直接参与学员 1 938 人，累计培训学员 3 220 人，培训学员带动农户 2 万余户。截至 2010 年底，农服中心具备农民田间学校辅导员资格的人员总数已达到了 24 名，其中农业技术推广站 11 名，植保站 7 名，水产技术推广站 6 名。承担办学任务的辅导员 19 名，其中推广站 8 名，植保站 5 名，水产技术推广站 6 名。2006 年中心落实农民田间学校经费 12 万元，2007 年落实 50 万元，2008 年落实 160 万元，2009 年落实 121 万元，2010 年落实 121 万元，五年来共落实经费 464 万元。

9. 延庆县

自 2005 年至 2010 年，延庆县共新建农民田间学校 97 所，续建农民田间学校 99 所；新建学校学员 2 785 人，续建学校学员 3 183 人。其中新建农民田间学校中种植业农民田间学校 30 所、畜牧田间学校 36 所，果树农民田间学校 13 所，花卉和其他农民田间学校各一所；续建农民田间学校中种植业农民田间学校 37 所，畜牧业农民田间学校 47 所，果树农民田间学校 9 所，花卉和其他农民田间学校各一所。全区共有各类产业农民田间学校辅导员 72 人，四年间共推广新技术 177 项，推广新品种 141 个，辐射带动农户总计 11 600 户。全区 2008 年落实农民田间学校经费总计 118 万元，2009 年落实经费总计 141.5 万元，2010 年落实经费总计 58 万元，三年落实经费总计 337.5 万元。延庆县农民田间学校概况见附图 5-74～附图 5-81。

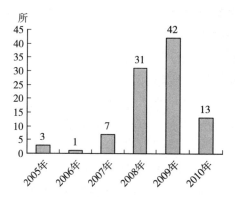

附图 5-74 延庆县新建田间学校增长趋势图

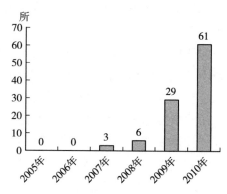

附图 5-75 延庆县续建田间学校增长趋势图

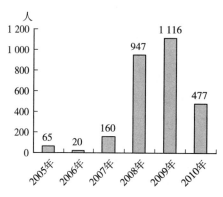

附图 5-76 延庆县新建田间学校
学员增长趋势图

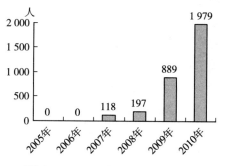

附图 5-77 延庆县续建田间学校
学员增长趋势图

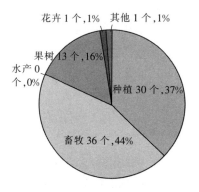

附图 5-78 延庆县新建田间
学校产业分布图

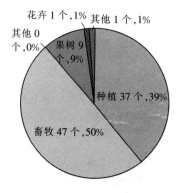

附图 5-79 延庆县续建田间
学校产业分布图

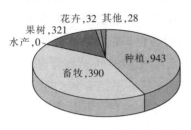

附图 5 - 80　不同产业新建田间
学校学员分布图

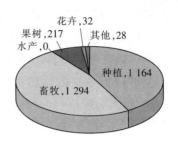

附图 5 - 81　不同产业续建田间
学校学员分布图

　　延庆县畜牧业农民田间学校由延庆县农业局为责任单位，农业局各派出所为承办单位，县疫控中心负责协助和监督。按照市农业局相关规定全区构建畜牧农民田间学校项目管理协调小组和农民田间学校项目技术实施小组。自 2006 年 7 月至 2010 年，共有 33 名辅导员参加由北京市畜牧兽医总站组织的北京市畜牧农民田间学校辅导员培训班，但由于体制改革及工作调动等原因，目前继续承担辅导员工作任务的有 22 人。延庆县自 2006 年 7 月建立第一所畜牧业农民田间学校至 2010 年，累计新建学校 36 所，续建学校 47 所，培训田间学校学员 890 人，开办各种活动日活动共计 796 次，培训学员近 2 万人次；人才培养方面，推选优秀学员 80 人，培养农民辅导员 30 人，科技示范户 2 百余户；推广新产品 31 个，新技术 15 项。2008 年疫控中心落实经费 30 万元，2009 年落实 88 万元。

　　延庆果品服务中心 2009 年开办 9 所果树农民田间学校，2010 年续建果树农民田间学校 9 所，新建 4 所。这 13 所学校涉及旧县镇、香营乡、康庄镇、八达岭镇、永宁镇、井庄镇、张山营镇 7 个乡镇 13 个村。辅导员 9 名，另有乡土专家辅导员 3 名，其中中级辅导员两名，初级辅导员 10 名。目前 4 所农民田间学校学员人数共计 321 人，总共参加人数为 1 943 人次，新技术推广 83 项，推广新品种 23 种，辐射农户近 2 500 人。2010 年区落实农民田间学校经费 13.5 万元，总计 13.5 万元。为加大宣传力度，扩大田间学校的影响力，中心多次邀请市、县电视台、电台、报社等单位进行相关报道。

　　延庆县农广校两年来共开办农民田间学校 16 所，其中果树类 15 所，花卉 1 所，分布在张山营、四海、大庄科、旧县 4 个乡镇，学员共计 465 人。农广校共配备农民田间学校辅导员 10 人，两年来已开展活动累计达 300 余次，解决疑难问题 30 余个，推广新技术 22 项，推广新品种 21 种。2009 年全区落实农民田间学校经费 15 万元，2010 年落实经费 18 万元，共计落实经费 33 万元。此外，每所田间学校的开学典礼都邀请教委、农委和乡镇等领导到场讲话，并利用县广播电视台、报社以及教委记者站就开班和活动日开展情况进行了系统的宣传报道。如《北京延庆办田间学校育新型农民》《延庆农广校大力推广"两校合一"新模式，多措并举培育新型农民》等二十余条信息先后刊登在延庆报、中国广播网、中国农村远程教育网、延庆教育网等网络及报刊上；《农广校送教上门》等专题片在延庆电视台播出。依托媒体的辐射能力，对我校农民田间学校的开展进行了很好的宣传。

延庆县农业技术推广站自 2008 年 4 月启动农民田间学校项目，截止到 2010 年底，共开办农民田间学校 11 所。推广站共有 16 人参加农民田间学校辅导员培训班，并取得农民田间学校辅导员资格。自 2008 年开办农民田间学校以来，根据各个村的实际情况，开展不同形式农民活动日，3 年来 11 所农民田间学校共培训农民学员 336 名，组织农民学习活动日 335 次，其中农民专题讨论与辅导 253 次，团队建设及游戏活动 65 次，试验示范田实操与观察研究 25 次，演示性实验 22 次，知识水平测试 36 次，组织区县乡镇、村农民观摩交流 12 次，现场技术辅导 183 次，解决技术问题 58 个，推广或传播实用技术 42 项。2008 年共计落实农民田间学校经费 55 万元，2009 年落实经费 26.5 万元，2010 年落实经费 26.5 万元，总计落实经费 108 万元。

自 2005 年北京市第一所农民田间学校——前平房农民田间学校在延庆举办，到 2010 年延庆县植保站共开办农民田间学校 47 所，其中新建 20 所，续建 27 所，培养农民学员 820 人，培养了农民辅导员 20 名，科技示范户 200 名。全站共有农民田间学校辅导员 15 名，其中有 9 名参加中级辅导员培训班，6 名参加初级辅导员培训班，有 8 人开办了或参与开办了农民田间学校。截至 2010 年，植保站借助农民田间学校推广新技术 15 项，新品种 40 多种，累计辐射带动农户 4 000 多户。2008 年植保站落实经费 33 万元，2009 年落实经费 12 万元，合计落实经费 45 万元。

（二）近郊区

1. 朝阳区

朝阳区为开展农民田间学校专门成立了由区农委主负责下的，由区科委、区财政局、区种养中心等部门组成的"朝阳区农民田间学校工作领导协调小组"，总体负责协调农民田间学校项目的建设与管理，并制定扶持政策，落实资金匹配，监督检查项目实施情况。与此同时朝阳区成立四级（市、区、乡、村）农民田间学校技术指导小组，由市级技术专家、区技术负责人和乡、村农民辅导员构成，目的是使农民田间学校在技术上有所依托。农民田间学校在正式开展过程中主要依靠农村科技协调员工作站和爱农驿站，力求整合已有技术和人才资源。朝阳区 2008 年建设农民田间学校 1 所，学员 30 人；2009 年共建农民田间学校 5 所，其中续建 1 所、新建 4 所；2010 年共建农民田间学校 5 所，全部为续建，学员 135 人。5 所学校均为种植业。目前农民田间学校已有学员 135 人，共带动周边农户 185 户。全区现有市、区各级辅导员 22 人，其中市级技术专家 3 人、区技术负责人 3 人、乡辅导员 4 人、村农民辅导员 12 人。全区现有 11 名农民田间学校辅导员，所有辅导员均取得了田间学校辅导员培训证书。2008 年全区落实农民田间学校经费 3 万元，2009 年落实经费 14 万元，合计总落实经费 17 万元。为了服务绿色产业，田间学校在开展过程中充分依托永顺华、森禾源、全美樱桃园、都市农汇等生产基地已有的产业基础，并采用多元方式对蔬菜种植农户进行技术培训。依托农民田间学校，全区共引进推广新品种 60 余个，示范应用新技术 10 项，农户平均增产 20%，平均增收 5% 以上。

2. 海淀区

海淀区为开展农民田间学校专门成立了农民田间学校项目管理协调小组，并制定了《海淀区农民田间学校建设实施方案》，基本确立了海淀区两年农民田间学校的建设目标和任务。区农委将区农科所、区水产站作为负责农民田间学校日常组织与管理的责任单位，并对其组织申报、开办和资金管理措施进行了规定。海淀区自 2009 年以来共成立 6 所农民田间学校，基本都以种植业为主：其中 2 所由区果树协会承办，3 所由各乡镇农服中心承办，1 所由农科所承办。2009 年海淀区共开办农民田间学校 2 所，学员共计 54 人；2010 年新建 4 所，学员共计 128 人，续建 2 所，学员共计 47 人。全区共有田间学校学员 175 人。2008 年至 2009 年初全区共有 10 人参加了田间学校辅导员培训班，为全区开办农民田间学校奠定了师资基础。2009 年全区共派 6 人参加了北京市农业局举办的农民田间学校网络系统培训班，以便长期开展监督管理工作。在资金配套上，全区对新建学校年运行经费提升至 9 万（市配套 3 万，区配套 6 万）、续建学校每所年运行经费为 6 万元（市配套 2 万，区配套 4 万），并给予区相关农口事业单位每所田间学校一万元管理费。2009 年海淀区共落实农民田间学校经费 12 万元，2010 年落实经费 76 万元，共计落实经费 88 万元。两年间农民田间学校推广新品种 17 个，示范应用新技术共计 12 项，6 所学校共辐射带动农户 90 户。

3. 丰台区

丰台区为开展农民田间学校专门成立了农民田间学校项目管理协调小组，并制定了《丰台区农民田间学校建设实施方案》。2008 年全区新办水产农民田间学校 1 所，学员 28 人；2009 年新办畜牧农民田间学校 3 所，学员共计 60 人，续建 1 所，学员 28 人；2010 年续建 4 所，学员共计 88 人。其中畜牧业田间学校 3 所，学员共计 60 人；水产田间学校 1 所，学员共计 28 人。2008 年至 2010 年，丰台区共培养了畜牧田间学校辅导员 4 人、水产辅导员 1 人。目前全区田间学校的校长、副校长、名誉校长、辅导员和辅导员助理基本由乡村（镇）、区疫控中心和区农委相关部门领导和技术员担任，主要是为了方便学校实施过程中的各方协调工作。每个农民田间学校的学员人数基本控制在 20 人左右，并且确定了固定的培训地点。三年间共培养出 2 名乡土专家和 1 名科技示范户，并尝试采取以科技示范户和乡土专家辐射、带动学员学习的模式。在办校经费上，2008 年丰台区农民田间学校办校经费是 6 万元，2009 年是 22 万元，2010 年是 16 万元，三年共计 44 万元并已下拨到各承办单位。三年间农民田间学校推广新技术 2 项，辐射带动农户 67 户。

（三）经验启示

从北京农民田间学校的开办模式来看，同传统农民培训相比具有五个特点：一是在培训理念上提倡"以人为本、能力为先、自下而上"；二是在培训方法上以生产实际为重点，采用参与式、启发式、互动式培训方式；三是在教育方式上，注重引导不同层次农民组成团队，激发其获取新知识的积极性，提高农民的自学能力；四是在培训特点上，以实践为手段，以田间为课堂，重视动手、动脑、动口，提高农民发现、分析和解决问题的能力；五是不固定教室、不固定授课老师、不固定教材，只设辅导员，一切活动以农民为中心。对于政府来讲，农民田间学校改变了原有自上而下的灌输式培训方式，力求突出农民的主体地位，将传统农技推广的单向传输转换为受众本位式的咨询与服务，使农民在整个过程中成为社区发展的主体。

如果将北京市农民田间学校的发展模式进行总结的话，我们可以用"五个创新"来理解：首先，农民田间学校是对传统政府技术推广供给方式的一种改革，使原来依靠农技推广人员进行技术推广，转变为依靠农民专家进行技术自然扩散和进步农民主动传播，由推广人员传播自身知识和技术转变为挖掘和吸纳农民自身的乡土知识和实践经验，农民成为农技推广事业的核心；其次，结合京郊都市型优势农业和精品农业的发展思路，探索出了在发达农业区开办参与式农民培训的新型模式，并因地制宜地提出"以校带户""以校带队"和"校协合作"等办学模式，使宏观农业政策与微观农户学习、生产行为实现了对接；再次，依托既有政府的科层体系，农民田间学校建立了市、区（县）、乡镇和村四级联动推进机制，探索实现学校建设与产业技术支撑相结合的机制，通过政策激励、制度激励等方式，调动从事农民田间学校工作的辅导员的积极性；然后，完全颠覆了传统农业技术传播的唯意志论观点，对传统单向线性的推广方式进行了革新，"在工作实践中，根据实际情况，改进发展了培训工具和方法，更好推进了农民田间学校的建设"；最后，通过一套制度化的管理办法和实施细则，落实了四级工作责任，调动了多元主体（农业企业、科研院所、职业院校、合作社、协会等）的资源共享与支持，建立了特有的科技项目与田间学校建设相结合的机制，依靠政府的力量从多方面保证了农民田间学校的工作有序、高效推进。从"北京模式"如火如荼的发展态势来看，政府推动参与式农民培训确实成绩斐然，并且能够通过政府权力的运作将策略在更大范围推行，这些都是项目推动模式所难以比拟的。

附录 6 北京市 2005—2012 年辅导员培训情况统计

北京市 2005—2012 年辅导员培训情况统计

种类 年限	市植保站辅导员培训 初级班 班次	人数	提高班 班次	人数	市畜牧站辅导员培训 初级班 班次	人数	提高班 班次	人数	市推广站辅导员培训 初级班 班次	人数	提高班 班次	人数	市土肥站辅导员培训 初级班 班次	人数	提高班 班次	人数	市水产站辅导员培训 初级班 班次	人数	提高班 班次	人数	全市总计 初级班 班次	人数	提高班 班次	人数
2005	1	33	1	33	—	—	—	—	—	—	—	—	—	—	—	—	—	—	—	—	1	33	1	33
2006	1	19	1	19	1	39	—	14	1	39	—	—	—	—	—	—	—	—	—	—	3	97	1	33
2007	1	29	1	27	3	101	—	—	2	57	1	36	—	—	—	—	1	40	—	—	7	227	2	63
2008	2	46	3	46	2	58	2	41	2	78	1	32	2	64	—	—	1	45	—	—	9	291	6	119
2009	2	51	2	47	4	135	2	89	1	32	2	67	1	32	1	37	1	40	—	—	9	290	7	240
2010	1	22	2	18	1	33	2	61	1	30	2	76	—	—	1	38	—	—	—	—	3	85	7	193
2011	1	27	0	0	1	41	—	—	1	48	—	—	—	—	—	—	—	—	—	—	3	116	0	0
2012	0	0	1	28	1	39	—	—	1	42	—	—	—	—	—	—	—	—	—	—	2	81	1	28
合计	9	227	11	218	13	446	6	205	9	326	6	211	3	96	2	75	3	125	—	—	37	1 220	25	709

附录7 北京市农民田间学校
辅导员体会选编

农民田间学校使我提高了知名度

北京市延庆县植物保护站 谷培云

辅导员简介：谷培云，女，47 岁。北京市延庆县植物保护站高级农艺师。2005 年主办北京市第一所农民田间学校，到 2012 年，主办农民田间学校 37 所，协办 32 所，培养了农民辅导员 22 名，科技示范户 200 余名。培养农民学员 1 220 人。2006 年参加了中加可持续项目农民田间学校辅导员培训班，2011 年 5 月参加了农业部第六期农民田间学校师资进修班。

开办农民田间学校，学员掌握了科学栽培管理知识和技能，综合素质和能力都得到了锻炼和提高。但我认为，通过开办农民田间学校，收获最多，进步最快的是农民田间学校辅导员，因为农民田间学校为辅导员提供了一个展示自己才能、体现自我价值的平台，在这个平台上，不但自己的知识水平、综合素质和能力都得到了锻炼和提高，而且体现了自己的人生价值，提高了自己的知名度。我自 2005 年主办北京市第一所农民田间学校到现在，主办农民田间学校 37 所，协办 32 所，培养了农民辅导员 22 名，科技示范户 200 余名。培养农民学员 1 220 人，成为农民的知心朋友和信得过的专业技术人员。现谈谈我作为农民田间学校辅导员的体会。

一、专业知识和技术水平得到了锻炼和提高

在农民田间学校培训过程中，一方面，辅导员在把知识和技能传授给学员的同时，也从农民那里学到了很多知识，积累了丰富的生产实践经验。另一方面，农民田间学校培训是帮助农民解决目标作物从种到收整个生产过程中存在的问题，不仅是植保，还包括栽培、土壤、土肥、节水等知识，辅导

员要不断学习提高专业知识才能更好地完成这项工作，所以，经过几年的培训，我的专业知识和技术水平都有了很大的提高。

二、综合素质和能力得到了锻炼和提高

作为一名优秀的农民田间学校辅导员，首先要有丰富的实践经验和较强的专业技术，知识面要宽；要有强烈的责任心和责任感；有吃苦耐劳、敬业、无私奉献的精神；要细心、有能力、有耐心，要平易近人，与农民交朋友，尊重学员，要使用通俗易懂的语言与农民交流。其次，作为一名优秀农民田间学校辅导员要具备以下的基本能力：①要具有沟通和协调能力。第一要跟自己的上级领导沟通，让领导了解你的工作，得到领导在资金、时间、精神等各方面给予的支持；第二要跟镇村领导协调好，争取镇村两级领导的大力支持；第三要跟学员沟通，争取学员能够积极配合。②辅导员要有引导、启发、辅导和控制能力。农民田间学校培训是采用"启发式、互动式和参与式"，在培训过程中要引导和启发农民发现问题，调动农民的积极性，让农民参与其中，回答农民提出的问题最好不用"是"或"不是"。③要具有组织管理和协调能力。组织农民学习要比组织机关单位的人学习困难得多，想组织学员按时参加培训，首先辅导员要提前到培训地点，切忌让学员等辅导员，其次在培训前 15 分钟进行答疑，解决农民生产和生产中存在的问题。④发现和观察能力。辅导员要注意观察，发现农民思维一点一滴的变化，要多鼓励少批评。⑤要不断归纳总结。辅导员要在每次培训后进行归纳总结，不但要把培训内容进行归纳总结，还要把整个培训过程中的每一个细小的变化进行记录。⑥要善于听取别人的意见，不断学习提高自己工作水平。农民田间学校是没有教材、没有围墙、没有老师的三无学校，农民在生产中存在的实际问题就是辅导员的教材，范围之广、内容之丰富是辅导员不能预料的，所以辅导员要听取领导、同事和农民等多方面的意见，特别是辅导员间的经验交流，更能增加知识、提高技能。⑦要有掌控能力。要了解的学习特点、习惯和要求，掌握当地当时生产中存在的问题，根据农民的需要进行辅导。⑧要有创新意识，有创造力和凝聚力。要根据时代和社会发展，还要根据农民的需要设计培训内容。⑨辅导员要具有很好的表达能力，要组织农民讨论、帮助农民分析问题、解决问题，还要进行专题讲座，特别是有观摩的时候，对辅导员更是一个考验和锻炼。农民田间学校辅导员是一个多学科、多技能、高素质的工作，经多年工作锻炼和经验的积累，我们的知识

水平、组织协调、观察、沟通、表达、总结、应变等综合素质和能力都得到了锻炼和提高。

三、通过开办农民田间学校我成为农民的朋友和最信任的专业技术人员，也提高了自己的知名度

在 2010 年全县投票选举"延庆县十大道德模范人物"，学员都纷纷给我投票，我以总票数第四获选，在表彰时，通过介绍获奖人的事迹，让更多人了解农民田间学校，了解农民农民田间学校辅导员的工作。当年又获得"北京市三八红旗奖章"，2011 年获得"延庆县五一劳动奖章"。我主持开办的农民田间学校已经成为北京市和全国的典型，经
常有国内外专家观摩考察，我的成绩也受到农业部及市领导的肯定和表扬，我曾在农业部组织的农民田间学校座谈会上介绍经验，到中国农业大学与专家进行经验交流，在长沙带领全国各省农业部门的领导和农技人员到田间培训学习，到农业部开办的农民田间学校辅导员培训班上与学员进行经验交流，我的培训课被录制成教学片发到全国各省，供各省农业部门学习，指导当地农民田间学校辅导员开展工作。正因我的努力和认真，2010 年我获得了"2008—2010 年度全国农牧渔业丰收奖农业技术推广贡献奖"。

农民田间学校是培养农村实用人才的有效途径

北京市通州区漷县镇北堤寺村生猪养殖田间学校农民辅导员　赵万全

辅导员简介：赵万全，男，50 岁。北京万全恒瑞牧业有限公司总经理，畜牧兽医师，北京万全互联生猪专业合作社理事长。

一、农民田间学校培训与办学经历

自 2006 年 11 月起，用参与式的培训方法开展农民田间学校培训，培训学员分别来自 5 个乡镇 20 个自然村。至 2012 年底已开课 175 次，累计培训学员 5 500 人次，入户指导 200 余次。为了给学员创造良好的学习环境和实践的场所，自费建设了 80 平方米的培训室和 300 平方米的试验猪舍，购置了教学用摄像机、投影仪、试验用显微镜、恒温箱、教学模型等教学用具、设备。

几年来，多次接待农业部、市区以及国外代表团的观摩交流活动，累计接待观摩交流人数 271 人次；提高了通州区农民田间学校在北京市、全国以及国际上的影响力，为通州区赢得了荣誉。培训期间配合北京市农业局科教处录制《走进农民田间学校》"猪妈妈坐月子"专题节目，在中央电视台七频道《科技苑》栏目成功播出，并荣获 2007 年科教影视学术奖"科普与科技类"三等奖。参与编写了北京市农业局组编的《农民田间学校建设指南》《农民培训需求调研指南》等书籍。2010 年 1 月配合北京市农业局拍摄农民田间学校系列电视节目"从养猪能手到致富带头人"专题片，并在北京电视台公共频道成功播出。通过这些教学片，将科学养猪的技术带给了更多的养殖户，使更多的人受益。

农民田间学校的培训方法得到了农民的欢迎和认可，提高了农民的经济效益，使养殖实用技术得到了推广，培养了一批农村实用人才，促进了农村经济的发展。目前不少学员在当地已成为小有名气的"土专家"，带动了当地一批养殖户。2007 年 10 月，以农民田间学校学员为基础，组建了"北京万全互联生猪专业合作社"，现在册社员 76 人，存栏母猪 1 000 头，年出栏商品猪 15 000 头，是"全国第一个以农民田间学校学员为基础组建的养猪农民专业合作社"，合作社辐射带动周围养猪农户 200 户。

二、办学体会

（一）农民田间学校是培养农村实用人才的有效途径

农民田间培训强调以农民需求为中心，通过"参与式"学习、实践，来提高农民学员的科学技术水平和实际操作技能，增强农民学员自己分析问题、解决问题的能力；培训中学员积极参与讨论、分析问题发生的原因，分享自己解决问题的办法；辅导员采用启发式、引导式的方法点评归纳、总结学员的讨论结果，并把自己的观点、经验与学员分享。

在农民田间学校，学员不仅动口、动脑，还要动手进行实际操作，因此对农民学员具有很强的吸引力，深受农民欢迎。农民田间学校成为培养农村实用人才的有效途径。

（二）多种方式方法提高培训质量，切实增强农民致富本领

为提高培训质量，采取了多种形式的培训方法与措施，来提高农民学员的技术和技能。

1. 采用调查问卷、入户访谈、BBT 测试等多种需求调研方法了解农户的培训需求

受文化水平、表达能力的限制，农民大部分需求不能通过语言表达出来；因此要了解农户真正的需求，就要采取多种方法进行调研，从中发现农户生产中存在的问题。这样才能有针对性地开展培训，切实解决农民生产中急需的生产问题。在每期培训前，辅导员都要通过发放调查问卷、入户访谈、票箱测试等方法，了解农户的真正需求；然后经过分析进行排序，制定培训课程表。培训的内容是农户关心的问题，是他们真正需要的知识，才能吸引农民自愿参加培训，才能起到培训的效果。在农民田间学校教学培训中，强调以农民的需求为中心，以农民生产中存在的实际问题作为培训的内容，真正做到了学以致用。

2. 通过演示、示范、实操等多种方法开展培训

鼓励农民自己动手、亲自实践。在培训中辅导员先演示、示范，然后学员进行实际操作，切实提高农民的专业技能。

3. 在开展农民田间学校培训中，推广实用技术

（1）人工授精技术。累计人工授精母猪 10 000 余头，100％学员使用，人工授精技术推广，累计受精母猪 5 500 头，直接节省农户配种费用 88 万元。

（2）5～10 日龄仔猪双切口去势技术。学员过去一般 40 日龄去势，此时已断奶，采食量少、应激大、影响生长；由于采用传统去势方法，一个切口，阴囊内渗出液不易流出，阴囊肿大、伤口愈合慢，易感染；而且要请兽医来做。采用 5～10 日龄仔猪双切口去势技术，伤口愈合快、不感染、不影响生长、简单易学，学员可以自己操作。几年来累计去势 10 000 多头，节省开支 4 万余元。

（3）断奶仔猪地热床技术。核心技术是在原有水泥地面上，铺设四道地热管，再打 2 厘米水泥地面，利用原有土暖气，增加循环水泵，设定水温、启动时间；提高仔猪腹部温度，相当于仔猪睡在电褥子上。在燃煤不增加的情况下，减少仔猪死亡率 70％以上。学员杨亚军 2008 年起使用此技术，与上年同期相比，饲养 600 头仔猪，减少死亡 50 头，70 日龄仔猪按每头 200 元计算，减少损失 10 000 元。

（4）推广冬季夜间温稀料补饲提高断奶仔猪成活率技术。本技术是学员自己在实践中总结的，多年来他们在冬季就是这样做的，其实没有什么技术含量，但对提高冬季仔猪成活率有明显效果。猪吃了温稀料抗寒、不得病、长得快。在培训中通过学员介绍，感觉此方法很好，于是在学员中推广。

（5）积极引进推广新产品。几年来，基地通过自己先使用、再推广的方式，积极引进推广多种有效、优质的新产品。

（三）在培训内容、培训形式方面进行了有益的探索

为了提高学员的综合素质，在开展养猪技术培训的基础上，基地还根据学员需求、形式需要、应急事件等，在培训内容、形式上进行了有益的探索。在培训形式上，为了开阔眼界，多次组织学员到饲料厂、兽药厂参观学习；为提高学员的知识水平，多次聘请有关专家来基地进行专题讲座。在培训内容上也进行了有益的探索。几年来，根据形势需要，举办了"放心农资培训宣讲会""农业保险、农村安居乐业保险知识培训""安全生产知识"等多项培训。

（四）提高了学员的科学养猪水平，而且也带来了较好的经济利益

通过五年多农民田间学校的培训和带动，田间学校不但吸引了学员，而且学员的综合素质得到了提高；不但提高了学员的科学养猪水平，而且也带来了较好的经济利益。一是学员比原来自信了。农民田间学校刚开办时，学员因缺乏自信，发言都很拘谨。在培训中我就想方设法地鼓励学员走上讲台，介绍自己的经验和教训。现在学员都抢着发言，参与意识和自信心都得到了显著提高；如靛庄村的张金才，性格内向、不爱说话，经过田间学校的锻炼，现在已经敢走上讲台分享自己的经验教训了。二是能自己解决实际问题了。学员杨亚军家的仔猪冬季咳嗽、喘的比较多，以前他盲目用药治疗，效果不佳。通过培训，回去后认真分析，发现是猪舍通风不好造成的，如果开窗通风温度又太低了，于是他把 PVC 管安装在房顶上做通风管道，花钱不多，又解决了猪舍通风不好的问题。三是实行科学养猪。有的学员过去养的是杂种母猪，现在舍得花高价购买二元母猪；原来使用本交配种，现在大部分学员实行了人工授精；过去不重视消毒工作，现在 400 多元一桶的消毒药也敢买了。四是带动了一批养殖农户。农户通过培训、自我学习、总结、摸索，不仅提高了自己的养殖技术和经济收益，很多学员也成为了当地小有名气的"土专家"，带动了当地一批养殖户。潮县镇小香仪村的杨亚军，经常向他周围的养猪户传授技术，并且于今年也承办了一所农民田间学校。毛庄村书记毛思森带领村民参加养猪培训后受到启发，回村后办起了"奶牛农民田间学校"。五是钱袋子鼓起来了。随着农户科学养猪技术的不断提高，生猪存活率和质量有了很大改善，农户也因此获得了一定的经济效益。如：自 2007 年起推广人工授精技术以来，累计人工授精母猪 10 000 多头，本交配种平均每头母猪配种成本 190 元，实行人工授精平均每头母猪配种成本仅 20 元，几年来节省配种支出达 170 多万元。六是合作意识提高了。养猪农户不成规模单打独斗、一家一户小打小闹一直是影响养猪农民发展致富的"软肋"。自己过去也有办合作社的愿望，但得不到养猪户的响应，通过田间学校的培训，学员的思想观念改变了，合作意识加强了。在学员的强烈要求下，2007 年 11 月以"公司＋农户"的形式，组建了以田间学校学员为基础的"生猪专业合作社"。七是带动了地区经济的发展。农民田间学校得到了农民的欢迎和认可，不仅帮助农户提高了经济收入，而且也使科学养殖实用技术得到了进一步推广。培养了一批有文化、懂技术、会经营的农村实用人

才，促进了本地区农村经济的发展。

2011 年在区农业局的支持下，自己推荐的学员杨亚军、张宗云又分别在漷县镇小香仪村、毛庄村开办了生猪、奶牛农民田间学校。农民田间学校成为培养有文化、懂技术、会经营的新型农民和农村实用人才的有效途径。

（五）通过农民田间学校培训，辅导员自身的综合素质得到了提高

几年来，辅导员多次获市区有关部门的表彰。2005 年获北京市农业局"农业科技入户示范工程"优秀科技示范户称号；2006 年获北京市畜牧科技入户办公室"生猪安全生产技术示范推广"优秀科技示范户称号；2007 年获北京市畜牧科技入户办公室"生猪安全生产技术示范推广"优秀科技示范户称号；2006—2007 年度获北京市畜牧农民田间学校办公室"北京市畜牧农民田间学校建设"优秀辅导员称号；2008 年度获北京市农委、农业局、科委、财政局"北京市农民田间学校建设"优秀辅导员称号；2008 年获通州区科技领导小组办公室"优秀科技带头人"称号；2008—2011 年连续获通州区委组织部、农工委，漷县镇党委、政府"农村实用人才优秀指导教师"称号；2010 年被北京市委、市政府评为"北京市有突出贡献的农村实用人才"；2010 年获"通州区杰出人才提名奖"。

自己富了不能忘记众乡亲

北京市金展旺农民田间学校农民辅导员　张红英

辅导员简介：张红英，女，45 岁。北京市通州区永乐店镇大羊村生猪产业技术体系北京市创新团队农民田间学校工作站站长。

我叫张红英，女，45 岁，中专文化，中共党员，是北京市通州区永乐店镇大羊村一名普普通通的农民，现任生猪产业技术体系北京市创新团队农民田间学校工作站站长。我在农民田间学校里成长，是农民田间学校成就了我的养猪事业，通过从事田间学校辅导员工作，帮助和带领我身边的农民致富，体现了我的人生价值。

我 1998 年创办金展旺养殖场。那时我投入了大量的精力，回报却不多。我积极地走出去，四处学习科学养猪知识，请专家上门指导应用科学技术，积累了一定的养猪成功经验。2006 年市畜牧兽医总站开展农民田间学校建设，我参加了第一批畜牧农民田间学校，学到了大量的养猪技术，并应用于生产，自己的养殖场也不断发展壮大，经济效益稳步提高。

"一花独放不是春，万花齐放春满园"。自己致富了，不能忘了众乡亲。我心里一直有个梦想，用自己的优势带动身边更多的人致富，像我一样过上幸福的生活。在我们当地，还有许多养猪场（户）生产技术还很落后，普遍存在科技素质不高的现象。于是，我决心以自己的行动回报社会，服务群众。田间学校的参与式培训方法也启发了我，对于农民来说，这种参与式的学习方法是让农民快速掌握技术的最好方法。2006 年，在北京市畜牧兽医总站的支持和指导下，我承担开办了一所养猪农民田间学校，把主要精力放在帮助学员学习科学技术、应用科学技术、依靠科技支撑增产增收的培训上。培训采用参与式方法，以学员的需求为导向，针对生产中的技术薄弱环节，为周边 30 个养猪户提供了系统培训，把大量的养殖信息和养猪专业知识传授给他们，帮助学员学习采用新技术，提高生产水平，靠科技支撑增加经济收入。同年，在镇党委、镇政府的大力支持下和众乡邻的信任下，依托农民田间学校，由我牵头成立了北京金诚众和生猪养殖专业合作社，带领当地的 115 户养殖户共同发展养猪业，鼓励他们科学饲养、规范管理、互帮互助，结成养猪联合体共同致富。

2008 年，根据广大农户的需求，我主办的养猪农民田间学校发展到了两所，一是金展旺农民田间学校；二是柴厂屯村农民田间学校。在实践操作中，我时刻铭记农民田间学校"以农民为中心，自下而上"的推广理念。培训前我走家串户开展农民培训的需求调研，农民的想法和技术难题就是要培训的内容，力争将技术和产品与农民需求紧密结合，将田间试验与农民问题紧密结合，将技术成果转化与农民增收紧密结合，提高了农民田间学校培训的效率与效果，发挥了科技指导生产的作用。

为保证田间学校正常运行和提高效率，我自筹资金 22 万元，投资建成真正的农民田间学校示范基地，配置实操培训教室一间，试验场窗明几净、环境优越，生猪的全部饲养过程被有序分解进行示范展示，还可以作为学员学习采用新技术、新品种的试验基地。这样，既能使培训不受养殖业防疫的特殊性限制，又使学员的培训学习过程能在试验场内观摩、实操、对比，极大地提高了学员的培训效果。通过示范比较，更便于学员学习理解，便于新技术、新品种的推广应用，深受农民学员的好评。2009 年，金展旺农民田间学校又被纳入生猪产业技术体系北京市创新团队，成为了农民田间学校工作站。

几年来，我两次参加北京市畜牧兽医总站组织的畜牧业辅导员培训，努力提高自身素质，尽心尽力做一名优秀的农民辅导员。在每次田间学校的培训活动中，我都认真制定培训计划、合理安排时间、精心准备课件，尽心尽力把科学养猪方法传授给每名学员，全心全意为合作社社员服务。我坚持到养殖户家的猪圈旁进行入户指导，带领学员走出去，到各相关企业进行实地考察和观摩学习，不断学习新技术，与时俱进助发展。我还经常带领学员参加各种相关培训，还多次赴外地学习先进技术。当我得知学员刁德顺缺乏养猪经验、望猪兴叹时，就主动帮助他挑选种猪，配制饲料，防治疾病，将配种养殖的经验毫无保留地传授给他。在我的亲自指导和帮扶下，他成功应用了生态型发酵床养猪技术，仔猪成活率明显提高，出栏率也增加了 15%，每头猪还能节省饲料 10 千克，生产规模扩大了，每年多增加 3 万元收入，脸上的笑容多了，生活也明显宽裕起来。这种参与式、互动式的培训方式，解决了农民实际生产中的难题，学员把学到的知识有效地应用到实际生产中来，提高了生产水平。

几年下来，两所农民田间学校开展养猪专业知识技能培训近百期，培训人数达上千人次，养殖户学员普遍接受了培训。他们把学到的技能和方法灵活应用到实际生产中，解决了生产中的疑难问题，有效提高了仔猪的成活率，明显提升了生猪的生长速度，达到了增产增收的目的。通过我的不懈努力，使学员们少走了弯路，少交了学费，提高了养殖水平，获得了较好的经济效益，我们金展旺农民田间学校被评为市级先进。被评为"区级农村实用人才实训示范基地""通州区党员干部现代远程教育星级示范实践基地"。

辛勤的汗水换来了养殖户的幸福生活，值了。

我写出了《图片集模拟教学》专著

北京盛世富民清真食品有限责任公司　王凤山

辅导员简介：王凤山，男，44 岁。北京盛世富民清真食品有限责任公司培训中心主任，兽医师。

2006 年 10 月开始参与田间学校培训工作，举办第一所柴鸡养殖农民田间学校。2009 年任培训教学室主任，负责昌平区畜牧业农民田间学校的培训工作。同时任生猪产业技术体系北京市创新团队麻峪村农民田间学校工作站站长，负责昌平区生猪产业技术体系建设。自负责全区田间学校工作以来，带领 11 名辅导员，累计办田间学校 30 余所（部分学校连续办学达到 3 年）累计培训农民约 1 万余人次。培训工作获北京市畜牧兽医总站竞赛组织奖；全市农民知识竞赛获团体第三名；出版著作五部（主编 2 部，参编 3 部）；发明专利 3 项；创造了农民培训教学方法 1 项；拍摄科教宣传片 5 部（科技部 1 部、市农业局 3 部、昌平农委 1 部）；完成了特色养殖技术、发酵床试验、球虫病防控等多个科研项目，是项目的策划人和主要完成人之一。连续三年被评为市级先进个人。2012 年底参加了昌平区科级领导干部公开选拔，现任百善镇政府宣教中心主任。我举办田间学校经历了三个阶段，现就举办田间学校工作谈谈个人的体会。

第一阶段（2006—2008 年）注重办学的形式

办学之初，严格按照田间学校基本框架的要求办学。首先进行了调研，一家一户地走访，还进行了小组访谈，形成了调研报告；其次确定田间学校畜禽类别，选择了自己业务能力强的家禽养殖技术进行培训；再次田间学校课件确定的内容都是通过调研筛选出来的，力图坚持"自下而上"的办学原则。另外，每次活动日都按照田间学校模式布置培训活动现场，非常关心如何让学员来发言，觉得只有大家发言才是参与式。总之，按田间学校模式办学，唯恐走样。

第一堂课经过了精心设计，既有理论的讲解也有实物进行现场操作，学员的积极性很高。但是随后的培训逐渐采用参与式进行培训，很多学员不适应，他们提出意见：我们就听老师讲解，告诉我们是什么和怎么办就行了，甚至说直接告诉我们怎么做，能解决问题就行了。这期间很矛盾，如何继续开办好田间学校就成了现实的问题。为此，经过反复摸索，征求辅导员和农民的意见和建议，我调整了培训内容的比例，增加了实际操作内容，减少了理论知识培训，核心是生产中的实际问题。通过延长过渡期，学员逐渐接受了参与式的培训方法，学员的队伍不断壮大，仅柴鸡养殖农民田间学校全区就建了八所。

该阶段有以下几点体会：

第一，感触最深的是辅导员不但要有扎实的理论基础，还要有丰富的实践经验，这样举办田间学校才能游刃有余。

第二，辅导员要了解农民生活，贴近生产实际，拉近彼此的距离，才能建立起良好的沟通和感情基础，确保田间学校顺利开展。

第三，田间学校是一种教学模式，要循序渐进，其目的是解决实际问题，其过程是转变人看问题、思考问题的角度，培养人的综合素质和能力。因此要保证办学不走样就要正确理解"参与式"以及"自下而上"等办学原则性问题。

第四，针对自己业务能力较弱的技术举办田间学校时，辅导员不能仅依靠专业知识能力较强的人来举办，要对该类技术理论知识进行系统的学习，熟悉整体技术的关键环节，还要掌握每个环节的技术要点，清楚现在生产中的难题，这些内容要做到心中有数，就能增强自己的自信心。另外，在培训活动前课件准备要做细做实，点评内容经过反复推敲和多方求证。通过上述措施我举办的田间学校由自己熟悉领域逐渐扩展到陌生领域，先是蛋鸡养殖后来发展了生猪养殖、奶牛养殖以及肉羊养殖田间学校。

第二阶段（2009—2010年）注重办学的效果

很多因素会影响田间学校的办学效果，辅导员在其中起到了关键性的作用，除了个人能力和投入精力大小外，工作的方式方法也影响办学效果。

第一，调研是影响培训效果的主要因素之一。通过需求调研能够找到农民的需求——兴趣点；调研也能找出很多问题发生的根本原因，是解决问题的关键环节。因此调研不能流于形式，要有针对性。通常情况下，开始调研时涉及的面很宽泛，得出的结论比较空与现实有距离，因此针对性不强。另外，就某一行业而言，它有自身的规律，每个环节都有其关键要点，缺乏系统性考虑时，很多重要的问题就会被遗漏。几年的田间学校实践证明，调研要贯穿办学过程的始终，根据问题的性质和大小确定调研的规模，客观准确的结论是办好学校的基础。

第二，培训内容要系统，信息量要适中。办学过程中容易出现两个问题，其一是培训的内容多，每个问题都说不透，学员也消化不了。其二是培训的内容少，讨论学习的场面很热烈，但是问题少信息量不足，回想起来没有学习到什么东西。因此，就一项技术而言要整体考虑，参考调研结果来制定系统的学习计划，照顾到该技术的每个环节并找出其要害。经过田间学校系统培训后，学员就能掌握一项技术的重点内容。

第三，要搭建起技术服务的平台。农民每天从事生产，掌握详细的第一手材料；辅导员了解生产情况，总结出来的结论多停留在经验层面，缺乏科学数据和依据来支撑；专家有丰富的理论知识，有先进的仪器设备，还有科学的手段和方法。在生产过程中遇到了难题，要及时和专家学者沟通，搞清楚问题的来龙去脉，对问题有清晰而准确的界定，即便发生的新问题没有得到彻底解决，但是能够排除很多干扰因素和疑虑，让学员及辅导员能有个准确的认识，专家学者的参与不但能培养辅导员的科学修养，还能提高学员的技术水平，也能写出来源于生产一线的高质量技术性文章。

第三阶段（2011—2012 年）注重办学的成果

第一，编辑书籍，发明专利。组织一次田间学校活动日，需要准备一周左右，需要辅导员付出辛勤的劳动，活动场面热闹非常，其间也不乏农民创新的闪光点，但是事后觉得什么也没有留下。另外，辅导员在长期从事田间学校教学的过程中，积累了很多实践经验，这些来自生产一线的经验大部分反映的是个案，还有的部分经验似是而非，容易受个人观点和意见的影响，都缺乏科学数据和理论的支撑，很难总结出质量高的技术类文章。基于以上原因，我自 2011 年开始对散养蛋鸡田间学校培训内容进行了系统总结，采取的方法是以蛋鸡养殖教材为背景，以总结田间学校培训内容为重点，用农民通俗易懂的语言，同时配以典型图片，对于含混的内容进行了部分实验，总结出版了《散养蛋鸡实用养殖技术》，该书能够很好地指导农民生产实践，深受农民欢迎。不同类型的田间学校，编辑出版各自的著作应该是田间学校最实用的成果产出。另外，总结田间学校好的创意和产品，发明了"家禽产蛋装置""家禽栖息装置"和"家禽绑定带"三项专利，还把田间学校成熟的技术和专利产品拍摄成科教片在更大范围进行宣传推广，我举办田间学校过程中拍摄了《畜牧业农民田间学校示范课》《柴鸡园里巧安家》《巧识产蛋鸡》等五部科教片。

第二，总结田间学校推广培训方法。"图片集模拟教学"是田间学校教学实践过程中总结出来的一种培训方法。畜牧业受防疫风险的影响，畜禽养殖场需要封闭式管理，培训过程中不能进行现场观摩。另外，可以观摩的技术受时间空间的限制不能观察到整个技术的全貌。"图片集模拟教学"通过对生产现状或生产过程拍摄的照片进行汇总、整理和编辑，用于在培训过程中向学员再现实际情景，或组织专题讨论、重新编排等培训活动，以达到犹如实地观摩甚至胜过实地观摩的培训效果。由于"图片"内容表达直观，不会产生歧义，农民容易理解和掌握，因此，它是农民田间学校参与式培训的一种比较好的方法和工具。目前，已经编辑出版了著作《图片集模拟教学》，以推广、宣传这种方法。

用心捕捉和利用学员的兴趣点

大兴区植保植检站　贾淑芬

辅导员简介：贾淑芬，女，51岁。大兴区植保植检站农技推广员。

农民田间学校培训与办学经历：自2005年开始参加农民田间学校辅导员初级和高级辅导员培训班，均被评为辅导班优秀学员。

2006年开始主持开办农民田间学校以来，培训农民学员395名，培训辅导学员6 030人次，田间现场辅导4 390人次。推广主要技术55个次，主推新农业技术产品23个次，主推新品种16个次。直接推广和辐射带动面积达到46 093亩次，其中直接推广面积6 062亩。通过农民田间学校培训使学员直接增收253.1万元；辐射带动面积43 031亩次，辐射带动农民增收2 151.55万元。农民田间学校直接推广和辐射带动增收累计达2 404.65万元。学员种植的西瓜、黄瓜、甜瓜、番茄、生菜、甘薯等产品都朝着食品安全、绿色食品、有机农产品方向发展，适应了市场和消费者的健康需求。目前，我们正朝着生态、绿色、观光、休闲、人文的新农业、新农村方向发展。

在开办农民田间学校过程中，以虚心汲取、壮大自身为基础，用心挖掘和开发自己的潜能，用心辅导和培养农民学员，带领农民学员掌握适应现代农业发展的本领，提高了农民学员的综合素质，培养出一批农民带头人。主要办学体会如下：

1. 利用产业优势带动农业向农产品安全方向发展

选择大兴区主导产业——保护地西甜瓜、蔬菜作为培训的目标作物，以农产品安全和有机食品生产为培训导向，引导农民学员采取环保、安全的综合防控措施进行管理和防控。

现在经过培训的农民学员，普遍采用机械手段——杀虫灯和黄板防治害虫。学员种植的西瓜、甜瓜、番茄、生菜、甘薯等产品都通过了食品安全检查，100%达到安全标准，被超市、麦当劳等企业收购。西黄垡学员的西甜瓜有机基地建设正在筹办中。

2. 打铁先要自身硬

农民田间学校模式是教育方式由正规教育向非正规教育方向的改变，学员有个逐步适应的过程。辅导员在开办农民田间学校过程中也必须时时刻意把握这种模式的运用。为了使学员逐步提高的过程不被中断和影响，农民田间学校的学员专题、实验等所有学习活动，都是自己先学习、请教、验证掌握相关的知识、技能、技巧后，再利用农民田间学校的模式传授给学员。各级领导每次观摩农民田间学校后都说："辅导员太辛苦了，有些内容不能联系专家给学员讲讲吗？"贾淑芬认为：辅导员辅导利用的是农民田间学校的培训模式，如果请没有掌握农民田间学校培训方法的专家来做，不免会影响学员的逐步认识和提高，影响农民田间学校的持续效应。所以，农民田间学校的所有学习活动都一直坚持自己主持。领导的关心和理解更激发了自己投入农民田间学校的热情。

3. 用心挖掘和利用团队建设调动学员，力求真正提高学员综合素质

团队建设是农民田间学校活动的重要内容，它紧密结合培训内容说明道理，既能活跃气氛、调动学员参与的积极性，又能提高学员的参与意识，激发学员的自信心，在愉悦的学习环境中，提高学员团结协作意识，促进和谐社区建设和农业产业的组织化发展，达到提高学员的综合素质的目的。2007年创编了农民田间学校题材的三句半"田间学校进大棚"。这个节目参加了牛有成副市长对农民田间学校的考察和全国农民科学素质员论坛。在以后的辅导中，又结合办学编撰、排演了对口快板"田间学校到咱家"；山东快书"田间学校无课堂"；数来宝"素质提高站风貌"；辅导员三字经等原创作品，并受到各级领导和辅导员的推崇。2008 年 5 月 22 日，是四川大地震 3 天哀悼日后的第一天，也是大兴区植保植检站开办的"张家场村有机番茄农民田间学校"的学习活动日。四川的灾情，牵动了每个中华儿女的心，更牵动了农民学员的心。为了检验辅导员的组织能力和学员综合素质的提高程度，在没有准备的情况下，辅导员安排和主持了一期名为"祖国有难我有爱"的特殊的大团队建设活动——为灾区人民募捐，有条不紊地展开。学员们伸出友爱的双手，把自己满怀的爱心纷纷投入震灾募捐箱。此次活动共有 28 人参加，有的学员没有带钱就自动和辅导员一起进行组织，还有的学员因家里有事来晚了没赶上捐款，还都过意不去，主动要求下次补上。本次活动共筹集震灾捐款 437 元，由辅导员代表捐往北京市妇联在北京慈善协会设立的"救助四川灾区妇女儿童"专项资金，用于救助灾区妇女儿童，捐款回执已经在结业汇报中展示。

4. 用心捕捉和利用学员的兴趣点

生产实际中，生产上的问题是农民学员的关注点，解决学员生产实际中的问题无疑会调动学员的兴趣，提高辅导员的威望，同时达到调动学员参加农民田间学校学习活动的积极性。利用这点，在开办农民田间学校过程中，增加了当时急需解决问题的田间指导活动。每次的田间指导都是在学习活动之后，需要解决的问题也拓展到非学员和非目标作物上。每次参加学习活动的学员都不顾时间延长，全体参加到田间指导活动当中，针对存在的问题，出主意、想办法，达到了参与、互助、学习和提高的目的。

5. 弘扬学员的闪光点

在学习活动中，努力发现学员闪光点，启发思路清晰、实践经验丰富的学员为其他学员做辅导，既锻炼了学员，又增强了学员间的团结协作。

6. 培养农民学员担任农民田间学校辅导员

培养学员宋李、曹德梅、曹兰等学员做农民田间学校辅导员。

7. 发挥农民田间学校的长效机制作用稳扎稳打

始终保持农民田间学校培训方式做农民培训；参加农业部等单位的农民田间学校形式的辅导员培训交流和辅导展示，为扩大农民田间学校影响起到推动作用。

8. 及时发现问题、及时改进方法、及时总结经验

在 2008 年"张家场村有机番茄农民田间学校"的第一次和第二次辅导中，学员专题"晚疫病、灰霉病的早期症状和预防"很受学员的欢迎。但是，学员反映，早期病害症状的识别和确定对学员来讲仍是难题。课后，我对番茄的主要病害进行了分析，发现晚疫病和灰霉病、灰霉病和叶霉病、晚疫病和叶片溃疡病、溃疡病和青枯都很容易混淆。在下一次辅导前备课时，我就有针对性地把容易混淆的病害作为同一个专题，给学员对比着进行辅导。辅导后学员李德红反映说："老师，你这么一说我们就都明白了。"我则半开玩笑地说："你们明白了、我就快糊涂了。"是啊，要想挑战自己适应学员，本身就是对自己的一个挑战。

做农民田间学校工作的几年间，得到各级领导的支持和肯定，多次获得各级领导的表彰。2005 年 12 月获中华人民共和国农业部颁发的全国农业植物有害生物普查工作先进个人。2006 年 12 月获全国农业技术推广服务中心颁发的全国农作物病虫防治先进工作者。2007 年获北京市农业局系统、北京市植物保护站优秀辅导员。这些都是激励自己做好这项艰苦工作原动力。

农民田间学校为农民与创新团队专家之间搭建沟通桥梁

北京市大兴区蔬菜技术推广站　齐艳花

辅导员简介：齐艳花，女，43岁。北京市大兴区蔬菜技术推广站副站长，高级农艺师。

我是大兴区蔬菜技术推广站的齐艳花，自 2007 年起开始开办农民田间学校成为一名田间学校辅导员。2009 年被北京市果类蔬菜创新团队任命为大兴区采育镇利市营果类蔬菜田间学校工作站站长。经过考核 2009—2011 年连续 3 年被北京市果类蔬菜创新团队评为市级优秀田间学校工作站站长。几年来在田间学校及工作站的培训工作中充分运用参与式、启发式、互动式的培训手段，将关键技术、关键措施适时应用于生产，发现问题及时解决，使农民学员在增长知识，提高技能的同时，产量、效益普遍提高。下面结合几年来的工作实际，谈谈自己的体会：

1. 田间学校搭建了农民与创新团队专家之间沟通的桥梁

通过田间学校的开办，我们区县级的技术人员能够及时发现农民在蔬菜生产中的迫切需求，并将农民的实际需求反馈给创新团队的岗位专家，实现科技与生产的有效对接，有效促进了农业科技成果尽快向科技生产力转化。创新团队的王永泉站长、王铁臣和徐进主任和高丽红、柴敏、李武等老师多次到利市营工作站指导蔬菜生产，解决了农民生产中遇到的各种问题。

田间学校每年 6 月都组织全体学员参加创新团队育种与繁育研究室举办的蔬菜新品种展示会，地点是北京市蔬菜研究中心新品种展示园。展示园中，学员们对蔬菜新品种表示出极大的兴趣，把自己认为好的品种记下来，现场向蔬菜育种专家咨询新品种的特征特性、栽培方法。每个学员们都非常愿意参加这样的活动，希望每年为他们组织这样的活动。这样科研部门的新成果就能够及时与农民直接见面，使农民最快用上新品种，让农民尽快增收致富。

通过田间学校的开办实现了专家与农民面对面，达到解决问题最及时、科技服务最紧密、技术推广最到位，带动了全村蔬菜产业发展。2012年利市营田间学校工作站全村的果类蔬菜平均产量与2008年开办田间学校以前比较增加了17.8%，效益增加了20.5%；2012年人均收入15 000元，比2008年的8 200元增加6 800元，增长82.93%。

2. 整合创新团队资源，促进新品种、新技术成果应用推广

在田间学校工作站建设中，通过与创新团队结合，整合创新团队资源，将团队科技成果集成、转化直接传授给农民，最快捷地在生产中应用。近两年利市营工作站重点推广了4个番茄品种：浙粉702、金冠18号、中研988、蒙特卡罗；黄瓜品种2个：中农26号和津优35号。新技术重点5项，分别是穴盘无土育苗技术、番茄嫁接技术、黄瓜嫁接技术、茄子嫁接技术、膜下暗灌节水技术。每年工作站都会为学员免费发放创新团队推广的新技术产品，如：育苗基质、穴盘、黄板、二氧化碳肥等，让每个学员都能用上这些生产新技术，满足了广大农民对蔬菜生产新技术的迫切需求。

利市营田间学校工作站在2010年和2011年成功示范育种岗位专家柴敏老师提供的果砧一号番茄砧木，2011年春季温室嫁接番茄示范点亩产达到9 010千克，亩产值达到28 766元，排在大兴区的前列。秋季温室成功示范抗番茄黄化曲叶病番茄品种浙粉702和大红4号番茄，发病率为0%，田间长势旺盛。

3. 田间学校辐射带动效果显著

通过田间学校的培训，涌现出一批蔬菜种植能手，在本村和周边村起到了很好的辐射带动作用。例如：利市营的学员宋占一、宋学祥、刘永贵等种菜能手不仅能够指导本村的蔬菜生产，而且周边村队的农户也经常到田间向他们请教，带动周边村队使用新品种新技术面积已达到1 000亩以上。

4. 田间学校培养了一批农民辅导员

通过农民田间学校工作站的建设，培养了一批专业素质过硬的农民辅导员，发展壮大了农民田间学校辅导员师资队伍。采育镇利市营村田间学校工作站学员宋占一是近几年区蔬菜站重点培养的"80后"区级蔬菜农民技术员，如今已成长为京郊较有名气的种植能手。2012年通过蔬菜站推荐，在2月26日至3月17日随北京市农业技术推广站组织的骨干农民境外培训，到荷兰学习设施蔬菜高产栽培技术。3月26日，宋占一利用幻灯片图文并茂地给全体学员讲"留学"心得。将在荷兰学到的种植理念、农产品质量安全意识以及设施蔬菜应用的优新技术,详细地为学员进行了讲解。农民为农民授课这种农田间学校教学新方式受到农民的欢迎,也激发了学员应用新品种新技术的信心。

宋占一已连续两年成为市级设施蔬菜高产高效示范户,2011年在全市的温室越冬黄瓜高产竞赛中,通过采用双砧木嫁接等多项新技术使亩产量达到23 046千克,亩产值61 227元,获得全市越冬黄瓜高产竞赛二等奖。他种植的温室越冬黄瓜成为市、区两级高产高效观摩示范点。

5. 田间学校培养锻炼了辅导员综合能力

辅导员是决定田间学校工作站建设质量的关键,要当好一名合格的田间学校辅导员,不仅要有一定的专业知识,还要具备综合能力,才能更好地服务于农村、服务于农民。通过田间学校工作站开展的工作,自己的业务水平也明显提升。2010—2012年通过创新团队在《中国蔬菜》《华北农学报》和《京郊日报》等报纸杂志上刊登科技文章15篇。因此在这里作为一名田间学校辅导员要特别感谢创新团队的领导为我们科技人员提供了一个才能展示的平台,进一步提高了我们区县级技术人员的综合素质,能够更好地完成农业技术推广工作。

做学员的知心人

北京市大兴区土肥工作站 哈雪姣

辅导员简介：哈雪姣，女，29 岁。北京市大兴区土肥工作站、副站长，农艺师。

一、培训经历

2007 年 8 月，参加辅导员培训班，2008 年 9 月，参加田间学校辅导员师资培训班。

二、办学经历

2007 年，开办青云店堡上营村农民田间学校；2008 年，开办榆垡镇曹辛庄村农民田间学校；2008 年，开办魏善庄镇南田各庄村农民田间学校；2009 年，开办庞各庄镇北李渠村农民田间学校；2010 年，开办礼贤镇东段家务村农民田间学校；2011 年，开办长子营镇北蒲洲村农民田间学校；2012 年，开办长子营镇北顿垡村农民田间学校；2012 年，开办长子营镇车固营村农民田间学校。

三、办学体会

2007 年，我参加了农民田间学校辅导员培训班，成为了一名年轻的辅导员，开始了田间学校充满乐趣，又充满挑战的辅导员工作，至今我已经开办农民田间学校 6 所，培养学员 224 名。成为一名合格的辅导员我觉得应具备以下几点：

1. 用心做辅导员，当好学员的知心人

一份事业做得好坏，关键是你对他的热爱程度；一个辅导员做得好坏，关键是你对他用心多少。如何成为一名合格的辅导员，是我一直思考的问题。我认为，首先是对这项工作的热爱，我们都不是专职的辅导员，平时也

有很多业务上的工作，所以备课、准备课件等工作就要放弃休息时间来完成，因此热爱这项工作是成为一名合格辅导员的基础。然后就是关心学员，让学员信任你，这一点对于我们年轻的辅导员来说是很艰难的，就像我给学员上的第一节课一样，那种忐忑不安的心情一辈子都不可能忘掉。我深知，如果第一堂课得不到学员的信任，以后的办学之路会更加艰难。为了取得学员的信任，我对每个村的基本情况和每个学员的生产情况进行了详细调研，让每个学员了解我们办学的目的。同时，我们成立技术小组、专家小组，为田间学校的开办建立坚强的后盾。经过前期的需求调研、编写课件、准备材料等一系列准备工作，当我真正走近学员，和学员一起探讨、解决农业生产上所遇到的问题时就会觉得更自信。如果在上课过程中遇到自己解决不了的问题，我会认真地做记录，通过翻阅资料、咨询专家后再给学员答复。例如：第一次到榆垡镇曹辛庄村进行需求调研的时候，学员就反映，秋大棚番茄有大面积裂果的现象，以为是水浇多了，不敢浇水，可是情况并不见好转，严重影响了经济效益。辅导员带领学员对大棚进行调查分析，该村为永定河冲积平原、砂质土壤，透水性好，应该不是浇水造成的，又通过取土化验，发现本地土壤大面积缺硼造成番茄裂果，针对这种情况，辅导员设计了"中微量元素的种类、作用和施用方法"的专题讨论，并免费为农民发放了"禾丰硼"。困扰学员多年的问题得到圆满解决，为农民挽回了损失，田间学校也因此得到学员得认可。我相信：爱如滴滴晨露，滋润多少就会收获多少。让自己真正走进学员的心里，让学员信任我们，成为他们的知心人。

2. 加强学习，不断提高综合素质

作为一名合格的辅导员，要有一定的专业知识、组织协调能力、分析能力、语言表达能力、随机应变的能力等。首先要加强专业水平的提升，在对学员培训的时候，学员是不会问你专业是什么的，他把生产中遇到的栽培、植保、水肥管理等方面的知识全部向你提问，所以对于我们专科毕业经验又少的年轻辅导员来说，有些问题回答非常困难，所以第一要加强专业知识的学习，不断拓宽知识层面；第二要多向农民学习，一些生产中的小技巧是农民实践总结总结出来的；第三要敢于面对自己，知道就是知道，不知道就带着问题向专家请教，再去答复农民。其次在培训过程中要分清重点，明确哪些是主要问题，哪些是农民迫切需要解决的问题，根据分析结果设计出培训计划，并根据农民的意见及时对计划进行调整，还要学会当好一个耐心细致的观察员、聆听者，注意观察，鼓励每一个学员都参与活动。每个村的栽培作物不同、种植习惯不同，因此培训的方法和内容也不同。所以只有平时加强学习、不断提高自己的水平，才能适应学员的需求。

3. 培养新型农民，带动农民增产增收

农民田间学校在为农民解答问题、提高整体种植技术的同时还要培养出一批新型农民和科技示范户。我们开办田间学校的最终目标是在学校结业后还能在村里留下一批种植能手和乡土专家，继续为村内广大农民服务。在我开办的 6 所农民田间学校中，培养学员 224 名，农民辅导员 6 名，科技示范户 30 名。

农民田间学校，是一所真正没有围墙的学校，它实现了科技知识和农业生产的有效对接，各种新品种、新技术、新产品都以田间学校为载体进行推广。例如：2010 年在礼贤镇东段家务村农民田间学校中调研时我们发现，农民肥料投入大、与效益不成正比，在培训过程中，首先我们为学员进行取土化验，出具配方施肥建议卡，学员看到施肥建议卡后都很疑惑，学员张月强说"这么点肥够用吗?"所以第二步，我们对学员进行了系统的培训，告诉学员大量地施用化肥不仅增加投入，而且严重污染地下水质，危害生态环境。并造成农作物中硝酸盐富集，危害食品安全。通过培训，学员了解到通过科学施肥、合理配比，提高作物产量和品质，减少面源污染。第三步，我们在学员张月强家（也就是当时质疑最大的学员）安排了番茄测土配方施肥技术的良圃田，并以常规施肥进行对比，通过和学员们一起施肥、一起测产，使用测土配方施肥技术的番茄亩产达 5 107 千克，比常规施肥增产11.86%，并减少化肥投入 7.2 千克的纯量，每亩节本增收达 557.6 元。学员张月强说："科学施肥还真不是瞎忽悠，田间学校真是好啊!"

田间学校像及时雨

1. 北京市延庆县康庄镇大丰营村农民　赵二仙

田间学校办得好，谷老师讲得非常好，使我们农民学到怎样合理使用农药，少花钱，多办事，节约开支，老师带我们到田间地头去学习，找问题，帮我们做分析，使我们从中学到技能。农民田间学校就像及时雨、季节风滋润着大丰营的田地。谷老师用知识充实着我们的头脑，使我们既学到了知识，又掌握了实践技能，我们个个受益匪浅，田间学校给了我们新的希望，我衷心地感谢各位老师，希望田间学校继续办下去，为老百姓造更多的福。

2. 北京市延庆县旧县镇大小柏老村农民　闫书华

农民田间学校开办以来，我们学到了不少知识。通过田间观察和积极提问，我们认识了很多病害和虫害，并掌握了防治方法，还知道了天敌和害虫的利害关系。通过农民田间学校培训，我们还学会了科学使用农药，使我们的蔬菜得到了科学管理。在学习田间栽培管理技术的同时，我们还学了电脑知识，掌握了电脑基本操作技能，还学习了手工制作，使我们在农闲的时候，既丰富了我们的生活，又美化了我们的家庭。在未来的日子里，我们希望农民田间学校在我们村继续办下去，办成功，让我们种出无公害的绿色蔬菜，畅销全国，走遍全世界，让我们的生活奔向小康水平。

3. 北京市延庆县康庄镇大丰营村农民　刘继民

自从大丰营村农民田间学校正式成立讲课后，使我这个种菜多年的农民大开了科学种田的眼界。

我觉得开办农民田间学校是以促进我们农民增收为出发点，针对农民的实际需求，结合广大农民生产实际，学得会，用得上，提高了我们农民的科学素质。开课后，农民田间学校的老师针对我们村种植的主要作物西红柿，在整个生产过程的每个生产环节都进行了非常细致的讲解，对学员提出的各种问题都用科学的态度，耐心、细致地进行解答，对学员的增收提供了有力的科学依据。

田间学校让我成为土专家

1. 北京市通州区漷县镇北堤寺村农民　杨亚军

我是通州区漷县镇北堤寺村农民田间学校的学员杨亚军，家住北京市通州区漷县镇小香仪村。我从 2006 年起参加农民田间学校学习，在培训中积极配合辅导员的工作，无论小组讨论，还是学员分享，都积极主动的发言。

我的养殖场饲养 100 头母猪，年生产商品猪 1 500 头。通过参加农民田间学校培训，科学养猪技术及综合素质得到提高，现在我的养殖场是越办越好。我利用在田间学校学到的知识，通过自主学习，分析问题和解决问题的能力得到了提高。2008 年冬季我家的仔猪咳嗽、喘的比较多，以前盲目用药治疗，效果不佳。这次利用在田间学校学习的知识，经过认真的分析，找出了造成仔猪咳嗽、喘的真正原因是过于注重保温而忽略了猪舍通风，"猪被捂病了"。于是我在房顶安装了 PVC 通风管道，花钱不多，又解决了仔猪咳嗽、喘的问题。

通过农民田间学校培训，我的科学养猪观念得到了提高，认识到猪场要取得好的经济效益，就必须改变传统的养猪方式，必须舍得花钱采用新技术。为解决仔猪冬季温度低、死亡率高的问题，在参加了断奶仔猪地热床技术示范后，我于 2008 年 10 月率先制作了"断奶仔猪地热床"，在燃煤不增加的情况下，当年减少仔猪死亡率 70％以上。与往年同期相比，饲养 500 头仔猪，减少死亡 50 头，按每头 300 元计算，减少损失 15 000 余元。通过外出参观学习猪人工授精技术，我认识到了品种改良工作的重要性，并对猪人工授精的好处有了深刻了解。在大家还在犹豫是否使用人工授精技术时，我当场花 1 500 元购买了专用"猪精液保温箱、恒温箱"，起到了带头示范作用。如今我的养殖场母猪全部使用人工授精配种，年节省配种开支超过1.5 万元。通过团队建设活动，我的协作意识和团队精神得到了提高。积极参与组建了"北京万全互联生猪专业合作社"，并出资 1 000 元入股，激发了其他学员加入合作社的热情，被社员选举为合作社理事。利用在农民田间学校学到的知识，我经常向其他周围的养猪户传授养猪技术，在当地也有了名气威信，同行称我为"养猪土专家"。

2. 北京市通州区潞县镇北堤寺村农民　王森

　　我是北京市通州区潞县镇北堤寺村农民田间学校的学员王森，我家养母猪50头，虽然养猪已经十几年了，但是对猪病的预防和治疗知识掌握得还不够多，过去发现猪有病就打针，直到猪死了也不知道是什么病，加上受"家丑不可外扬"的束缚，没有请技术人员到场诊断过。通过田间学校的学习，自己的思想开放了，认识到猪病"早发现、早隔离、早治疗"的重要性。现在小病我自己看，自己解决不了的就请学校的辅导员赵老师看。

　　通过在农民田间学校的学习，我不但养猪技术水平得到了提高，而且使用新技术、新产品的意识也增强了。过去在玉米等原料发霉时，没有用过防霉剂。一是抱着侥幸心理，觉得猪吃点发霉的饲料没多大事；二是觉得防霉剂太贵，一千克三十块钱喂不起。每年8～9月有的母猪看不出有什么病就流产、产死胎，根本就没想过是喂发霉饲料造成的。通过在农民田间学校的学习，我认识到了发霉饲料对母猪的危害性，我算了一笔账：1 000 千克饲料加 2 千克"防霉剂"60 块钱，每头每天喂 3 千克料，增加成本 0.18 元，从六月起喂到九月底 120 天，一头母猪才花了 21.6 元；一头仔猪摊销母猪的饲料成本 150 多块钱，少流产或少产死胎 1 头，实际上还省了 100 多块钱。田间学校是我们养猪农民的学习乐园。

田间学校是我们农民自己的学校

1. 毛思祥

我是通州区漷县镇毛庄村毛思祥，自 2007 年起参加农北京市通州区漷县镇北堤寺村农民田间学校培训。

我在培训中积极配合辅导员的工作，是农民田间学校的骨干学员。我家饲养 50 头母猪，虽然活多、时间紧，但坚持每次培训必到，出勤率保持100％。由于在田间学校学到了不少的养殖知识，2011 年我被选为毛庄村的全科农技员。

通过田间学校学习，科学养猪意识提高，2009 年在辅导员带领下，参观了发酵床养猪技术，回家后建起了发酵床养断奶仔猪猪舍，是北堤寺村农民田间学校第一个采用发酵床养猪的学员。通过田间学校组织学员参观北京浩邦猪人工授精服务有限公司，我认识到了品种改良工作的重要性，并对猪人工授精的好处有了深刻了解，回家后淘汰了公猪，全部采用了人工授精配种。现在我的 60 头母猪全部采用人工授精，一年节省配种支出 1 万多元。农民田间学校是我们农民自己的学校。

2. 王海文

体会一：当地养殖户学习到了很多实用技术，如柴鸡的养殖、疾病的防治、突发疾病的处理等。

体会二：能够进行销售信息、采购信息、养殖经验等方面的交流。农民田间学校面对面的教学方式很容易让农民接受，老师讲的好多知识都是书本上没有的，既实用又通俗易懂，特别是现场观摩解剖病死鸡，直观、印象深刻。

体会三：农民田间学校确实方便了广大养殖户，有了农民田间学校我们养殖户在养殖方面胆儿也大了，畜、禽有病也不用害怕了，专家、老师能及时给予帮助。

3. 陈贵模

通过参加田间学校培训活动，我的体会一是特别愿意参加生猪农民田间学校活动，在课堂上学员们讨论的养殖方法，互相传授的养猪经验，每次田间学校活动日都将自己养猪的心得带到学校和大家分享。如发酵床的日常养护、仔猪断牙技术等。二是通过辅导员总结点评养殖技术要点和实际操作、观摩等，大大提高了我的养猪技术水平。三是通过参加农民田间学校培训活动，不但认识了许多同行，学到了许多技术和经验，同时

还把自己的一些经验和掌握的信息传授给别人，共同分享，共同提高。

4. 王景崑

通过田间学校的学习我的感受有三。首先，教学形式多样化，办学不拘形式，有辅导员授课，有学员分组讨论，有学员演讲，有实际操作，学员即当学生又当老师，教学气氛即严肃又活，深受学员欢迎。其次，通过学习，系统地掌握了养殖技术，还使我们掌握了许多实用技术。再次，学员不但分享养殖技术，其他方面也相互帮助，可获取多方面信息，如生猪价格信息、疫情信息、良种信息等，各种信息及时、实用。总之，养殖户在田间学校这片沃土中得到了成长，得到了收获，愿田间学校越办越好！

田间学校是农民致富的桥梁

1. 大兴区榆垡镇西黄垡村农民　宋李

2006—2007 年，我参加了大兴区植保植检站贾淑芬老师在本村开办的三期农民田间学校培训。辅导员老师采取"引导式""参与式""互动式"的教学方法，在轻松愉快的学习氛围中，教会了我们如何认真观察，找出生产上存在的主要问题，再针对问题进行分析，自主做出解决问题的正确方法，逐步提高了分析问题和解决问题的能力。通过培训，自己在生产技能方面、综合防控方面、分析问题解决问题方面、交流协作方面都有了进一步提高。

首先，认识到了团结协作的作用，在学员中组织 5 名乐于助人的学员，成立了"农民田间学校技术服务队"，负责学员和周边农户对生产技术和服务的需求，对学员和农户生产中出现的问题进行指导和综合防控方面的服务。2007 年，组织了 10 余次的指导和防治服务，带动了农户的综合管理，使部分农户增加收益。服务队还得到北京市植保站的支持，配备给我们一台新型迷雾机，支持我们为农民服务。

辅导员老师教会了我们发现问题、分析问题、解决问题。培训后，我就想，怎样才能使自己的农产品占领市场呢？首先要发展壮大自己，把农户组织起来，形成规模，要建立自己的产销协会。我和曹德梅（也是农民田间学校学员）两人就商量：咱们辛辛苦苦种出来的产品赚不了什么钱，就是因为咱们没自己卖，都让贩子把钱赚走了，咱们不如自己也搞个协会自己卖就能多卖钱了。于是我们就请教辅导员和北京市植保站的领导。在辅导员和北京市植保站领导的帮助和支持下，2007 年 11 月 7 日，我们的个体协会"北京市爱农农产品产销专业合作社"成立了。2008

年我们自己种的农产品就能自己经销了。要想继续发展生产、增加收益，还得有自己的特色、自己的权威，把自己的农产品做成适合消费者需求的安全产品、有机产品。我现在正在和辅导员联系，申请有机基地建设项目。

通过培训自己还认识到，要想使现有的高效农业生产模式进一步增加收益，就得靠科学、靠技术、靠技能，还得要靠市场、靠信息、靠销路、靠品质、靠品牌，适应市场和人民健康需要。更重要的还要靠党的"三农"政策、富民政策。辅导员就是农民致富的导师，农民田间学校就是我们致富的桥梁。

通过培训，认识到农民综合素质的提高与农民田间学校辅导员的关系非常大，2007年，在辅导员的启发、帮助下，参加了农民田间学校辅导员和北京市农业技术推广师资培训班，我立志做一名合格的农民田间学校辅导员。和农民打交道，就得像辅导员那样，把自己置身于农民当中去，得到农民的认可。我本身就是农民，要像农民信服辅导员那样恐怕做不到，但在今后的工作中我会像辅导员一样投入和努力，为社会主义新农村建设出一份力。

2. 大兴区魏善庄镇张家场村　扈立霞

我是一个普通的农民。2007年参加了大兴区植保植检站贾淑芬老师在本村开办的农民田间学校培训。

现在农民种地跟过去不一样了。过去全是露地，一年两茬大田作物，好管、好收。现在都是保护地种植，种植作物种类也多，都种经济价值高的种类和品种。我们村主要种植保护地瓜菜，管理稍微不当就可能造成很大的经济损失。

通过参加农民田间学校，我进一步认识到了要依靠科学种田，要利用综合措施进行生产和管理，做到"预防为主综合防治"。要懂得棚室消毒、培育壮苗抗病。还要认真观察，能够正确识别病害，对症用药，这样才能达到少用药和提高防治效果的目的。同时还能保证我们自身少受农药的危害、保护环境、减少残留、提高农产品质量。这样，我们的农产品才能适应消费者需求，才能有销路。

通过培训，我还认识到团结互助的作用。只有先把自己武装起来，才能占有市场，才有抵御风险的能力。我们村现在有100人申请参加产销协会。

我以前种地有什么问题老是靠问别人，不知道人家怕告诉错了还是不愿意告诉，有问题也说没问题。参加了农民田间学校的培训后，辅导员带领我们全程的辅导，什么时候有问题都能够及时发现、及时采取措施。现在，我们附近的街坊都来问我了，我发扬了互助精神，把知道的都告诉他们，我都没想到，我也能带动农民进行综合管理了。2007年，使部分农户和我一样增加了收益。

通过培训，自己的表达能力和表演能力提高了。结业汇报时，把天津快板"田间学校到咱家"给领导作了表演，受到领导好评。在2007年的农民田间学校培训中，农民田间学校成为了我种大棚的靠山和拐棍，我不担心我的大棚会发生什么问题了。可是有2次辅导员有事没能来，我这心里就不踏实，老感觉没谱。果然就在这个时候我的番茄就有毛病了，我自己也没有找到上病原因，也是由于没有及时请教辅导员，导致上部叶片都感病了，打了药效果也不好。辅导员来上课后，批评我没有做到仔细认真观察、没有及时发现发病中心、没有综合分析导致病害进一步发展、没有及时采取综合措施进行预防和防治，既影响了作物的正常生长，还增加了用药费用，降低了药效，得不偿失。我想，辅导员说得对，跟着辅导员，在轻轻松松的观察、分析、交流中就把问题解决了，我们也知道怎么做，辅导员没在自己就感到拿不准了。看来，我们还得继续参加农民田间学校，学会掌握和利用更多农民田间学校的方法。

在结业的时候，我们的学员也都像我一样，向领导和辅导员提出了再次在我们村开办农民田间学校的愿望。正如农民所愿，2008年，为了使我们进一步提高，大兴区植保植检站贾淑芬老师再一次在我们村开办了农民田间学校，让我们有更好的收益和提高。

我心目中的农民田间学校

1. 大兴区榆垡镇西黄垡村农民　曹德梅

我是大兴区榆垡镇西黄垡村的一名普通村民，我叫曹德梅，高中文化。我们村有1 000多个大棚，我们家种着2个大棚，春茬种的是西瓜，秋后1棚西红柿、1棚芹菜。我们村的农民平均收入是1万多元。

我们种大棚蔬菜的时间也不算短了，也可以说有一定的经验吧。通过两期农民田间学校辅导员的辅导，我对农民田间学校有深刻的体会，借这个机会向各位领导作个汇报。

我们每周有一次集中学习活动。在学校里，学员分成几个小组，大家一起到大棚里观察，找出存在的问题，一起讨论分析，一起做田间试验。互相交流经验，学员自己动口、动手、又动脑，学到了很多知识和经验。

一开始，我们对农民田间学校的参与式、互动式、启发式的辅导形式比较生疏，就觉着怎么跟唠家常似的啊，不像在给我们上课。慢慢地，每周一次的真操实练，使我们渐渐明白了，为什么以前那种上课灌输式培训效果不好，主要是与自己生产实际结合不紧密。田间学校的方式，就是从自己的生产中找问题，锻炼提高农民的观察能力、分析判断能力和决策能力。我们学到的不光是哪一方面的知识和技能，学会的是一种发现问题解决问题的思路和方法。通过学校的学习，改变了我们的思想和行为。不敢说话的敢说话了，敢说话的会说了，我们的学员还把我们对农民田间学校的理解和认识的心里话，编成了三句半，给领导们汇报表演。

这种先辅导后实践的方式，对成年人来讲真是一种好的方式。学得扎实、记得牢靠、用得方便，自己感觉一下子懂了很多，现在也能给别的农民讲技术了，自己受到了周边邻居的敬重。

有一回，我们家一个街坊家的西红柿出现问题了，挺着急，那回还赶上不是农民田间学校辅导，他就找我来了，我心想，咱也学了很多次了，仗着胆子就去吧，能帮上忙就帮帮呗。到那一看，嗨，原来不是病，是他们家大棚捂得太严了，闷得都蔫了。我说："你幸亏找我了，要不又得瞎买药打药了吧？"我也逮着表现的机会了，就跟他讲起辅导员给我们讲的怎么正确诊断出现的问题，用正确的方法解决。我告诉他："不是什么都能用药治的，用药你也得用咱们有机的、生物的。"

辅导员在田间学校可重要了。他不像其他老师那样上课满堂灌，很少占用课上时间，课上大部分时间都是调动、引导农民说话，辅导员就在我们学员之中，就跟是个看不见的老师似的，你说是我们自己观察到的也好，分析出来的、制定的决策也好，辅导员哪，就跟拽着我们往前走似的，就觉着是在唠家常的同时，把需要告诉的知识都告诉你了，我们也能理解，觉着还就是这么回事，让你特服气。这么说吧，学员就是咱们妇女做活用线，辅导员就是引线的针，这可一点都不夸张。我们现在已经学会用综合措施和手段，对待生产和生活中出现的问题了。比如黏虫子的黄板、杀虫灯我们现在都用上了。我们现在用药也老麻烦辅导员给我们找生物农药，我们也要生产有机农产品。

农民田间学校的团队建设也很特别，其他方法的技术培训都没有这方面的内容，田间学校的团队建设是通过集体做游戏，让农民明白深刻的道理。比如小组集体运气球、协作掷准，内容很丰富，既活跃了气氛，又增强了农民团队精神、协作意识，辅导员结合游戏内容给我们总结意义，讲解道理，我们从中也明白帮助别人实际上自己也受益的道理。

总之，我觉得咱们的农民田间学校这种形式，是真正突出了"以农民为中心""以田间为课堂""以实践为手段"，我们非常认可。特别是辅导员，非常辛苦，从来都是紧着我们的工夫，大中午顾不上吃饭、喝水，想方设法让我们学知识长本事，我们都过意不去了。我们学员的积极性也非常高，每次上课都提前来等着辅导员，有时交流讨论十分热烈，都到天黑了还不走，干吗不走啊，上课对我们有用，用得上了啊。就说今年的西瓜吧，我们家的西瓜今年就用了两回辅导员给我们的生物农药，就没用打别的药，比过去省300多块药钱，不光节省了农药钱，一个棚比去年多卖了600多块钱。

农民田间学校就是搭在政府、农技和农民之间的一座桥。我们西黄垡村的村民在技术上、观念上、意识、眼界方面都开阔了，受益匪浅。现在，我已经成为我们村的农民全科辅导员，负责全村农民生产指导和服务，实现着我的社会价值，我非常骄傲，更感谢培养和支持我们的贾老师和各级领导。

说到这，我再斗胆提个希望，希望这样的为农民办实事的田间学校，继续在我们西黄垡村开办，我们村还有很多想参加咱们学校的农民。我们还想进一步增长我们现代农业、信息、卫生、保健等方面的知识。希望采取田间学校的方式搞文艺下乡，帮助我们村的农民文艺队提高水平，丰富我们农民业余文化生活，提高我们农民的生活质量。最后，特别希望领导能到我们西黄垡看看去，看看我们的村容村貌，我们特别和谐美满。

2. 北京市大兴区农民技术员　宋占一

农村菜农的科学文化素质不是很高，所以对农业新品种、新技术、新产品接受慢，科学知识与技术进村入户渠道不畅，很多蔬菜种植的创新技术得不到充分发挥，而且不能很好地掌握现代农业技术和装备，这就导致蔬菜种植科技成果应用率低。直接影响我村菜农的经济收入。

我就是田间学校最大的受益者。以前种地没有新的技术、没有新品种，对化肥农药了解得少，种出的菜品质低，卖不上好价钱。自从有了田间学校给我们带来了很多好处，解决了很多问题，菜也卖出了好价钱。

田间学校是以农民为中心、田间为课堂、实践为手段，注重农民参与和以解决问题为导向，田间学校应用参与式、启发式、互动式的教学手段，由经过专业培训的农业技术员担任辅导员，组织农民通过小组讨论、讲课、田间课堂、外出参观等培训形式，参与分析、研究和解决农业生产中的实际问题，提高其自信心和决策能力。培养农民学员的交流表达能力、分析能力、综合能力和决策能力。通过田间学校的建立，我村菜农得到了很多的实惠与帮助，我受到的帮助也是最大的。我村于2008年开办田间学校，经过三年的成长，我从工作实践中感觉到田间学校是一个很好的农业技术推广方式。我在2010年被评为大兴区农民技术员。主要有以下三个方面的收获。

第一，经济效益有了显著的提高。今年全村生产的蔬菜质量优、产量多。现在蔬菜市场的需求量很大，所以很好销售。田间学校学员平均增收在5 000元以上，村民反响非常好。

第二，提高了村民学习科技的主动性。由村民的被动学习变成主动学习，村民学员在学习过程中既是学员又是老师，发现问题互相探讨，取长补短，共同进步，充分发挥了他们的主观能动性，调动了积极因素，效果十分明显。

第三，增长知识。老师们的授课，使我村村民了解了很多的新品种以及新品种的优缺点。还学会了农药真伪的识别，不用再担心买到假药，使村民安心使用农药。我们还学到了蔬菜的嫁接方法、怎样育苗等很多的知识。让我村的蔬菜种植水平又上了一个新的台阶。

通过这两年的田间学校学习，加速了我村科技人才培养和提高村民种植技术的速度，对村中经济和菜农的收入都有着重要的影响。我也会在以后田间学校的学习中更加积极主动。

3. 大兴区礼贤镇东段家务村农民　张秀恩

2010年，大兴区土肥站在我们村开办了农民田间学校，本人有幸成为一名田间学校的学员。在这四年的学习与培训过程中，辅导员深入田间地头讲课，要是生产中有了问题，第一个想到的就是给辅导员打个电话，有的时候一些小问题电话里就能解决了，要是电话里说不清楚的，辅导员很快就到村里来给我们现场指导，让我们能把损失降到最低，在2010年秋天，我们村有很多家的西红柿都得了番茄黄花曲叶病毒病，刚开始我们也不知道是什么毛病，西红柿就是不长，后来辅导员发现以后马上联系植保专家给我们取样检测，给我们做了"番茄黄花曲叶病毒病综合防治技术"的专题培训，防止各家西红柿互相传染，虽然发病的西红柿还是挺多的，但是还是很感谢辅导员。

辅导员每年还组织我们外出参观学习2～3次，去过山东的瑞克斯旺、北京蔬菜中心四季青基地、大兴区农业科技成果展示基地等。通过外出学习，我们开阔了眼界，学习到了最新的品种和技术，辅导员每年还给我们争取很多的物资补贴，有配方肥、流滴膜、二氧化碳气体肥、黄板等。

这种新的培训方式使我受益匪浅，同时学员之间的相互交流让我改变了传统的种植理念，学到了不少的农业技术知识，如测土配方技术、节水灌溉技术、蔬菜嫁接技术、黄板诱杀、二氧化碳吊袋施肥等技术，并充分应用到了生产劳动当中。2011年的秋茬大棚西红柿采用了测土配方施肥、节水灌溉、黄板诱杀等技术，取得了显著的效果，一亩地的产量在7 000千克左右，纯收入在 13 000 元左右。2012 年的冬春茬西红柿采取了同样技术，同比产量增加了三成，收入将近 30 000 元。

4. 大兴区长子营镇车固营一村农民　姚全民

我叫姚全民，是大兴区长子营镇车固营一村的村民，也是村内的全科农技员，2012 年大兴区土肥工作站在我们村开办了田间学校工作站，我作为村内的全科农技员负责学员的组织和协调工作。

田间学校工作站开办以来不仅给我们讲土肥方面的知识，还请了蔬菜办、植保站的专家给我们讲栽培和病虫害防治，讲的知识还都是我们迫切需求的，每次上完课都有学员跟我反映这课没白上，还真知道了点东西，让我跟工作站反映反映再安排几节这样的课。

我种植年头长，经验也比较丰富，也是村里的全科农技员，所以工作站的高产高效示范田安排在了我家，头年在我家应用了测土配方施肥技术，做了半个棚，留了半个棚我自己施肥，等拉秧后计算了一下产量和肥料投入，发现按照配方施肥技术每个棚能多收入 564 块钱，光肥钱就能省 126 块钱。今年我按照配方施肥技术整棚施肥，追肥只用尿素和硫酸钾，效果真是挺好，现在村里 30 多户都跟着我买尿素和硫酸钾追肥，比起其他冲施肥还确实省钱。头年还在我家应用了番茄振荡授粉器辅助授粉技术，震荡授粉器确实贵，1 000 元一台，学员不接受，后来工作站组织学员到我家开展了一次观摩，我一穗果用的震荡授粉器，二穗果沾花，明显一穗就比二穗整齐、个头大，其他学员就要求看看怎么震荡，今年示范田又应用了震荡授粉器，这次是全部震荡不沾花，花多的时候工作站组织了观摩，我给学员演示了震荡授粉器的震荡方法，学员积极性特别高，后来说震荡授粉期又涨钱了，1 200 块一台，结果学员说："不碍事，咱买得起！"短短 2 年的时间学员的观念就变了，田间学校工作站的技术推广方法确实是好。

我作为村里的全科农技员，主抓生产方面，通过田间学校工作站这 2 年的开办，村里应用新技术的人明显多了，种植水平也眼看着有进步，这都是工作站带来的好处，希望工作站能在我村多开几年，让我们村能更多地接触新技术，提高我们村的种植技术。

5. 大兴区庞各庄镇北顿垡村田间学校工作站　武金山

庞各庄镇北顿垡村常年种植西瓜、蔬菜，随着农业的发展，村内的种植技术及耕作方式严重老化，产量低、效益差，作为村里的全科农技员我非常着急，恰逢此时大兴区土肥工作站技术员到我村开展需求调查、农户访问，想农民所想，急农民所需。通过调查，技术员了
解了我村的学习需求和技术需求，很快在我村成立了农民田间学校工作站。我自己积极报名，同时还组织农民积极参加田间学校的学习，并且积极配合技术员同志们的工作，义务宣传农民田间学校。

通过学习，我知道了测土配方施肥技术，学习到了鉴别真假肥料的本领，还了解到了以前不知道的农业新产品、新技术，拓宽了我的视野、提高了个人素质、加强了合作意识、找到了解决问题的办法，并懂得了用科学知识丰富头脑，养成了遇到问题虚心请教、认真思考和学习、通过讨论交流等方式获得解决问题的方法的好习惯。学习到更多的农作物栽培知识，能够做到科学种田。尤其在我家进行的测土配方施肥芹菜高产高效示范田更加有说服力。下面就是从示范田得到的数据：测土配方示范折合亩产为 7 919.6 千克/亩，农户常规施肥折合亩产为 7 232.7 千克/亩，示范田亩增产 686.9 千克，增长率为 9.5%，按照收获期平均价格 0.46 元/千克计算，每亩增收363.7 元，测土配方示范田肥料投入 396.5 元/亩，农户常规施肥肥料投入445.2/亩，测土配方示范田比常规施肥肥料亩投入节省 48.7 元，示范田增产增收效果明显。

通过学习，作为农民的我得到了真正的实惠，在以后的学习中我不会放弃每一次的学习机会，争取学习到更多的农业知识。

6. 湖南省平江县东山村农民　向关平

本人向关平，系东山村人，我参加了平江县第四期油菜农民田间学校培训，通过课堂交流与现场参与学习，本人深深体会到科学技术才是发展生产的硬道理，以前搞油菜种植，种植习惯与老套路已不适应新品种、高产出的要求，投入多、产出少。

通过学习参与，使我对油菜种植技术有了全面提高：①以前不敢施肥，怕用肥用药，担心成本太高，得不偿失，结果是用功不少，产出可怜。②通过学习参与，知道怎样科学除草，既用功少效果又好，解决了一直困扰我的直播油菜的最大烦恼。通过合理施肥与除病虫害使我今年油茶获得了丰收，过去产 50 千克/亩，现在翻了翻达到 150 千克/亩，真的很感谢农民田间学校的辅导员。本人衷心希望，以这样的农民田间学校能长期办班，让农民得到技术，获得收益。

7. 湖南省平江县农民　向良发

我叫向良发，有幸参加了平江县第一期塘田农民田间培训学校，收获很多。学校每一次授课都是通过深入调查，讲授与我们生产切切实实、息息相关的技术知识，解决了我们农民在生产的过程许多不明白的实际问题，为我们省了不少财力与人力的投入，真是"听君一堂课，胜读十年书"。通过学习参与，辅导员的每一次讲授，每一次新技术试验，使我们这些文盲、半文盲农民都能学到心里去，用到生产中去。

感谢党和政府，尤其是农技站领导与干部，真的太谢谢了，希望这样的培训学校在农村遍地开花，为农民带来实际效益，带来收入。

8. 湖南省平江县农民　杨超群

我叫杨超群，是平江县农民田间学校第三期培训班胜利组学员。农民田间学校是我发家致富的帮手。我原来在家种几亩田地，收入很少，通过培训，我了解到同学中发家能人是怎样做的。应用农业新科技达到增产、增收的目的。后来，我流转土地 50 亩，去年 120 亩，今年 340 亩，逐步扩大生产规模，收入喜人，盖了自己的楼房，我觉得农民田间学校是我的最大帮手，辅导员是我的恩人。我认为这样的培训要把所有的农民都带上致富之路，我也会帮助身边的所有群众，传播农业科技共同致富农村。因此，我要感谢党和国家实行的农民田间学校培训班。

9. 黑龙江省绥化市北林区东兴办事处农民　王俊红

我是工农瓜菜农民田间学校的学员王俊红，以前我们家只给市政种植绿化的花草，供应城市绿化用。对保护地瓜菜生产一窍不通。我担心种瓜菜赔钱，前年冬天我利用温室生产蒜苗，一冬收入 4 万多元。温室香瓜栽培技术复杂，多少叶片开始留瓜？授粉怎么办？每株留几个瓜？这些对于我这个门外汉简直是天方夜谭。去年多亏了姚淑珍老师在我们这里办瓜菜农民田间学校，给我们吃了定心丸。每次活动日我都积极参加，并且对姚老师说的和其他人的经验我都记录下来备用。现在我不但可以发现问题，分析和辨认各种病害的原因，并且可以做出决策。对于不会的问题多思考，然后再请教辅导员。

10. 黑龙江省绥化市北林区东兴办事处农民　周广军

我是绥化市北林区东兴办事处西瓜农民田间学校学习委员周广军。

我一直在开大车搞运输，没种过菜。去年温室建成后，真是摸着石头过河。多亏成立了农民田间学校，从播种到采收结束，辅导员姚淑珍每天都和我们在一起。随着香瓜生长，关键环节都有活动日，每个活动日都要到田间进行农田系统分析。锻炼了我们发现问题、分析

问题、做出决策去解决问题的能力，语言表达能力也得到了显著的提高。同时积极的把种菜经验分享给大家，改变了以往狭隘的小农思想。与人沟通能力得到了很大的提高，现在无论在多少人面前我都敢说话了，团结协作的意识也有所增强。园区内有事能做什么就做什么，责任心也增强了。

11. 青海省农民　沈玉兰

为使我们村的农业生产走上机械化、科学化的道路，在富民的好政策影响下，在县农业技术推广中心的大力支持下，我村建起一所马铃薯农民田间学校。作为一名田间学校的学员，我在参加培训期间不仅学到了很多知识，而且各种能力也提高了很多，因此将我的一点体会总结如下：

首先种马铃薯必须选择优良品种，有了好种子才能种出优质的、高产的马铃薯。其次是选择种植模式，全膜马铃薯增温、保墒、集雨，在我们这里很适合这项技术。通过覆膜和不覆膜的对照让我们明白全膜集雨栽培技术的增产原理。几次田间观察后，我重新认识了害虫和天敌。以前发现马铃薯叶上有小圆点不知道是什么病，在辅导员不怕炎热和我们一起走进田间后认识了病，知道了如何防治。辅导员细心地和大家讨论、分析，最后总结在什么时候防治是最佳时期，避免以前我们盲目喷施农药，对人对环境带来污染，有时就连益虫也被杀死。在田间我们掌握了马铃薯生长过程需要的肥料、水分、阳光、土壤等规律。我懂得了马铃薯不单单需要氮、磷、钾，还需要其

他微量元素，如马铃薯在膨大期，需要磷和钾肥多。还掌握了科学使用农药，用低毒无公害的农药，既保护我们自己，也保护了害虫的天敌，让生态环境更美好，生产出绿色食品。在课间辅导员为了活跃学习气氛，搞一些动脑的小游戏，既激发了我们的学习热情，又给我们带来无穷无尽的乐趣，每一个游戏都说明一些道理。通过这段时间学习，我们应掌握的技术太多了，我虽然种了多年的马铃薯，但对马铃薯的需肥规律不清楚，盲目施肥，投入多、产出少。通过农田生态系统分析使我们懂得生物的生长有很多影响因素。大家一起做出马铃薯的生产季节历，让大家很清楚马铃薯的生长规律和管理事项。总之，这次学习既让我们懂得了测土配方、选种、病虫害防治、适时施肥、适时打药，收获、贮藏，分级以及出售等一些知识，而且还增强了我们的自信心，提高了我们的表达和交流能力，以前我们不敢表现自己，自卑、胆怯，通过这次培训，我们学会了大胆地展现自己，更重要的是学会了找到问题、分析问题、解决问题的方法。最后我代表全体学员衷心感谢辅导员来我村进行培训和技术辅导，感谢给了我们这样一个平台提高自己。这是学员对田间学校的认识和肯定，也是农民对田间学校全新的培训理念的一种肯定，由此可以看出农民喜欢这种培训方式，也希望这种培训方式推广开来。

12. 青海省大通县斜沟乡河滩村书记　马添吉

马添吉书记是大通县斜沟乡河滩村农民田间学校农民辅导员（合作社理事长、村支部书记）。说起这辅导员马添吉，在当地也算是远近闻名的种马铃薯技术能手了。他是大通县斜沟乡河滩村人，也是本村的老村支书。近几年，他积极响应惠农政策，在本村集中连片种植马铃薯，引进项目补助资金，引进新品种、新技术，通过自身不断地努力学习和探索，积累了丰富的种植经验，种植管理水平和经济效益明显高于周围其他村的农户，农民亲切地称其为"种洋芋的马书记"。2010年底，大通县农业技术推广中心在河滩村举办了马铃薯农民田间学校。在前期的调研中，这位言语不多，但说的每句话都能切中问题要害的老支书给辅导员留下了深刻的印象，开学的票箱测试（BBT）再一次验证了辅导员的想法，马书记的成绩达到了70分，比学员平均分高出将近30%！在组建班级时，学员一致推荐老支书为班长，虽然刚开始心理有一些不习惯，但碍于乡里乡亲的面子，马书记还是答应了。

参加了几次田间学校的活动日后，马书记才发现，这农民田间学校跟以往的培训还真是不一样，不但要亲自到地里去看、去亲自调查，还要跟其他人讨论交流，完了还要自己讲；碰到问题辅导员不会直接告诉你答案，而是要大伙一起动手做试验去验证他们的想法……经过几期这样的培训，马书记逐渐开始喜欢上了这种学习方式，不但自己学会了科学的观察、分析和解决问题的方法，而且更加强烈地意识到农民之间的相互学习、经验分享的重要性。

有一次培训活动中听辅导员介绍了开展试验的防范后，马书记在自家田里也做了一个试验，在马铃薯上喷施叶面肥，为后期补充磷钾肥，防止后期脱肥的问题，验证叶面微肥不同浓度对作物抗逆性的效果，试验证明500倍浓度比800倍和1 000倍的抗病性效果好，试验做得很成功，为其他农户科学使用这种新型液肥提供了有力的依据。后来，他还陆续开展了品种对比、药效对比等一系列的试验。他做的马铃薯品种评比试验，为当地农民提供了优质品种，省科院培育的马铃薯青薯9号得到及时推广，农民从新品种中获得了实实在在的效益。马书记对马铃薯种薯拌种剂在作物生长过程中的防治病虫害作用也做了试验研究。有一次，一个村民的马铃薯，因为防治病害时用药方法错误，马铃薯出现药害，非常着急。找到马书记后，马书记根据自己的经验，指导村民及时用叶面喷施清水及追施尿素等措施为学员挽回了损失。

由于马书记本来的种植水平就高，通过一年农民田间学校的参与式培训，马书记的解决问题的能力又进一步得到了提高，而且在农户中树立了威信，农民一有问题就打电话询问他，在马铃薯生产的关键季节马书记几乎每天都能接到五六个电话。马铃薯丰收了，但卖出难的问题困扰着大家。在这种情况下，马书记就开始琢磨有什么办法能提高效率，为更多的农民服务，解决群众卖出难的问题。这时，辅导员看出了马书记的困惑，及时向他介绍了相关的政策，并鼓励他在自己村组织成立马铃薯营销合作社，一开始，马书记对自己的能力很没有信心，辅导员就抽时间单独给他介绍合作社的营销及管理知识，逐渐地马书记开始坚定自己的想法，自从有了这个想法以后，马书记经常激动得睡不着觉，做梦也想不到都五十多岁的人了还能当回理事长。

于是，在2011年秋天，在大通县农牧局的大力支持和马书记的精心准备下，河滩村的合作社办起来了，而且社员人数一度增加到100多人，很多时候马书记在培训合作社的社员、宣传政策、种植技术等，甚至有远处的村民也来参加培训。这回，马书记真的放心了，开心了，马书记也成了马理事长、马老师了。2011 年全村种植马铃薯 1 000 亩，平均亩产 4 315 千克，商品薯达 85％以上。在马书记的努力下，合作社组织联系马铃薯经销商，平均每千克 1 元出售，使得全村的马铃薯生产经济效益明显高于其他村，群众笑了，马书记也笑了。

结语

不恰当的推广方法和不实用的技术一样，常常会出现一些问题。农民大部分时间在田间劳动，坐在屋里听推广人员泛泛讲授一种新技术，他们可能会感到不适应。由他人来管理的一块示范田也不大可能说服农民去尝试一些新东西。农民需要有机会来试验新技术，较系统地学习如何评价不同的方案，并由他们自己决定哪些有利用价值。边做边学可以增加农民的知识和经验，提高他们管理农田的能力，这种方式的效果是被动地灌输推广技术所无法达到的。

经验表明，农民在农技推广方面，不仅是使用者，而且也是最好的传播者。农民专家将自己的经验与其他的农民分享，农民也会对这种技术宣传更感兴趣。因为这些祖祖辈辈生活在一起、有着共同语言、共同生产生活经验的人们，沟通起来特别顺畅，这是专业技术人员所不具备的示范优势。通过经验交流会，使所有与会农民了解到新技术的相关信息，从而使这些技术得到扩散。所以农民田间学校是农民容易接受的，也是受农民欢迎的培训方式，是今后在培训模式中最有推广价值的一种培训方式。

　　国际农业与农村发展的研究结果表明，相对于过去自上而下的培训模式来说，农民田间学校是一种全新的有效的农业推广模式和农民培训模式。这种模式在中国可行吗？农民田间学校在中国的建设和发展过程中有哪些特点、经验值得总结？《中国农民田间学校》试图通过对农民田间学校的起源以及后来在全世界各国的发展脉络的追溯，在此基础上，通过梳理和总结农民田间学校在中国的引入、建设与发展的整体过程和实践经验对上述问题做出回答。同时，编者也想通过这集丛书的出版，使农民田间学校在中国更加的本土化，从而为进一步推动中国农村人力资源开发、农业推广改革和新型职业农民的培育做出努力。

　　对于有兴趣从事农业推广和农民培训的管理者、研究者和农业推广实践工作者和农民教育与培训的专业人员来说，从基本概念和管理思路的梳理总结的视角上，《中国农民田间学校》可以作为一套教材辅助文本。从编写体例和内容的视角上，《中国农民田间学校》应该是一套了解和实践农民田间学校不可或缺的重要参考文献。

　　《中国农民田间学校》是一套丛书，共分为四本，包括《中国农民田间学校：起源与发展》《中国农民田间学校：北京模式》《中国农民田间学校：活动日记录》和《中国农民田间学校：需求与效果评估》。《中国农民田间学校》这一套系列丛书既有国际背景的说明，也有中国政府推动农业推广体系改革和发展农民教育与培训的政策描述；既有国际和国内推广培训的历史沿革与发展的描述，也有诸如北京模式的成功经验的详细介绍；既有开办农民田间学校的具体实际操作程序与步骤的记录，也有需求调研及培训评估的调研方法的案例阐述。

第一册《中国农民田间学校：起源与发展》。农民田间学校虽然不是中国的创造，相比之下，比起其他国家来，引入中国的时间也比较晚。但是，在农业部的大力支持下，在政府相关部门的努力下，利用比较短的时间，创造出了具有中国特色并在国际上具有一定影响力的农民田间学校的建设与发展的中国模式。农民田间学校在中国的建设与发展，不仅使得我们发现了一种有效的推广培训方法，同时也使得我国的推广人员的素质有了显著提高。本书从农民田间学校的基本概念谈起，讨论了农民田间学校的起源以及后来在世界各国的发展概况。在基本概念讨论的基础上，将中国农民田间学校的起源与发展分为两个部分介绍。第一部分介绍了农民田间学校以国际项目的模式在中国的引入、发展以及影响力；第二部分以北京模式为主线，介绍了农民田间学校在中国的建设与发展历程和基本经验。在书后面本书编者搜集整理的附件中，记载了媒体对农民田间学校的综合报道以及各地开展农民田间学校的经验与体会。

第二册《中国农民田间学校：北京模式》。本书系统介绍了农民田间学校北京模式建设的背景、特点、建设过程和效果与影响。相比于国际项目模式，政府推动下所开展的农民田间学校在北京的建设与发展更具有中国特色。北京模式将农民田间学校这一国际上先进的推广和培训方法本土化，使之成为一个系统的管理模式，从理念、形式和内容上使农业推广和农民培训科学化和规范化，为爱农业、懂技术、会管理的新型职业农民的培育创出了一条新路。本书在介绍北京农民田间学校的建设背景与发展历程之后，集中讨论了北京模式的组织管理模式、北京农民田间学校的运行特点，归纳总结了北京农民田间学校取得的经验、效果及其在国内外的影响。本书的最后附上了农民田间学校辅导员在开办农民田间学校过程中的一些体会，管理者在管理上的具体做法和基本数据。

　　第三册《中国农民田间学校：活动日记录》。在明确基本理念和发展途径以后，农民田间学校作为一种全新的推广培训方法究竟怎样落实？农民田间学校作为一种日常的培训活动如何组织和开展？本书选择了北京农民田间学校，分别以种植业和养殖业为主要内容，将辅导员所安排的活动日程序和整个开办过程以记录的形式展现给读者，以期使读者获得对农民田间学校具体开办程序和方式方法的具体了解。为了做到真实的原汁原味地再现当初的实况，本书的编者将原始的资料稍加整理后呈现给读者。同时，出于与读者平等讨论的目的，在每一节的后面，又加上了专家点评，这样会使得读者能够体会辅导员在具体操作方法上其实存在着更广阔的空间和更多选择的可能性。

　　第四册《中国农民田间学校：需求与效果评估》。需求调研与效果评估是农业推广和农民培训规范化不可或缺的重点环节。长期以来，在我国的农业推广和农民培训的运行中，需求调研和效果评估一直是整个链条中的一个缺失和短板。如何科学化地规范和完善我国的农业推广和农民培训的运作程序，本书为此做了一点抛砖引玉的尝试。本书是一本记录和汇编，反映在一个阶段内围绕农民田间学校北京模式建设的前后所做的调研与评估工作的报告。作为《中国农民田间学校》的系列丛书之一，作者的本意是想通过这种报告汇编的形式，再现参与式理念和农民田间学校引入和发展过程，向读者传达一种以农民为中心，以需求为导向的参与式理念和简单的调研评估方法。出于篇幅的考虑，本书选编了七份报告，并且每份报告都做了适当的剪裁。这七份报告分别为：报告一：《北京市农村社区发展基线调研报告》。报告二：《北京市农业生产发展农民需求调研报告》。报告三：《求贤村社会主义新农村建设农民需求调研报告》。报告四：《农民田间学校农民需求调研报告》。报告五：《农民培训过程分阶段系统化评估方法研究报告》。报告六：《农民培训模式分阶段系统比较评估报告》。报告七：《农民田间学校培训效果评估报告》。